21.95

RÉUSSIR COMME ENTREPRENEUR

VICTOR KIAM
Celui qui a acheté la compagnie

RÉUSSIR COMME ENTREPRENEUR

TRÉCARRÉ

Données de catalogage avant publication (Canada)

Kiam, Victor

Réussir comme entrepreneur
Traduction de: *Going for It!*
2-89249-112-6

1. Kiam, Victor.   2. Hommes d'affaires — États-Unis —
Biographies.   3. Entrepreneurs (Économie politique).
I. Titre.

HC102.5.K53A3414 1986   338'.092'4   C86-096123-0

Conception typographique de la couverture: Martin Dufour
Photocomposition et montage: Ateliers de typographie Collette inc.

Traduction: Compagnie de traduction universelle

L'édition originale de ce volume a paru sous le titre:
Going for It! How to Succeed as an Entrepreneur
Copyright © 1986 par Victor Kiam
Selon entente passée avec la Julian Bach Literary Agency, Inc.
747 Third Avenue, New York, N.Y. 10017 U.S.A.

Conception de la couverture originale: David Gatti
Photographie de la couverture originale: © 1985 par Nancy Crampton

ISBN 2-89249-112-6

Dépôt légal - 1er trimestre 1986
Bibliothèque nationale du Québec

Imprimé au Canada

Éditions du Trécarré
Saint-Laurent (Québec) Canada

À Ellen qui, à force de vivre avec un entrepreneur,
a suivi la même voie, accepté sacrifices et compromis,
et m'a apporté des joies indicibles.

À Liza, Tory et Robin, les plus réussies
de nos entreprises communes.

Remerciements

Je tiens à remercier ici Dick LALLY qui, par son habileté à mettre de l'ordre dans mes idées et à m'aider à les coucher sur papier, m'a été d'une aide inestimable durant la rédaction de cet ouvrage.

Je voudrais également exprimer ma gratitude à tous ceux qui, au fil des années, m'ont poussé vers la réussite, en particulier à Arthur EMIL, Wally HEINZE, Sandy KAPLAN, Al PETERSON et Bob SIMONS.

Cet ouvrage est une autobiographie. Toutefois, quelques noms
et certains détails ont été modifiés afin
de respecter l'incognito des personnes en cause.

1
Attention!
N'y aurait-il pas
un entrepreneur qui
sommeille en vous?

IL EXISTE aux États-Unis un événement sportif marquant auquel j'assiste depuis des années Pour des raisons qui se révéleront évidentes, je ne préciserai pas lequel. Comme cet événement attire des milliers de spectateurs, il est virtuellement impossible de trouver un endroit où stationner si ce n'est à plusieurs coins de rue du stade, et encore cela coûte généralement les yeux de la tête. Sauf si l'on a un chauffeur privé.

Les voitures conduites par un chauffeur bénéficient d'un régime de faveur. Elles sont dirigées vers un parc de stationnement qui longe le stade et leur propriétaire n'a rien à payer. Cette forme d'élitisme m'a toujours exaspéré. Je n'ai absolument rien contre les chauffeurs et je ne refuse jamais de payer un tarif justifié, mais je trouvais inique que moi-même ou n'importe quel supporter soyons pénalisés, faute de pouvoir nous offrir un chauffeur. J'en ai conclu que l'acquisition d'une casquette de chauffeur, d'un veston bleu marine et d'une cravate noire parfaitement anonyme serait de l'argent dépensé à bon escient. Avec ces trois articles, je me ferais le champion des défavorisés et de l'égalité.

Le jour du match, j'ai endossé mon uniforme tout neuf et je suis parti en automobile en compagnie de ma femme Ellen et de deux amis. J'avais insisté pour que tous trois prennent place sur la banquette arrière.

À l'entrée du stade, un gardien nous arrêta et jeta un coup d'oeil à l'intérieur de la voiture où se prélassaient mes trois passagers, vêtus de tenues estivales. Il se tourna ensuite vers moi qui, dans mon uniforme de chauffeur, faisais de mon mieux pour me confondre avec l'habitacle. Apparemment, je sus tenir mon rôle; sans plus insister, le gardien nous fit signe de passer. Après avoir déposé mes passagers devant l'entrée du stade, je me suis dirigé vers le terrain réservé à l'élite, où j'ai stationné. Je me suis livré ensuite à une imitation de Clark Kent dans une cabine téléphonique. J'ôtai mon uniforme, enfilai un chandail, descendis de la voiture et m'approchai d'un groupe de collègues chauffeurs. M'étant enquis de l'endroit où je pourrais m'offrir une tasse de café, ils m'indiquèrent un casse-croûte installé tout près de l'entrée du stade. Parfait. Après avoir flâné un moment et vidé un gobelet de café, j'ai continué ma promenade jusqu'au moment où je me suis retrouvé à l'intérieur du stade.

Un préposé prit mon billet et me conduisit à mes compagnons. Mission accomplie. J'étais tellement enchanté d'avoir déjoué cette pratique injuste que je me promis de ne plus jamais payer de stationnement dans ce stade. Désormais, tant que les organisateurs du match feraient preuve de discrimination envers les automobiles conduites par un simple quidam, ma casquette de chauffeur ne me quitterait plus.

J'ai tenu parole. Bien sûr, à présent que mes messages publicitaires sont diffusés aux quatre coins du pays, cela devient de plus en plus risqué. Chaque année, j'enfonce ma casquette un peu plus bas sur les yeux pour qu'on ne me reconnaisse pas. Je finirai probablement par compléter mon déguisement par des lunettes fumées et une

12

barbe postiche. Je ne crois pas que Sherlock Holmes lui-même aurait l'idée de chercher le président de Remington derrière une paire de fausses moustaches. Et si jamais l'on me reconnaissait, les responsables auraient bien tort de prendre la mouche. Après tout, je me contente de suivre leurs consignes partiales. Ils ont décidé que ma voiture serait autorisée à pénétrer dans leur parc de stationnement uniquement si elle était conduite par un chauffeur privé. En ce qui me concerne, du moment que je porte cette casquette et ce veston, je suis un chauffeur et je satisfais à leurs exigences.

À lire cette anecdote, vous en conclurez peut-être que je me suis comporté en gamin. Vous auriez tort. J'agissais en entrepreneur.

Qu'est-ce qu'un entrepreneur? Selon le dictionnaire, c'est quelqu'un qui met sur pied ou dirige une entreprise, en particulier quand celle-ci exige une grande dose d'initiative ou comporte passablement de risques. Pour moi, les entrepreneurs sont ceux qui ont compris qu'il y a peu de différence entre un obstacle et une aubaine, et qui sont capables de tourner l'un et l'autre à leur avantage. Leur tendance à saisir la chance au bond les distingue de leurs contemporains. Les entrepreneurs ne restent pas assis, les bras croisés, à attendre les événements. Ils les provoquent.

Les entrepreneurs sont des gens qui prennent des risques et qui n'hésitent pas à mettre en jeu leur argent ou leur réputation pour défendre une idée ou une entreprise. Ils acceptent d'être tenus responsables du succès ou de l'échec d'une aventure et sont prêts à en répondre à tous les égards. L'argent ne fait pas qu'aboutir sur leur bureau, il en part également.

On trouve des entrepreneurs partout. Pour la plupart des gens, ce sont des rebelles, des caïds énergiques qui mènent eux-mêmes leur barque. Ils peuvent l'être, effectivement. Mais on en trouve également dans le monde des affaires, à titre d'employés, où ils insufflent à leur firme un dynamisme qui, sans eux, lui ferait défaut.

Don King, le magnat de la boxe, est un entrepreneur. Il a bâti un empire grâce à sa personnalité et à sa maîtrise de l'art de vendre. Si le fameux combat qui a opposé Mohammed Ali et George Foreman pour le titre de champion poids lourd avait dégénéré en une rencontre de troisième ordre, Ali aurait quand même touché son chèque (qui était déjà déposé dans son compte en banque) et aurait livré d'autres combats avec des montagnes d'argent à la clé, pour d'autres managers. Le grand perdant aurait été King. Lui qui se targue d'être le «plus grand promoteur de boxe de tous les temps» aurait vu sa réputation en prendre un drôle de coup. Il aurait perdu des sommes faramineuses et serait devenu l'homme qui a bousillé le plus grand combat de boxe du siècle.

Il va de soi que la patronne d'une quincaillerie de quartier est, elle aussi, un entrepreneur. Et il en va de même du type dont la roulotte casse-croûte est stationnée en face de son commerce. C'est lui qui doit fixer le prix d'un hot-dog à la sauce chili et d'un Coke. C'est lui qui doit choisir un emplacement où son produit pourra attirer le maximum de clients. C'est lui qui doit établir son menu et déterminer sa forme de publicité. Si la vogue est aux germes de soya plutôt qu'aux doubles hamburgers au fromage, il devra en tenir compte. Il investit temps et argent dans cette entreprise. À chaque erreur qu'il commet, il s'enlise un peu plus. Et s'il en fait trop, il sera le seul à payer les pots cassés.

L'audacieux jeune cadre qui fait profiter de son esprit novateur et de son dynamisme la division des produits d'une grande société est, sans contredit, un entrepreneur lui aussi. Il joue sa réputation. Dans bien des cas, l'enjeu ira loin au-delà d'une simple question de gros sous. Si le jeune homme réussit, il deviendra l'enfant chéri de la compagnie. Mais s'il échoue, il aura beaucoup de mal,

14

par la suite, à vendre ses idées à ses patrons. Ceux-ci se diront: «La dernière fois que nous l'avons écouté, nous nous sommes presque retrouvés sur la paille.» Et s'il récidive trop souvent, il ne tardera pas à consulter les offres d'emploi dans le journal du matin.

Les personnes dont je viens de parler ont choisi de ne pas avoir le courage des convictions d'autrui. Elles suivent leur *propre* vision et sont résolues à faire tous les sacrifices nécessaires pour parvenir à la réussite.

1951. Tout frais émoulu de l'École de gestion de Harvard, je décidai d'entrer chez Lever Brothers comme stagiaire en administration. L'aspect financier n'avait rien à voir avec ce choix. J'avais choisi cette société pour deux raisons. Tout d'abord, j'avais été impressionné par Keith Porter, un dirigeant rencontré durant mon entrevue et qui allait devenir mon patron. En second lieu, Lever Brothers était une firme en plein essor et aux multiples ramifications, qui oeuvrait dans un secteur hautement compétitif. J'étais emballé par la perspective de pouvoir progresser et assumer des responsabilités. J'étais également convaincu que Keith pourrait m'apprendre énormément de choses; c'était un génie de la commercialisation.

Durant les dix-sept années qui suivirent, je mis à profit les talents d'entrepreneur décrits dans cet ouvrage pour gravir tous les échelons de la hiérarchie, d'abord chez Lever Brothers où je suis resté quatre ans, puis chez Playtex. Je m'étais joint à cette firme en 1955, à titre de directeur des ventes pour l'ouest des États-Unis. En 1968, j'étais président de la division Sarong et vice-président administratif d'International Latex.

Ce fut cette année-là que je quittai Playtex, déçu par l'orientation prise par la firme après qu'elle eut changé de main. J'étais loin d'être dans une situation financière critique; j'avais obtenu de Playtex d'excellentes conditions de départ. En outre, j'estimais que mes états de service étaient assez impressionnants. En principe donc, je ne devais pas avoir trop de mal à me recaser ailleurs. Le seul ennui, c'était que je n'avais pas la moindre idée de ce que je voulais faire.

Afin d'y voir plus clair, je fis appel à un expert. George Haley était — et est toujours — le grand patron de Haley Associates, Inc., à New York, l'une des agences de placement les mieux cotées du pays. C'était à lui que s'adressaient les grandes entreprises quand elles avaient besoin de personnel particulièrement brillant. Ma rencontre avec lui, un après-midi de février, changea complètement le cours de ma vie.

Connaissant déjà mes antécédents, George me suggéra de cesser de croire que j'étais irrévocablement destiné à travailler pour de grosses sociétés:

— Vic, me dit-il, vous devriez voler de vos propres ailes. Mettez-vous en quête d'une firme qui vous intéresse, achetez-la et prenez-en la tête. Ou encore fondez-en une.

En m'entendant lui répondre que je ne pensais pas disposer de suffisamment de fonds pour l'un ou l'autre cas, George se mit à rire:

— Je sais pertinemment, reprit-il, qu'il y a dans cette ville un nombre incroyable d'investisseurs qui ne demandent pas mieux que de soutenir des gens qui ont de l'initiative et des idées. L'argent viendra à vous, ou bien vous en trouverez sans peine. Jetons un coup d'oeil sur votre dossier.

Il le prit en main et poursuivit:

— Je vois là un homme qui a rapidement pris du galon, et ce, dans deux sociétés de toute première importance. Il a reçu une excellente formation en gestion et en marketing. Il a également acquis une expérience remarquable comme administrateur à tous les niveaux. Sa rapide progression donne à penser qu'il s'agit d'une per-

16

sonne animée d'une saine ambition et qui ne craint pas de travailler dur. Si vous misez sur le bon cheval, je ne pense pas que vous aurez le moindre mal à trouver les capitaux nécessaires.

Depuis longtemps déjà, je songeais à me lancer en affaires, mais ce fut George qui me donna l'impulsion dont j'avais besoin. Peu après notre rencontre, j'ai assisté au congrès de l'Association des jeunes présidents à Porto-Rico. Le premier jour, il y eut un séminaire sur le rôle d'entrepreneur. Les principaux conférenciers étaient trois personnalités légendaires: Al Lapin, de l'International House of Pancakes, Sid Stanton, de la banque d'investissement Laird and Company, et Nick Skalgo qui appartenait au conglomérat international Bangor Punta. Par une curieuse ironie du sort, tous trois, depuis ce congrès, sont sortis du circuit. Lapin a fait faillite, Stanton s'est retiré des affaires et Skalgo a quitté sa société. Mais peu importe. Les risques vont de pair avec l'esprit d'entreprise et, au moment de ce congrès, personne n'aurait pu vivre sur un plus grand pied que ces trois-là.

Je les ai écoutés raconter à quel point il est électrisant d'être son propre maître. Tous trois semblaient vouloir dire qu'il n'est pas nécessaire d'être un surhomme pour devenir entrepreneur. Tout ce dont on a besoin, c'est d'une idée valable, puis de vouloir tout mettre en oeuvre pour la matérialiser. En les écoutant, j'avais l'impression d'être seul dans la salle, comme s'ils ne s'adressaient qu'à moi. Je savais qu'il ne me serait pas toujours possible de surpasser ou de déjouer mes concurrents. D'ailleurs, qui le pourrait! Mais j'étais absolument certain de pouvoir travailler mieux qu'eux tous. Je quittai la réunion en pensant: «Bon Dieu! Je sais que j'en suis capable!»

Je pense que les dernières dix-huit années ont prouvé que j'avais vu juste. Peu après le congrès, j'ai acheté des actions de la société Benrus et j'ai participé à son changement d'orientation. J'ai fait l'acquisition de la compagnie Remington en 1979 et je l'ai remise sur pied. Nous verrons plus loin comment j'ai acquis ces firmes et leur ai donné un nouvel élan. Ce qu'il importe de souligner ici, c'est que je ne suis pas un génie, tant s'en faut. J'estime que tous mes succès découlent de mon adhésion, au tout début de ma carrière, aux principes qui définissent l'esprit d'entreprise. Dieu m'est témoin que j'ai *pu* le faire, et vous le pouvez, vous aussi. Cela se résume plus ou moins à une partie de base-ball qui se déroulerait sur le terrain économique. Si je ne peux vous garantir que vous parviendrez tous à une réussite semblable, je peux, en revanche, vous promettre qu'en jouant la carte du vainqueur vous aurez plus de plaisir et connaîtrez plus de sensations fortes que vous ne sauriez l'imaginer.

Mais avant de ramasser votre bâton et de vous diriger vers la plaque du frappeur, il vaut mieux vous assurer que vous êtes vraiment prêt à jouer. Près de trente-cinq ans de participation au match décisif m'ont permis de bien connaître ce qui caractérise un entrepreneur. J'aimerais vous aider à découvrir si vous avez ce qu'il faut pour vous joindre à l'équipe. La réponse vous intéresse-t-elle? Regardez-vous alors dans un miroir et demandez-vous ceci:

Est-ce que je crois en moi?

Peu avant l'ouverture, en 1985, de la saison de base-ball, un journaliste demanda à Pete Rose, le joueur-gérant des Reds de Cincinnati, combien de fois il lui faudrait se retrouver au bâton pour accumuler les quatre-vingt-quinze coups qui lui permettraient de détrôner Ty Cobb, le meilleur joueur de base-ball de tous les temps. Rose est l'exemple parfait de celui qui a réussi grâce à sa ténacité; il répondit: «Quatre-vingt-quinze.» Devant l'expression dubitative du reporter, il ajouta: «Allons, vous me connaissez. Vous savez bien que, chaque fois, je suis résolu à frapper un coup.» Vous devez apprendre à aimer cette forme d'assurance. Tout entrepreneur éventuel ferait bien de prendre exemple sur Rose.

Vous devez croire en vous. J'ai rencontré des centaines de jeunes cadres qui proclamaient bien haut qu'ils rêvaient d'être leur propre maître, soit en dirigeant une entreprise, soit en assumant davantage de responsabilités dans leurs fonctions actuelles. Il m'est arrivé de pouvoir offrir cette chance à certains d'entre eux; rares furent ceux qui n'hésitèrent pas à relever le gant.

Je me souviens de deux cas, plus particulièrement. À l'époque, je cherchais un directeur pour la division des appareils électriques chez Remington et j'avais rencontré deux administrateurs chevronnés qui avaient déjà travaillé pour General Electric. Chez GE, l'esprit d'équipe était de règle. Tous les plans étaient élaborés sur la base d'un consensus. Et s'il était malaisé de féliciter un cadre en particulier, aucun non plus ne risquait d'avoir à porter seul la responsabilité d'un échec.

Chez Remington, le chef de cette division serait obligé de faire cavalier seul. Il aurait à s'occuper des stocks, rédiger des textes publicitaires, concevoir des campagnes, embaucher, limoger et mille autres choses encore. Il ne répondrait qu'à moi seul et toucherait des primes substantielles, proportionnelles à ses mérites.

Mes deux candidats répondaient parfaitement aux exigences du poste. Ils connaissaient le marché mieux que quiconque. J'aurais eu du mal à fixer mon choix, mais je n'eus pas à me donner cette peine. Ni l'un ni l'autre n'étaient le moins du monde attirés par le poste.

Ils ne voulaient pas perdre le sentiment de sécurité que leur apportait le travail en groupe. Je croyais leur offrir l'occasion de se distinguer de la masse; ils s'imaginaient que je les condamnais à la ligne de front. Vingt ans plus tôt, ils auraient probablement eu l'étoffe d'un entrepreneur. Mais après tant d'années passées dans une compagnie qui avait refusé d'entretenir la flamme qui pouvait brûler en eux, celle-ci avait fini par s'éteindre. Ils ne se croyaient pas capables d'assumer les responsabilités que je voulais leur confier. Ils étaient inféodés à leur compagnie.

Finalement, ils ont eu raison de refuser le poste. Sans confiance en eux-mêmes, ils n'auraient pas tenu le coup. Un entrepreneur doit être capable de stimuler les gens, de les amener à faire cause commune avec lui. Dans une entreprise, vous voulez que vos subalternes prennent exemple sur vous et vous voulez que vos supérieurs respectent votre jugement. Si vous êtes à la tête de votre propre compagnie, vous voudrez également que les investisseurs aient foi en vous et vous confient leurs capitaux. Vous voudrez que vos clients ressentent votre enthousiasme et qu'ils croient en la valeur de vos produits ou de vos services. Comment pourrez-vous inspirer de tels sentiments si vous n'avez pas confiance en vous?

Ceci est particulièrement vrai dans le cas des jeunes entrepreneurs. Un entrepreneur de vingt-cinq ans n'est pas fait du même bois que son homologue de cinquante ans. Si l'un et l'autre se présentent devant leur patron pour lui exposer un même projet, le plus âgé bénéficiera d'une attention plus grande, par le fait même de l'expérience acquise. Les cheveux gris suscitent beaucoup de respect et le projet du quinquagénaire sera examiné avec soin.

Par contre, le jeune loup risque fort de s'entendre rétorquer: «Ça ne tient pas debout, voyons! Pourquoi me faites-vous perdre mon temps avec de pareilles bêtises?» Ce genre d'attitude constitue un handicap au sein des structures conventionnelles. Le dirigeant de type traditionaliste est souvent coupable de se livrer au raisonnement suivant: «Elle n'est avec nous que depuis deux ans. Elle a vingt-cinq ans. De quoi se mêle-t-elle?» Il faut être doté d'une robuste personnalité pour supporter de tels commentaires.

Comme vous pourrez le constater, l'un des rôles de l'entrepreneur consiste à se mettre en valeur. Vous traverserez de durs moments si vous vous croyez indigne des feux de la rampe. Je connais un jeune homme qui, depuis plusieurs années, travaille de temps à autre pour moi. Chaque fois qu'il ouvre la bouche pour émettre une suggestion, il commence par dire: «Je ne suis pas sûr que cela vous conviendra, mais...» ou encore: «Bien sûr, ce n'est que mon opinion.» Il prononce ces mots d'un ton hésitant comme si, me semble-t-il, il voulait s'excuser d'avoir osé penser. Et le plus drôle, c'est qu'il a des idées fantastiques. Absolument géniales. Je continue de travailler avec lui parce que, comme entrepreneur, je me moque éperdument de la façon dont une idée est présentée. Je n'accorde aucune importance au fait que son concepteur soit jeune ou vieux, qu'il soit dans la compagnie depuis vingt ans ou depuis vingt jours. C'est l'idée seule qui m'intéresse. Cela dit, je n'engagerai jamais ce jeune homme pour le nommer à la tête d'un des secteurs de ma société. Son manque de confiance en lui en ferait un piètre meneur d'hommes. Je sais que son attitude lui a nui dans sa propre entreprise et qu'il a vu lui passer sous le nez une promotion pourtant méritée. Il s'en tirerait tellement mieux s'il pouvait réussir à croire en son atout le plus important: lui-même.

Je vais préciser ma pensée. Quand je parle de «confiance», je ne veux pas signifier par là qu'il doit se prendre pour le nombril du monde. Il n'est pas indispensable qu'il connaisse à fond tous les aspects de son champ d'activité. Je suis tout aussi incapable de fabriquer un rasoir que de traverser la Manche à la nage. À tout prendre, sans doute aurais-je moins de difficulté à réussir la traversée. Mais j'ai confiance en mon aptitude à choisir les personnes les plus compétentes pour fabriquer ces rasoirs. Je suis convaincu d'être exactement l'homme qu'il faut pour assurer la cohésion de ma société et pour la faire progresser.

Que faire si vous n'avez pas confiance en vous? Changer d'attitude. Je m'excuse ... je ne voulais pas être impertinent! Si j'avais une baguette magique, je m'en servirais sur-le-champ pour vous insuffler la confiance qui vous fait défaut. Mais ce n'est pas le cas. Néanmoins, je vous conseille de vous analyser sérieusement avant de remplir le bilan proposé à la fin de ce chapitre. Après avoir dressé la liste de vos points faibles, efforcez-vous de les transférer dans la colonne des atouts. Le manque de confiance en soi n'est pas une maladie, c'est un symptôme. Ces images négatives que vous entretenez de vous-même ne valorisent pas votre ego. En profitant de chaque bribe de succès pour les retoucher, vous finirez par vous percevoir sous un angle plus positif. Mais ne vous laissez pas accabler par cette tâche. Rappelez-vous que, quotidiennement, des millions de gens misent sur des chevaux, jouent à la Bourse ou à la loterie. Tout ce que je vous demande, c'est de parier sur vous-même.

Est-ce que je crois en mon entreprise?

On me demande parfois: «Quand vous investissez dans quelque chose, qu'appuyez-vous: l'idée ou les gens qui la mettent à exécution?» Ma réponse? J'appuie les deux. Un entrepreneur n'est pas un faiseur de miracles. Je n'aurais jamais pu remettre Remington à flot si nous n'avions pas eu un excellent rasoir et des employés dévoués. Vous aurez beau vous éreinter seize heures par jour et sept jours par semaine, si votre produit ou votre concept ne vaut rien, vous aurez perdu votre temps. Tout ce dans quoi vous vous engagez doit valoir la peine que vous vous y donniez corps et âme. Avez-vous le sentiment que votre projet peut réussir? Se lancer dans une aventure à laquelle on croit plus ou moins équivaut à dresser d'avance un constat d'échec. Quand les obstacles s'accumuleront — et toute entreprise connaît des hauts et des bas — il est peu probable que vous accorderez au projet toute l'attention qu'il mérite si vous n'êtes pas convaincu de sa valeur.

À la fin de mon séjour chez Lever Brothers, j'eus pour patron un nouveau directeur des ventes qui décida d'appliquer un programme que je jugeais absurde. Il s'agissait d'une nouvelle méthode comptable. Je savais que ça ne marcherait pas. J'en parlai à mon patron et lui tins tête jusqu'à ce que nous soyons tous deux au bord de l'apoplexie. Je fus incapable de lui faire entendre raison. Qu'aurais-je pu faire de plus? J'étais son subalterne et il m'avait donné ses directives. À l'instar des autres vendeurs, j'ai tâché de m'en sortir du mieux possible. Ce fut peine perdue. Partout où j'allais, je continuais d'entendre la même rebuffade: le bruit, qui revenait comme une litanie zen, d'une porte qu'on vous claque au nez.

Après m'être ainsi fait rembarrer quatre ou cinq fois, j'ai cédé à un sentiment de frustration. Cette situation n'était pas normale. Habituellement, quand je me heurte à un obstacle, je vais au fond des choses afin de trouver une solution. Mais cette fois-là, je ne pouvais compter sur mes ressources habituelles parce que je n'avais aucune confiance dans le nouveau système.

La méthode du directeur des ventes se solda par un échec, non seulement à mon niveau, mais également à celui des autres vendeurs qui n'y croyaient pas plus que moi. Les réponses négatives que nous avions reçues avaient renforcé notre scepticisme à l'endroit du programme. Même s'il faut toujours donner le maximum, c'est tout de même plus difficile quand on a le pressentiment de se battre pour une cause perdue.

La confiance que vous placez en un produit ou une

entreprise doit reposer sur des bases solides. Si vos sentiments à leur égard sont tièdes, renseignez-vous davantage avant de déterminer le niveau de votre participation. Chez Remington, nous venons de mettre au point un petit appareil pour arrêter de fumer, mais il ne me satisfait pas complètement. Il est bien conçu, mais j'ai constaté que la plupart des appareils du même genre, qui sont déjà sur le marché, ont un relent de charlatanisme. Les consommateurs qui les ont utilisés en ont été mécontents et ont conclu qu'ils s'étaient fait rouler par les fabricants. Je sais que notre appareil est supérieur à ses prédécesseurs, mais s'il déçoit à son tour la clientèle, je crains que cela n'ait des répercussions sur l'ensemble des produits Remington. Rien n'est pire que d'entendre circuler des rumeurs d'escroquerie à propos de l'un de ses produits. C'est pourquoi j'ai décidé de tester l'appareil auprès de mes clients afin d'obtenir plusieurs sons de cloche et d'étudier les résultats avec soin. Des ventes fantastiques ne seraient pas, pour moi, un argument probant. Si un certain pourcentage de consommateurs, sans que ce soit forcément la majorité, doutent de l'efficacité de notre appareil, nous ne le mettrons pas en vente, malgré les profits que nous pourrions réaliser.

Je dois à un ami un autre exemple de la nécessité de croire en son produit. Celui-ci travaillait dans l'une des boutiques de chaussures les plus réputées de New York. C'était un vendeur incomparable. Je l'ai déjà vu, un après-midi, vendre pour six mille dollars de marchandises à une cliente brésilienne. Il aurait pu lui en vendre davantage, mais il se trouva à court de modèles. Peu après, il prit une année de congé. Pendant son absence, le commerce changea de direction et la qualité des produits baissa radicalement. À son retour, mon ami ne s'en rendit pas compte tout de suite. Puis, un après-midi, une cliente se plaignit que les coûteux escarpins qu'elle était sur le point d'acheter la gênaient quelque peu. Il lui

24

offrit donc de les élargir avec l'embauchoir à forcer conservé dans l'arrière-boutique.

— Évidemment, me dit-il, notre embauchoir, comme dans la plupart des boutiques, n'était rien d'autre qu'un tronçon de manche à balai. Je n'avais jamais aimé m'en servir parce que cela risquait d'abîmer les souliers. Cette fois-là, je m'y pris comme d'habitude. Tenant le soulier dans mes mains, je tirai et il se brisa en deux. Je n'en croyais pas mes yeux — je n'ai pourtant rien d'un Charles Atlas. J'essayai d'étirer plusieurs autres paires ... même résultat! Ce qui avait été un soulier soigneusement façonné n'était plus qu'une chose informe qui tenait grâce à un peu de colle et à l'intervention du Saint-Esprit. J'examinai le reste du stock pour constater au bout du compte que les souliers que je venais de démolir étaient probablement les meilleurs d'un mauvais lot. Je sortis de l'arrière-boutique et je dis à ma cliente ce qui en était avant d'aller trouver le surveillant. Puis je fis la seule chose qui me restait à faire: je remis ma démission.

Ce jeune homme avait agi correctement. La leçon à en tirer est simple: *On ne peut vendre quelque chose qu'on n'achèterait pas soi-même.*

Suis-je prêt à faire des sacrifices?

Dans quelle mesure devriez-vous être prêt à consentir des sacrifices? À l'époque où j'étais voyageur de commerce pour Lever Brothers, je me sentais transporté d'un tel désir de faire de mon mieux que cela me valut un séjour en prison. Avant que vous ne vous mettiez à feuilleter la liste des hommes recherchés par le FBI, je ferais mieux de vous raconter ce qui s'est passé.

Je détestais arriver dans une ville le matin même où je devais commencer ma tournée. Je préférais arriver la veille au soir, louer une chambre et m'offrir une bonne nuit de sommeil avant de me mettre au boulot, afin d'avoir, ce faisant, une longueur d'avance sur mes concurrents. Et s'il n'y avait plus de place dans les hôtels, je dormais dans ma voiture.

C'est effectivement ce qui se produisit lors d'un de mes passages à Baton Rouge, en Louisiane. J'étais arrivé à une heure du matin et n'avais pu trouver de chambre nulle part. Sans plus m'en faire, j'ai stationné la voiture sur l'accotement d'une route de campagne et me suis recroquevillé sur la banquette. Vers trois heures du matin, je me suis réveillé en entendant cogner sur la vitre. C'était un policier. Il me demanda ce que je faisais là; je lui répondis que j'étais représentant de commerce et lui racontai toute mon histoire. Il se montra compréhensif et me dit avec le sourire:

— Bon, vous ne faites effectivement rien d'illégal, mais nous n'aimons guère que des gens dorment en pleine rue. Si quelque chose vous arrivait, je ne me le pardonnerais pas. Alors je vous propose de m'accompagner au poste où vous pourrez passer la nuit dans l'une des cellules. Mais ne vous méprenez pas, vous n'êtes pas en état d'arrestation. La porte de la cellule ne sera même pas verrouillée et vous pourrez partir dès votre réveil.

Je ne discutai pas sa proposition. Je n'avais pas envie de m'attirer des histoires et, à franchement parler, j'étais certain que même un lit de camp dans une cellule serait plus confortable que la banquette de mon automobile. Ce fut ainsi que je passai la nuit dans une cellule sans verrous. Le lendemain matin, les policiers me réveillèrent et me servirent du café et des oeufs au jambon accompagnés d'un petit pain. Ils dirigeaient vraiment un établissement quatre étoiles. L'endroit me plaisait tellement que je l'aurais volontiers acheté.

Je ne vous suggère évidemment pas de vous faire incarcérer pour consolider votre entreprise. Mais vous devez bien comprendre que la vie d'un entrepreneur est jalonnée de sacrifices. La devise des culturistes est «Pas de progrès sans peine». Ce devrait être également la vôtre.

Oubliez que vous avez une montre. Le neuf à cinq n'existe plus pour vous. Les affaires sont un jeu et, en huit heures, vous ne pourrez pas revenir assez de fois au bâton pour frapper le coup de circuit décisif. Lors de mes débuts comme représentant de commerce, j'avais remarqué qu'aucun de mes concurrents ne travaillait pendant les week-ends. Pour ma part, je n'avais rien de spécial à faire le samedi; j'étais encore célibataire à l'époque et n'avais donc pas à me plier aux exigences de la vie conjugale. Comment allais-je occuper mon temps? En jouant au tennis? Mais la vente était mon jeu préféré et j'étais déterminé à remporter la palme.

J'ai donc ajouté le samedi à mon horaire régulier. Il m'arrivait trop souvent, en semaine, d'entrer dans une boutique et de constater que le propriétaire était assiégé par des vendeurs. L'idée d'avoir à attendre mon tour m'était insupportable et je tournais chaque fois les talons pour aller visiter d'autres clients. Le samedi était une journée très achalandée pour toutes ces boutiques et je savais que leurs propriétaires s'y trouveraient donc. Aussi, lorsque je passais les voir, ils étaient prêts à m'accorder tout le temps voulu pour leur montrer mes échantillons. Ils savaient qu'ils ne risquaient pas d'être dérangés par d'autres représentants ce jour-là. En outre, ils étaient plus réceptifs, le samedi. La vue d'une clientèle nombreuse et le *ding!* du tiroir-caisse les mettaient toujours d'excellente humeur. Qui plus est, comme je me débarrassais de ces petits comptes le samedi, je pouvais passer plus de temps avec mes gros clients durant la semaine. Regardez autour de vous. Voyez-vous le fil d'arrivée qui consacre le vainqueur? Dans mon cas, il m'avait suffi d'observer les méthodes de travail de mes compétiteurs et de ne pas hésiter à en tirer parti.

Ma volonté de l'emporter était telle qu'elle m'incitait à

transformer le moindre obstacle en atout. Aucun sacrifice n'était trop grand. Lorsqu'une tempête de neige s'abattait sur ma région, je sautais sur l'occasion. L'idée que mes rivaux resteraient chez eux, à l'abri du mauvais temps, m'encourageait à faire la tournée des boutiques pour faire mousser mes articles. C'était surprenant de voir comment un commerçant pouvait vous accueillir à bras ouverts quand, dehors, on avait de la neige jusqu'à la taille et que vous étiez la seule figure amicale qu'il allait voir de toute la journée.

Ma tâche était facilitée du fait que je m'étais fixé un but: accumuler plus de points que les autres vendeurs en rapportant des commandes. J'aurais pu faire comme eux et rester chez moi, mais cela aurait signifié une deuxième place ou, à tout le moins, une place ex-aequo. Ce n'était pas suffisant pour moi et ça ne devrait jamais l'être pour vous.

Une fois que vous vous serez fait à l'idée de devoir consentir à des sacrifices, il faudra vous préparer aux répercussions que cela aura sur votre vie. Le temps et la sueur ne sont pas les seuls gages exigés d'un entrepreneur. Sauf si vous jouissez d'une certaine indépendance financière, votre portefeuille risque, au début, de s'alléger considérablement. Si vous faites vos classes d'entrepreneur dans une grande entreprise, ne vous préoccupez pas du salaire. C'est un point secondaire. Optez pour le poste qui vous semble offrir le plus de chances d'avancement. Cela se traduira peut-être par un salaire moindre au début, mais la situation s'améliorera dès que vous aurez fait vos preuves. Et comme vous devrez être en mesure de faire face à toutes les éventualités, vous aurez tout intérêt à mettre de côté une forte proportion de votre salaire.

Lorsque j'étais employé par Playtex, je m'étais dit que les actions de la compagnie pourraient se révéler un placement judicieux et je me mis à en acheter régulièrement. Je n'allais plus que très rarement au cinéma et j'avais fini par oublier le plaisir de dîner dans un grand restaurant. Je suspendais soigneusement mes vêtements pour éviter qu'ils ne se froissent, parce que chaque dollar que je ne refilais pas au presseur était un dollar de plus qui restait dans ma poche et me permettait d'acquérir d'autres actions. Je suis persuadé que plusieurs de mes amis ont dû croire, à l'époque, que j'avais perdu la tête. À leurs yeux, seul le travail remplissait ma vie, ne laissant aucune place aux loisirs. Ils se trompaient, pourtant. Pour moi, le travail était une détente et je m'y donnais beaucoup trop pour pouvoir me soucier de l'opinion des autres. Quand je quittai Playtex, je revendis les actions que j'avais acquises pour cinq cent mille dollars, ce qui me laissa un bénéfice considérable et me permit d'acheter des parts dans la société Benrus.

Si vous venez tout juste de vous lancer en affaires, vos sacrifices financiers seront encore plus importants. Vous aurez perdu la sécurité qu'apporte un chèque hebdomadaire et tous ces avantages que vous teniez pour acquis disparaîtront, à moins que vous ne trouviez le moyen de les conserver.

Il va de soi que votre vie personnelle souffrira de votre acharnement à vouloir réaliser vos objectifs. Vous perdrez des amis et ce ne sera pas uniquement parce que vous n'aurez plus de temps à leur consacrer. Comme vos intérêts auront changé, vous n'aurez plus grand-chose en commun, sauf s'ils ont, autant que vous, l'âme d'un entrepreneur. La rupture se fera sans animosité; vous aurez tout simplement perdu le contact, une conséquence naturelle de votre processus de maturation. Mais cela pourra vous sembler pénible.

Si vous êtes lié affectivement, que ce soit parce que vous êtes marié ou pour toute autre raison, vous feriez mieux de préparer votre partenaire à ce bouleversement. Vous ne rentrerez plus à six heures pour le dîner et les tranquilles week-ends passés en tête à tête seront moins fréquents. Cela pourra paraître sans grande conséquence à première vue, mais après cinq ou six rendez-vous annulés et plusieurs dîners tardifs en l'espace d'à peine deux semaines, votre moitié risque de trouver que la coupe est pleine. C'est donc à vous d'empêcher que la situation ne devienne explosive. Si la personne que vous aimez est incapable de s'adapter à cette nouvelle vie et si vous ne pouvez en arriver à un compromis satisfaisant pour les deux, il vaut mieux en prendre conscience dès maintenant afin d'évaluer si le sacrifice n'est pas trop grand.

À ce propos, si vous vous attendez au pire lorsque vous aborderez la question, vous risquez fort d'être surpris. J'ai connu une femme qui venait d'ouvrir une librairie. Un vendredi soir, elle téléphona à son ami pour l'avertir qu'il lui fallait finir le plancher de la boutique. Elle espérait qu'il ne lui en voudrait pas trop si elle annulait leur rendez-vous. Loin de s'en offusquer, son ami lui demanda s'il pouvait venir lui donner un coup de main. Finalement, ils passèrent une soirée d'autant plus agréable qu'ils avaient le sentiment de réaliser quelque chose ensemble. En 1971, je me lançais en compagnie de ma femme dans le commerce des bijoux. Nos rapports déjà étroits se trouvèrent encore renforcés par cette expérience. Cet intérêt commun pour notre entreprise cimenta notre relation. C'est là un point capital. J'ai connu nombre d'entrepreneurs dont le mariage s'est désagrégé. Ils s'étaient rués sur une possibilité de faire de l'argent et en avaient oublié les besoins de leur partenaire le plus proche. C'est là un sacrifice que je ne conseille à personne.

Suis-je un décideur?

Cela vaudrait mieux pour vous. Un entrepreneur ne peut guère compter que sur lui-même. Il est responsable de son entreprise ou de sa division, et il n'y a personne pour prendre les décisions difficiles à sa place. J'ai toujours considéré comme un bon entraînement, lorsqu'on travaille pour une firme, d'essayer d'entrer dans la peau du président. À l'époque où j'étais chez Lever Brothers, puis par la suite chez Playtex, j'avais pris l'habitude d'analyser les problèmes auxquels se heurtait la compagnie et de tenter de prévoir quelles seraient mes recommandations si j'avais la responsabilité de l'ultime décision. C'est là une règle de conduite que vous devriez adopter et cette étape est capitale lorsqu'il s'agit d'acquérir une mentalité d'entrepreneur.

Malheureusement, en dépit de cette gymnastique mentale, je me suis senti passablement démuni, la première fois où il m'a fallu faire un choix pénible. Je venais d'être promu superviseur chez Lever Brothers et j'étais donc responsable des huit vendeurs affectés à mon territoire. Pour la première fois, j'assumais des fonctions de type administratif. L'un de mes vendeurs comptait neuf ans d'ancienneté à la compagnie. Or, depuis quelque temps, son chiffre d'affaires était désastreux. Il n'arrivait pas à décrocher une seule commande.

Je l'ai accompagné en tournée pour tâcher de découvrir ce qui n'allait pas. Ses méthodes de vente n'y étaient pour rien. Il rendait visite à tous ses clients et leur débitait exactement ce qu'on lui avait enseigné durant son entraînement. Il suivait tous ses dossiers. Mais il était ennuyeux comme la pluie, se montrant incapable de stimuler quelqu'un ou de s'enthousiasmer pour quelque chose. Je finis par me charger de la plupart de ses gros clients et par obtenir ses commandes à sa place. Je faisais le maximum pour compenser son manque d'ardeur. Mais je n'agissais nullement par charité. J'essayais tout simplement d'éviter ce qui nous attendait inexorablement tous les deux: il me faudrait un jour ou l'autre le remercier.

Le moment fatidique arriva le jour où un autre de mes vendeurs tomba malade. Forcé de le remplacer en attendant que sa santé s'améliore, je n'étais plus capable de soutenir mon employé chancelant. Celui-ci continua de dégringoler, ne me laissant plus le choix. Je suis donc allé voir mon directeur régional et je lui ai dit:

— Voilà des mois que je soutiens ce type, mais il ne s'améliore pas. Je dirais même plus: ça va de mal en pis. Il ne sait réellement pas s'y prendre. Nous devons nous séparer de lui, mais je n'ai pas le courage de le lui dire. Voudriez-vous vous en charger?

Mon patron ne voulut pas en entendre parler; il rétorqua:

— Vic, vous êtes un grand garçon, maintenant. Ce type travaille pour vous, il relève de votre territoire. Vous allez donc devoir prendre une décision et en assumer les conséquences.

Comme je protestais que j'en serais incapable, il ne trouva rien d'autre à dire pour m'encourager que:

— Je suis certain que vous ferez de votre mieux!

Je savais qu'il avait raison. C'était à moi de le faire. Pendant les deux jours qui suivirent, je m'armai de courage en prévision de cette tâche qui me faisait horreur.

Je consacrai une bonne partie des deux jours à téléphoner à tous les gens que je connaissais, dans l'espoir de lui trouver un autre emploi. Peine perdue. Décidément, ça n'allait pas être facile. Quand j'ai finalement convoqué mon bonhomme, je lui ai annoncé ma décision sans détour. Je lui fis savoir à quel point j'appréciais son sens de l'éthique professionnelle et son honnêteté, mais, malheureusement, il n'avait pas l'étoffe d'un bon vendeur et il ne pouvait demeurer avec la compagnie. Je lui remis une chaleureuse lettre de recommandation (où je ne soufflais mot de ses capacités de vendeur) et ajoutai que j'avais réussi à lui obtenir une prime de séparation de six semaines au lieu des trois habituellement accordées.

Durant toute cette séance, j'avais la gorge serrée. J'avais vingt-quatre ans et j'étais célibataire, sans autre responsabilité que mon travail. Mais cet homme avait trente-huit ans, une femme et trois enfants. J'avais rencontré sa famille à plusieurs reprises. Qui plus est, le règlement de la compagnie exigeait que je lui retire sa voiture de service. Je dus donc reconduire le pauvre gars chez lui, récupérer sa valise d'échantillons et le laisser sans moyen de transport. Quand toute cette histoire fut terminée, je restai des jours sans pouvoir me regarder dans la glace. Tel est le genre de situation contre lesquelles il vous faudra vous blinder si vous tenez à devenir un entrepreneur.

En un sens, j'avais eu de la chance; j'avais disposé d'un certain temps pour prendre ma décision. Mais le temps vous fera parfois défaut, dans certains cas... Lorsqu'un vendeur de Lever Brothers, attaché à Cleveland, dans l'Ohio, se brisa la colonne vertébrale, on m'envoya le remplacer. Nous étions justement en train de lancer un produit appelé à faire sensation et qui, à l'époque, était connu sous le nom d'Ayer Magic. C'était une sorte de pâte iridescente mise au point par le chef maquilleur de Paramount Pictures. Il suffisait de l'appliquer sur les rides pour les faire disparaître et, selon la compagnie, rajeunir aussitôt de plusieurs années. Bien sûr, quand la dame passait sous un tube fluorescent, son visage brillait de mille feux, mais ce petit détail n'empêchait pas mes supérieurs de penser qu'il s'agissait là de la plus grande invention depuis le maïs soufflé.

Lever Brothers avait décidé que le lancement de ce produit extraordinaire aurait lieu dans un grand magasin de l'Ohio et avait choisi celui de la compagnie May à Cleveland. À notre requête, M. Hoffman, inventeur de l'Ayer Magic, avait accepté de passer une semaine dans l'auditorium du magasin où serait aménagé un petit salon de maquillage destiné aux clientes. Des campagnes de promotion calquées sur le même principe se dérouleraient simultanément dans plusieurs boutiques d'Akron et de Youngstown. Alfredo Ferrara, célèbre maquilleur new-yorkais, devait arriver par la voie des airs; on lui avait confié le soin de promouvoir l'Ayer Magic dans les magasins de ces villes périphériques.

J'avais fait paraître des annonces pleine page dans les journaux locaux et la campagne publicitaire battait son plein. Le jour venu, je partis pour l'aéroport afin d'y accueillir Hoffman, Ferrara et leurs secrétaires, mais je ne vis atterrir que la moitié de mon bataillon. Grippé, Ferrara était incapable de se déplacer. En apprenant la nouvelle, je me demandais: «Comment diable vais-je m'en tirer? Plusieurs lancements sont prévus pour demain et je ne peux pas les annuler, les annonces sont déjà parues dans les journaux.»

Tout en ramenant mes visiteurs à l'hôtel, je réfléchissais à un moyen de sauver la mise. Quand nous sommes arrivés à destination, la solution était trouvée. J'avais déjà vu Hoffman accomplir son tour de magie et cela ne m'avait pas semblé trop compliqué. Aussi lui demandai-je:

— Croyez-vous que vous pourriez m'apprendre à maquiller en vingt-quatre heures?

Il me répondit:

— Ce n'est pas impossible. Mais vous ne ressemblez pas à un maquilleur et vous avez l'air trop jeune.

Il en fallait davantage pour me décontenancer. Hoffman entreprit d'abord d'argenter légèrement ma chevelure, puis les vingt-quatre heures suivantes furent consacrées à un cours de maquillage accéléré. La secrétaire d'Hoffman nous servit de cobaye. La pauvre! Elle avait la peau du visage à vif quand nous en avons eu terminé.

Le matin du lancement, Hoffman se présenta, comme prévu, au grand magasin de Cleveland. Quant à monsieur Ferrara, il avait été remplacé par un homme aux tempes grisonnantes, au langage teinté d'accent français et qui répondait au nom de monsieur Omar. Durant six jours, monsieur Omar fit mourir d'admiration toutes les clientes, aussi bien à Akron qu'à Youngstown. Je ne veux pas dire qu'elles ressemblaient à des cadavres en sortant de mes mains; à dire vrai, je ne m'en tirais pas mal du tout! Ce fut toutefois au magasin O'Neill, à Akron, que sonna mon heure de vérité. Ce jour-là, en effet, ma première cliente fut la femme du président du magasin. J'avais du mal à maîtriser le tremblement de mes mains et je lui couvris tout le visage d'Ayer Magic. La séance terminée, elle me remercia et partit sans faire le moindre commentaire. Malheur! J'étais convaincu qu'on allait éventer la mèche! Mais elle revint deux jours plus tard: le fameux produit avait tellement plu à son époux qu'elle voulait me voir répéter l'opération afin de la suivre point par point. Ainsi donc, exception faite du contretemps initial, tout se déroula sans accroc. En réagissant sur-le-champ et de manière positive face à l'adversité, j'avais pu sauver du désastre une importante campagne de publicité. En me tenant debout et en assumant la responsabilité d'une décision téméraire aux yeux de plusieurs, j'avais pu me faire bien voir de mes supérieurs.

Puis-je saisir la chance au passage?

C'est la clé de la réussite. Si vous faites partie de ces gens qui passent leur temps à se reprocher d'avoir laissé filer une occasion unique, vous feriez bien d'essuyer vos lunettes. Habituez-vous à examiner une proposition sous tous ses angles. Envisagez chaque idée en vous demandant: «Comment pourrais-je en tirer parti?»

Vous risquez fort de payer pour apprendre. C'est d'ailleurs ce qui m'est arrivé. Je connaissais quelqu'un qui semblait nous arriver chaque jour avec une nouvelle invention. Peu après mon départ de Lever Brothers, nous étions allés déjeuner ensemble. Ignorant que j'avais quitté mon emploi, il me montra son dernier gadget: une brosse à dents au manche de plastique creux et rempli d'un dentifrice liquide. Il suffisait de le presser pour en imprégner les soies et se brosser les dents sans plus avoir à sacrifier au rituel du tube de dentifrice. Et quand il ne restait plus de liquide, on jetait simplement l'objet.

Comme je lui conseillais d'aller voir quelqu'un de ma part chez Lever Brothers, il comprit que j'avais quitté la compagnie. Il me demanda ce que je faisais désormais et je lui répondis que j'étais entré chez Playtex. J'avais à peine fini de parler qu'il s'exclama:

— J'ai quelque chose de fantastique pour vous!

Et il sortit de son sac deux bouts de tissu d'apparence banale. L'un était en nylon et l'autre en coton. Après les avoir pressés l'un contre l'autre, il me fit constater qu'ils adhéraient l'un à l'autre sans l'aide de crochets ou de fermeture à glissière.

— C'est fabuleux! m'écriai-je. Je suis certain que cela pourrait nous intéresser!

Je songeai aussitôt aux conséquences de cette découverte pour l'industrie du soutien-gorge et à ce que cela pourrait représenter pour Playtex.

Je montrai l'invention au président de la compagnie qui versa à mon ami la somme de vingt-cinq mille dollars pour une option de six mois. Cinq mois plus tard, notre comité d'études mit fin à l'entente. Il n'avait pu trouver aucune application pratique de cette découverte pour nos produits.

Mais moi, je demeurais convaincu qu'il s'agissait là de quelque chose de révolutionnaire. J'ai essayé de réunir un groupe d'investisseurs, mais quand nous nous sommes présentés devant eux, il apparut que deux d'entre eux avaient déjà fait affaire avec mon inventeur et avaient perdu de l'argent. Ils n'étaient donc nullement intéressés à le soutenir une seconde fois et nous nous sommes retrouvés Gros-Jean comme devant. Cette invention était le Velcro et il ne se passe pas de jour sans que je sois témoin de son utilisation dans tous les domaines: rideaux, blouses de chirurgien, ceintures de sécurité. C'est devenu une gigantesque affaire, une société ouverte florissante.

Au début, je n'avais pas songé un seul instant à me lancer tout seul dans cette affaire. L'idée m'en était venue seulement après le refus de Playtex, mais il était trop tard. J'aurais dû conclure une entente de brevet avec mon ami, ce qui aurait permis à Playtex d'utiliser le Velcro pour ses produits et à nous-mêmes d'envisager d'autres possibilités. Malheureusement, je n'avais pas su flairer à temps la bonne fortune.

Cette leçon, je l'ai apprise à mes dépens et vous pouvez être sûr que je n'ai pas laissé beaucoup d'occasions semblables me filer entre les doigts.

Est-ce que je sais garder mon calme?

L'entrepreneur est généralement le capitaine de son navire. Si celui-ci fonce vers un récif, tandis que l'équipage est prêt à sauter par-dessus bord, sa simple présence doit signifier: «Je tiens toujours le gouvernail et je sais que nous pouvons gagner des eaux plus calmes.» Que sa main hésite et les pires craintes envahiront les matelots. Ceux-ci en déduiraient que le bâtiment est sur le point de sombrer. Laissez paraître votre inquiétude et vous vous retrouverez sans équipage.

C'est votre argent que vous avez investi dans votre aventure ou c'est, à tout le moins, votre allant et votre énergie qui la maintiennent à flot. Tous ceux qui travaillent pour vous et avec vous calqueront derechef leur attitude sur la vôtre. Si vous êtes déprimé, ils auront, eux aussi, le moral à plat. Il est donc primordial que vous sachiez faire preuve de sérénité. Je jouis d'une chance unique: je peux partager mes problèmes avec ma compagne, ma femme Ellen. Mais devant mes employés, je ne laisse jamais transparaître le moindre sentiment de crainte ou de désespoir. Je me suis fixé comme règle de ne jamais laisser les gens deviner si je suis euphorique ou démoralisé. J'essaie d'afficher la même impassibilité dans toutes les circonstances.

Vers la fin de 1984, dans une série d'actions indépendantes, quelques compagnies rivales avaient sorti leurs longs couteaux et cherchaient à les enfoncer dans le coeur de mon entrepreneur préféré. Il me fallait donc agir rapidement pour éviter la catastrophe.

L'un de mes concurrents était sur le point de lancer une série de rasoirs européens et un autre tentait de m'évincer du marché. J'ai convoqué tous mes directeurs afin de voir comment nous pourrions riposter. Le Victor Kiam qui présidait la réunion était calme, rationnel et franc. Je ne lançai pas d'attaques inutiles. Nous savions tous que nous étions aux prises avec un sérieux problème et qu'il nous fallait adopter des décisions sans perdre de temps. Étais-je inquiet? Ah! ça oui! J'étais mort d'inquiétude! Mais aucun de mes collaborateurs n'aurait pu le deviner. Ils savaient que j'étais préoccupé et avaient assez d'expérience pour juger de la gravité de la situation. Mais puisque je ne tendais pas la main vers une coupe de ciguë, personne ne le fit. Ce mélange de tension et de calme discipliné nous permit d'y voir plus clair et d'analyser la situation en toute logique.

Dans le cas des nouveaux modèles de rasoir, et tant qu'ils ne seraient pas sur le marché, nous devions nous contenter d'essayer de prévoir l'orientation que prendrait la campagne publicitaire. Mais la menace d'une guerre des prix amorcée par notre autre concurrent était une tout autre histoire. Là, nous avions certains choix.

Nous ne pouvions rivaliser avec le prix de notre rival puisque ses rasoirs étaient importés. Avec le dollar à la hausse sur le marché des changes, il était capable de les acheter à bas prix et de nous couper l'herbe sous le pied dans notre propre pays. Remington, dont les produits étaient fièrement fabriqués aux États-Unis, ne bénéficiait pas d'un tel avantage. Lorsque le concurrent avait décidé de réduire de huit dollars le prix de son meilleur rasoir, je savais que nous étions incapables de lui emboîter le pas. Huit dollars! C'était courir à la faillite que de vouloir en faire autant. Vers le milieu de la réunion, nous avons décidé de fonder notre stratégie sur l'un des trois choix possibles. Tout d'abord, nous pouvions maintenir le statu quo. Deuxièmement, nous pouvions diminuer d'un dollar ou deux le prix de notre rasoir le plus vendu. Et, enfin, nous pouvions augmenter carrément le prix de notre meilleur produit. Qu'auriez-vous fait à notre place?

Nous avons opté pour la troisième possibilité, selon cette logique impeccable: nous ne pouvions rivaliser avec le nouveau prix de notre compétiteur et, étant donné l'écart qui nous séparait, une légère réduction n'aurait rien changé à la situation. Puisque, de toute façon, nous allions y laisser des plumes, il valait mieux maximiser le rendement de chaque rasoir, en espérant que leur meilleure qualité l'emporterait. Néanmoins, cette décision n'était pas définitive. Je m'engageais à rencontrer nos principaux distributeurs afin d'en savoir plus long sur les capacités du marché. C'est à ce moment-là que l'un de nos publicitaires suggéra d'intensifier la publicité au bénéfice de nos rasoirs dont le prix était sensiblement le même que celui de nos concurrents. Ce fut la première d'une avalanche de propositions positives.

Dans les situations critiques — dans toutes les situations, en fait — seule l'absence de décision est pire qu'une décision erronée. C'est un signe de panique. Vos employés se disent: «Nous sommes vraiment dans de beaux draps s'il n'est pas capable de prendre position. Nous avons mis toutes nos idées ensemble et nous ne savons toujours pas quoi faire.» Au lieu de pouvoir compter sur un groupe de directeurs expérimentés, capables de s'attaquer à un problème grave mais non insoluble, vous risquez d'assister à la bousculade d'employés affolés, fonçant vers la fenêtre la plus proche.

À la maison, ce soir-là, nous recevions à dîner quelques amis intimes. Je suis certain qu'aucun ne put soupçonner les soucis qui m'accablaient. Après leur départ, aux environs de minuit, je me glissai dans mon studio, mis un disque de Julio Iglesias sur la chaîne stéréo et m'accordai une bonne demi-heure pour m'apitoyer sur moi-même. Sans témoin. Je laissai mes inquiétudes envahir mes traits. À la fin du disque, mes soucis étaient à l'arrière-plan. Je leur avais accordé suffisamment de temps. Maintenant, j'étais prêt à agir.

S'il importe de ne pas montrer son désarroi, il ne faut pas non plus verser dans l'autre extrême. J'ai déjà connu un directeur de compagnie qui souffrait d'exaltation chronique lorsque les choses allaient bien. Il vous gratifiait d'un sourire de vedette et, dans son enthousiasme, vous étouffait en vous étreignant. Mais il y avait tout de même des jours où il se montrait un peu moins euphorique sans que les affaires y soient pour quelque chose. À ces moments-là, il ne semblait ni déprimé, ni même distant. Il n'affichait tout simplement pas cet allant auquel tout le monde était habitué. Je ne saurais décrire le vent de dépression qui s'abattait sur le personnel devant son comportement banalement placide. Le contraste entre son attitude «normale» et son manque d'enthousiasme (qui n'avait pourtant rien de dépressif) était tel que tous ses proches collaborateurs étaient convaincus que le ciel allait leur tomber sur la tête. Il n'en était rien. Mais, à son insu, ce directeur émettait une série de signaux malencontreusement interprétés.

Vous devez maintenir votre équilibre. À titre d'entrepreneur, vous attirez l'attention et vos changements d'humeur ont un effet sur les autres. Pour paraphraser Shakespeare: «Pour que l'entreprise reste calme, celui qui la dirige doit sembler calme.»

Ai-je suffisamment d'énergie et d'endurance?

La chance ignore les bonnes manières. Elle ne porte ni cravate blanche, ni smoking, ni haut-de-forme et n'attend pas d'avoir reçu une invitation pour se présenter chez vous. Elle vous glisse entre les doigts comme une anguille. Il faut faire vite et l'attraper par n'importe quelle partie de son anatomie avant qu'elle n'ait filé. Vous aurez besoin d'une bonne dose d'endurance pour pouvoir l'agripper sans craindre qu'elle vous échappe en se débattant.

C'est une question de logique. Pour un entrepreneur, les journées de seize heures sont monnaie courante. Il y a quelque temps, je me suis envolé pour Detroit, un lundi matin; j'y ai loué une voiture et je me suis rendu à Troy, au Michigan, où j'avais une réunion avec des acheteurs de K Mart. À mon retour à New York, dans la soirée, mon chauffeur m'attendait à l'aéroport de La Guardia pour me conduire à celui de Kennedy où je suis arrivé juste à temps pour sauter dans l'avion en partance pour Londres. Je n'ai pas réussi à dormir pendant le voyage. Nous avons atterri à six heures du matin et je me suis rendu directement à mon hôtel où j'ai pris une douche et fait un somme avant de me précipiter, vers le milieu de la matinée, à une réunion qui s'est prolongée jusqu'à seize heures. Je présume que tous les participants sont ensuite rentrés chez eux où ils ont dîné de bonne heure. Pas moi. J'ai filé à l'aéroport où j'ai attrapé le premier vol pour l'Allemagne. Ce soir-là, j'ai encore assisté à une réunion de vendeurs, à Cologne. Dès huit heures, le lendemain matin, je me trouvais dans notre stand, à la Foire de Cologne. Dans l'après-midi, je reprenais l'avion, une dernière fois.

J'admets volontiers que toutes les journées d'un entrepreneur ne se déroulent pas de cette façon. Mais, même en temps normal, il m'arrive souvent de me lever à six heures pour pouvoir téléphoner à nos succursales européennes. Deux heures plus tard, j'ai quitté la maison et je suis en route pour notre usine de Bridgeport. Comme je laisse le volant à mon chauffeur, cela me permet de m'occuper de mon courrier et de lire des rapports durant le trajet. *Je ne perds pas une seconde.* Dès mon arrivée au bureau, je me plonge dans le travail et ne m'arrête souvent que vers dix-neuf ou vingt heures. Pendant le trajet de retour, je repasse dans mon esprit les événements de la journée et je rédige des notes que je remettrai aux intéressés, le lendemain matin.

Mon arrivée à la maison ne marque pas forcément la fin de ma journée de travail. Plusieurs réunions peuvent être inscrites au programme de la soirée. Et quand, finalement, je vais me coucher, j'ai derrière moi une journée remplie *non de travail, mais d'accomplissements.* Si, à la seule lecture de cette description, vous avez eu envie de retrouver votre oreiller, ne vous laissez pas décourager, parce que je vais vous dire quelque chose: même s'il m'arrive d'être fatigué à la fin de la journée, je ne suis pas épuisé. Si vous manquez d'énergie actuellement, je puis vous garantir que vous en puiserez dans ce que vous aurez entrepris. J'ai cinquante-sept ans, mais j'ai l'impression d'en avoir trente de moins. Je vais de pays en pays et je mange sur le pouce, tout comme à l'époque où, voyageur de commerce, je parcourais les routes. Mais je me sens en pleine forme. Je suis emballé par ce que je fais.

Avez-vous déjà remarqué que vous avez du mal à

vous tirer du lit, lorsque vous savez que la journée sera creuse? Que, si vous restez trop longtemps allongé sur la plage à regarder le monde passer, votre cerveau finit par se changer en une salade d'avocats? Vous êtes en train de vous calcifier. Lorsque rien ne nous incite à nous lever, c'est le début de la *rigor mortis*.

Ce genre de phénomène ne se produit jamais dans la vie d'un entrepreneur. Je n'aime pas dormir trop longtemps: je crains toujours de rater quelque chose d'extraordinaire qui pourrait survenir à ce moment-là. Les entrepreneurs ne souffrent pas de pénurie d'énergie. Pourquoi? Parce que nous sommes engagés. Pour ma part, je suis encore bon pour vingt-cinq ou trente ans. Je ne songe même pas à prendre ma retraite. Regardez Armand Hammer, cet industriel octogénaire. Il continue de rouler sa bosse à travers le monde. Voici peu de temps, quelqu'un demanda à John Carradine quand il mettrait fin à sa carrière. L'acteur, qui a plus de quatre-vingts ans, répondit: «La retraite, c'est la mort.» C'était une semaine avant une autre première à Broadway. Engagez-vous à fond dans la vie et vous aurez droit à une récompense imprévue: la fontaine de Jouvence.

Est-ce que je souhaite prêcher par l'exemple?

C'est une question de bon sens. Vous ne pouvez exiger de vos troupes qu'elles donnent le meilleur d'elles-mêmes si, pour vous, une grosse journée de travail se résume à deux heures au bureau et six heures sur le terrain de golf. Je ne demande jamais à un employé de faire quelque chose que je ne ferais pas moi-même. Étant donné que je m'engage corps et âme dans tout ce que j'entreprends, je me sens tenu de travailler plus fort que mes collaborateurs. Ces projets, ces sociétés, sont vos enfants. Si vous ne vous en occupez pas, qui le fera?

D'autre part, ne prenez jamais vos employés pour des domestiques. Si je voyage en compagnie d'un de mes vendeurs et qu'il veuille porter ma serviette, je refuse. Pas question! Il ne s'agit nullement de faire en sorte qu'il se sente plus à l'aise ou de le convaincre que Victor Kiam est vraiment un type très bien. Je veux plutôt lui faire comprendre que nous formons une équipe. Vous devez être capable de motiver ceux qui vous entourent. Prêcher par l'exemple est un moyen qui en vaut bien un autre.

Ma prochaine observation ne prendra pas la forme d'une question. C'est plutôt un petit conseil. Si vous voulez devenir un entrepreneur, que vous envisagiez ou non d'être à votre compte, vous devriez suivre un cours d'initiation à la comptabilité. Cela peut sembler banal, mais je le conseille à tout le monde, sans restriction d'âge. Il est toujours utile de savoir analyser un compte de profits et pertes ou les mouvements de trésorerie. Les affaires les plus créatrices restent des affaires. Il est capital de connaître la comptabilité, même s'il s'agit seulement de gérer son budget personnel. On arrive toujours à la dernière ligne en additionnant et en soustrayant, et elle s'accompagne toujours d'une décimale et du symbole du dollar.

Mon habileté à lire des états financiers m'avait grandement aidé lors de mon premier emploi, puisque cela me donnait un avantage sur mes rivaux moins bien dotés. En outre, je n'avais pas à compter sur autrui pour interpréter la situation financière d'une compagnie ou mon budget personnel. Compte tenu de la multitude de cours du soir dispensés d'un bout à l'autre du pays, vous seriez inexcusable de ne pas acquérir au moins les rudiments de cette matière.

Un des postes de la comptabilité que je trouve particulièrement utile comme outil d'analyse personnelle est le bilan. Car il indique quels sont, à un moment donné, l'actif et le passif d'une société. À l'École de gestion de Harvard, on nous donnait à étudier les bilans de plusieurs sociétés afin d'essayer d'en déterminer la valeur. Nous analysions également les comptes de profits et pertes. Le CPP d'une compagnie est, en quelque sorte, sa feuille de parcours. Cet état de compte couvre une période précise et permet de voir comment cette société a utilisé son actif et son passif.

À l'époque où les grandes entreprises déléguaient des représentants à Harvard afin d'interviewer les étudiants susceptibles d'entrer chez elles, je m'étais demandé ce que j'avais à leur offrir et j'avais décidé, pour mieux m'évaluer, d'établir une sorte de bilan. Je possédais déjà mon CPP, autrement dit mes années d'étude. Dresser mon bilan me demanderait un peu plus d'efforts.

Je laissais tomber l'idée d'établir mes états financiers, le résultat aurait été désastreux. Quand une compagnie dresse un bilan, elle peut prévoir une section pour la survaleur. Il s'agit d'une valeur intangible comme le poids d'une marque de commerce ou d'une raison sociale, ou la différence entre le prix payé pour un article et sa valeur liquidative. Puisque ma valeur financière frisait le zéro, j'en déduisis qu'il était préférable de tenir compte de ma survaleur. Mais, outre mes actifs, je tenais également à avoir prise sur mon passif intangible.

Prenant un cahier, j'ai séparé d'un trait l'une des pages en deux colonnes. Dans la première, j'inscrivis tout ce qui d'après moi pourrait intéresser une entreprise. Par exemple, j'étais célibataire, libre de voyager à mon gré, bilingue (je parle français) et j'avais une très bonne formation en gestion des affaires. J'ajoutai quelques données plus personnelles qui n'avaient pas forcément un rapport direct avec mes qualités professionnelles. Ainsi, je fais partie de ces gens qui ne laissent personne indifférent. Ou on me déteste ou on m'adore. Ne sachant pas trop si c'était un bien ou un mal, j'inscrivis cette particularité dans les deux colonnes. Je ne manquais pas de valeurs passives, bien au contraire. J'étais timide, désordonné et que sais-je encore, mais la pire de toutes était ma propension à tout remettre au dernier moment. Si, à Harvard, on me donnait quatre jours pour rendre un travail, je ne m'y attaquais que le troisième jour et travaillais ensuite sans relâche pour le terminer à temps. Nos travaux hebdomadaires, par exemple, devaient être déposés au plus tard à vingt et une heures, le samedi, dans la boîte aux lettres. La majeure partie du temps, j'arrivais juste au moment où le censeur s'apprêtait à refermer la boîte.

Le fait de voir ces défauts notés sur papier m'aida à les surmonter. À partir de ce moment-là, je me fis un point d'honneur de me débarrasser d'abord des tâches désagréables. Je déteste m'occuper de l'intendance; je suis un homme d'action et il n'est rien que j'abhorre autant que d'avoir à vérifier et approuver une liste de frais. Mais je ne puis la négliger si je veux équilibrer mon budget. Chaque fois donc, je traitais cette corvée en premier lieu. J'aurais de beaucoup préféré étudier mes commandes ou rendre visite à mes clients, mais je m'astreignais à expédier quelques-uns de ces comptes de charges avant de m'occuper enfin de ce qui me plaisait. C'était ma récompense pour m'être débarrassé de cette tâche ennuyeuse. En peu de temps, j'avais rayé de mes valeurs passives cette mauvaise habitude de tout remettre à la dernière minute. Je me suis attaqué ensuite à mes autres défauts et c'est ainsi que je suis arrivé à les dominer, faute de mieux.

Je continue de dresser mon bilan personnel et de le revoir tous les six mois, afin de savoir où j'en suis. C'est, si je puis dire, mon confessionnal. Puisque je suis le seul à le voir, je m'y montre d'une sincérité parfois pénible. Mais en affrontant mes défauts, j'ai fini par me voir sous un angle plus positif. Je me suis rendu compte que, si je m'en donne la peine, je suis capable de surmonter tout ce que contient cette liste.

C'est à votre tour, maintenant. Établissez votre propre bilan et réfléchissez à la façon de changer vos moins en plus. Ce bilan correspond à votre moyenne au bâton. Si vous constatez une tendance à la hausse de vos actifs, vous serez encouragé à aller de l'avant. En revanche, si votre passif est toujours au même niveau, vous serez en mesure d'identifier les secteurs chroniquement faibles et de supputer les remèdes à y apporter.

Ce premier chapitre a plus ou moins pris l'allure d'un bilan. Vous devriez maintenant savoir avec suffisamment de précision si vous possédez les atouts nécessaires pour vous lancer dans ce jeu. J'espère, néanmoins, que je ne vous ai pas découragé, car ce n'était nullement mon intention. Mais je ne voulais pas que vous vous dirigiez vers l'emplacement du batteur sans savoir ce qui vous attend. Vous savez maintenant à quoi vous en tenir. Il me reste simplement à vous révéler quelques-unes des récompenses qui viendront compenser les sacrifices que vous serez appelé à faire.

Vous éprouverez beaucoup de satisfaction à créer quelque chose à partir de rien. Vous vous jugerez de façon plus positive parce que vous aurez eu le courage de vous attaquer à des entreprises qui font fuir les autres. Un projecteur, alimenté par le respect de vos supérieurs et de vos collègues, vous fera sortir de l'ombre. Sans oublier, cela va sans dire, les récompenses d'ordre pécuniaire. En 1951, je suis entré chez Lever Brothers à titre de stagiaire en administration. Dix-sept ans plus tard, alors que je venais tout juste de célébrer mon quarantième anniversaire, j'achetais une partie de la société Benrus. Le reste a suivi rapidement. Les entrepreneurs qui réussissent sont des individus uniques en leur genre. On les apprécie autant qu'une oeuvre de prix. Une fois que votre réputation est faite, vous ne tarderez pas à

vous rendre compte que la demande dépasse l'offre, et
que vous avez à offrir exactement ce qui est demandé.

Ce n'est pas une vie de tout repos. Mais rien de ce qui
en vaut la peine ne s'obtient sans mal. Si David avait
abattu un nain au lieu d'un géant, qui s'en serait soucié?
Et qui s'en souviendrait maintenant?

2

Les affaires
sont une jungle où
l'entrepreneur est le lion

DEPUIS une dizaine d'années, les sociétés avides d'insuffler à leurs filiales apathiques un nouvel esprit plus dynamique accueillent les entrepreneurs comme de véritables messies. Malgré la récente reprise économique, jamais les possibilités n'ont été aussi grandes pour les entrepreneurs travaillant au sein des structures industrielles ou commerciales. Si vous optez pour cette forme particulière de base-ball que constitue le monde des affaires, choisissez une équipe qui vous permettra de mettre vos talents en valeur.

Pour ma part, si j'avais suffisamment de notions en technologie de pointe, je m'orienterais probablement vers les télécommunications. Je lisais récemment qu'une entreprise de câblodistribution se sert des ondes pour vendre des produits et utilise le téléphone comme relais pour permettre à ses clients de passer leurs commandes. Cette compagnie est en plein essor dans un secteur encore balbutiant et c'est vers ce genre d'affaires que devrait se diriger l'entrepreneur.

L'industrie de la restauration-minute se révèle aussi très prometteuse, à condition de faire le bon choix. Personnellement, je ne ferais pas grand cas de McDonald ou de Wendy's. L'une et l'autre sont à leur apogée et leur expansion est désormais limitée. Par contre, je m'intéresserais vivement à ce bonhomme de Chicago en train de lancer une chaîne de «restau-pouce» spécialisée dans la cuisine chinoise, ce qui laisse entrevoir une avalanche de nouvelles concessions. Si, comme entrepreneur, j'étais attiré par l'alimentation, je sauterais dans le premier avion pour rencontrer ce type et tâcher de profiter de ce nouveau marché aux perspectives alléchantes.

Avant de prendre une décision, étudiez attentivement la situation de votre éventuel employeur. Dans le milieu bancaire, par exemple, Citibank est un géant qui existe depuis des années, mais qui ne cesse d'innover et dont l'expansion demeure constante. Elle a été la première banque à implanter des guichets automatiques et a mis sur pied son propre service de cartes de crédit. Cette entreprise est dirigée par de véritables pionniers. Une autre banque bien connue se glorifie d'être le chef de file en matière de prêt automobile, ce qui est loin de m'apparaître comme un marché susceptible de progresser beaucoup. Si c'est là sa seule raison de pavoiser, je ne crois pas que j'aurais envie de travailler pour elle.

Certaines sociétés sont capables d'évoluer. Prenons le cas des Soupes Campbell qui faisaient preuve de banalité dans la commercialisation d'un produit de base. L'une de leurs divisions, Pepperidge Farm, était dirigée par un certain Gordon McGovern qui y avait opéré une petite révolution en lançant une série de biscuits prestigieux. Le chiffre d'affaires a monté en flèche et, lorsque le président de Campbell a pris sa retraite, McGovern a été choisi pour lui succéder. Il a fait pour Campbell ce qu'il avait fait pour Pepperidge Farm: grâce, cette fois, à une gamme de soupes pour gourmets, il s'est emparé de nouveaux marchés. McGovern a ainsi animé une société languissante d'un nouvel esprit d'entreprise. Il y a dix ans, je n'aurais nullement cherché à postuler un emploi chez Campbell. Mais aujourd'hui la situation a changé du tout au tout. Cette entreprise connaît une croissance extrêmement rapide et est en quête d'idées nouvelles. Elle n'a plus rien d'un traîne-savates.

Une fois que vous aurez déniché une entreprise qui vous convienne, assurez-vous que vous lui convenez également. Il est donc temps de vous livrer à une évaluation plus approfondie de vous-même.

Reprenez votre bilan

Vous allez maintenant pouvoir utiliser le bilan que vous avez établi un peu plus tôt. Tout comme je l'avais fait à la fin de mes études commerciales à Harvard, en 1951, procédez à votre propre évaluation afin de déterminer vers quel secteur d'activité vous devriez vous tourner. Et n'oubliez pas de *toujours choisir une entreprise qui vous permettra de briller.* Dans mon bilan, on pouvait voir, d'un simple coup d'oeil à la colonne de l'actif, que j'avais non seulement vécu en Europe, mais que j'y avais aussi possédé et dirigé une société florissante. Il mentionnait en outre que je parlais français couramment et que je me débrouillais assez bien en italien. De plus, l'expérience m'avait appris à venir à bout de la plupart des problèmes — dont les impôts et les assurances — auxquels se butent les Américains qui font des affaires à l'étranger.

À l'époque, j'avais également dressé des bilans semblables pour les plus doués de mes camarades de classe. J'avais ainsi établi que la plupart d'entre eux se destinaient aux affaires, mais n'envisageaient pas de s'expatrier. Muni de ce même type d'informations, vers quel secteur devriez-vous vous diriger? Si votre bilan indique que vous possédez d'excellentes connaissances sur les opérations en Bourse, pourquoi ne pas songer à Wall

Street? Mais s'il révèle vos aptitudes pour la vente, comment pourriez-vous songer un seul instant à vous joindre à une entreprise dont l'ascension vers le plus haut poste ne passe pas par son service commercial? Dans mon cas, compte tenu de mes antécédents, je m'étais dit que je ferais bien de m'orienter vers le commerce international.

Une fois mon choix fixé, j'ai entrepris de lire tout ce que je pouvais trouver sur les sociétés dont les produits étaient distribués à l'échelle internationale. Vous devrez vous livrer à une recherche semblable en puisant à toutes les sources: livres, revues, journaux, magazines spécialisés, etc. Vous pourrez également interroger des personnes travaillant dans le secteur qui vous intéresse, et *tutti quanti*. Quand vous aurez réuni tous les éléments nécessaires, dressez la liste des employeurs éventuels et préparez-vous pour ce que certains considèrent comme la pire des épreuves: l'entrevue. Ne vous faites pas de bile inutilement. Cette expérience peut — et devrait — être agréable.

Dans la tanière du lion

Bien que cela se passe souvent, je n'ai jamais compris que quelqu'un puisse venir me voir pour un emploi alors qu'il ignore tout de la compagnie, exception faite de son produit-vedette. L'attitude la plus courante, parmi les postulants, est de croire qu'il suffit de se présenter au rendez-vous et de faire de son mieux. Rien n'est plus faux! Je n'ai jamais passé une entrevue sans m'être d'abord renseigné à fond sur l'entreprise.

Ainsi, lorsque je me suis présenté pour la première fois chez Lever Brothers, je suis arrivé armé jusqu'aux dents. Je savais qu'elle était une filiale de Unilever, une multinationale qui transforme les matières premières, telle l'huile de noix de coco, en produits de consommation. Je connaissais le nom de son PDG et de quelques membres du conseil d'administration. J'avais également une assez bonne idée de la répartition de ses ventes entre le marché intérieur et le marché international. Enfin, je m'étais documenté sur ses produits, y compris les moins connus.

Je n'avais eu aucun mal à obtenir ces données: il ne m'avait fallu qu'un peu de recherche. À cet égard, les journaux et magazines spécialisés sont une véritable mine d'or, surtout dans le cas des sociétés les plus en vue. Si vous vous intéressez à une société publique, vous auriez tout intérêt à vous procurer son rapport annuel ou ses états financiers les plus récents. Tâchez également de savoir qui se charge de sa publicité. Chaque année, *Advertising Age* publie les nom, adresse et numéro de téléphone de toutes les agences de publicité américaines ainsi que la liste de leurs clients. Un coup de téléphone et vous apprendrez comment votre employeur éventuel répartit son budget publicitaire entre la télévision, la radio et la presse en général. Faites un relevé de ses annonces et essayez d'en déduire ce qu'elle considère comme les principales qualités de ses produits ou de ses services.

D'autre part, si cela vous est possible, essayez d'entrer en communication avec ceux qui font affaire avec cette entreprise, que ce soit des fournisseurs ou des clients, afin de savoir ce qu'ils en pensent. Ils devraient avoir une vue objective de ses points forts et de ses points faibles. Ce genre d'enquête vaut pour n'importe quelle entreprise, mais elle est encore plus utile dans le cas des sociétés privées dont les dossiers ne sont pas toujours accessibles au grand public.

Tous ces renseignements ont leur raison d'être. Non seulement ils vous permettront de répondre à des questions décisives sur la société pour laquelle vous souhaitez travailler, mais vous serez également en mesure de diriger l'entrevue. Lorsque le directeur du personnel, chez Lever Brothers, m'a demandé ce que je savais de la compagnie, j'ai énuméré la liste des produits, fait état de divers éléments que j'avais glanés dans le rapport annuel et lui ai donné mon avis sur leur publicité. Puis j'ai commencé à l'interroger. Comme le siège social de la compagnie venait de déménager de Boston à New York, je lui ai demandé si cela aurait un effet quelconque sur la politique relative aux promotions. J'ai aussi relevé le fait que certains cadres n'avaient pas suivi le transfert et j'ai voulu savoir si cela avait ébranlé la structure hiérarchique. Une question en entraînait une autre jusqu'au moment où j'ai demandé à mon interviewer s'il aimait travailler chez Lever Brothers et quels en étaient, d'après lui, les points forts. Vous voyez le tableau... Les rôles étaient renversés, c'était moi, maintenant, qui posais les questions. Pendant un bref instant, on aurait pu croire que c'était moi qui devais prendre une décision à l'endroit de la société plutôt que l'inverse. Ce type de stratégie ne peut tourner qu'à votre avantage.

En dévoilant à l'interviewer l'étendue de vos recherches, vous lui faites également sentir l'intérêt que vous porter à son entreprise. Peu après mon entrée chez Remington, j'ai reçu un jeune homme qui postulait un emploi. Il semblait en savoir à peu près aussi long que moi sur la société. Ce n'est pas très fréquent. Certains candidats se présentent chez nous sans même savoir que nous sommes une entreprise privée. Ce jeune homme, en revanche, était capable de m'indiquer notre part du marché, connaissait le nom de tous nos produits et m'a demandé quels nouveaux articles nous envisagions de lancer. Il m'a même demandé comment nous nous en tirions sur le marché japonais, compte tenu des effets du dollar, passablement fort à l'époque, sur le commerce international.

Quand il s'est interrompu pour reprendre son souffle,

je lui ai demandé s'il savait où nos produits étaient vendus. Il m'a cité divers endroits, dont des pharmacies, puis il a ajouté:

— Mais plusieurs d'entres elles n'aiment pas vendre des rasoirs. Elles parviennent difficilement à réaliser des profits par suite des remises exagérément élevées.

Lorsque je lui ai demandé comment il l'avait appris, il m'a répondu:

— J'ai fait le tour d'une vingtaine de pharmacies et j'ai discuté avec leurs propriétaires.

J'étais estomaqué. Tout ce que je pouvais penser, c'était: «Bon sang! Je ne dois pas laisser filer cet oiseau rare. S'il s'intéresse à la compagnie au point d'entreprendre une pareille enquête alors qu'il ne travaille même pas pour nous, qu'est-ce que ce sera après que nous l'aurons engagé!» Inutile de vous dire qu'il a obtenu le poste.

Vous pouvez poser bien d'autres questions, mais aucune à propos du salaire. Ne demandez pas combien vous allez gagner: l'interviewer vous le dira en temps et lieu. Le salaire ne varie pas beaucoup d'une entreprise à l'autre au niveau des postes de base. Ce sur quoi vous devez vous renseigner, en revanche, c'est sur la politique suivie par la société à propos des promotions. Vous voulez savoir à quel rythme vous pourrez progresser, et vous pourriez même faire savoir à l'interviewer que vous visez le haut de l'échelle. Ne dissimulez pas vos ambitions. Et, ce qui compte encore plus, demandez-lui quel sera, le cas échéant, votre champ de responsabilité.

Quelle que soit sa réponse, assurez-vous au moins que votre emploi suit une progression linéaire, c'est-à-dire qu'on peut en évaluer les résultats d'après un point de référence, comme dans le cas d'un vendeur. Vous tenez à faire votre marque, mais d'une façon qui soit mesurable.

J'ai commencé à travailler chez Lever Brothers comme stagiaire à la direction pour le service de commercialisation et, plus tard, je suis devenu vendeur. Dans les deux cas, on pouvait évaluer mon rendement en cents et en dollars, donc apprécier rapidement si mon travail était bien fait. N'oubliez pas que, du moment qu'il vous permet de survivre, votre salaire, à ce palier, n'a qu'une importance secondaire. L'important est de pouvoir se faire valoir et d'avancer! Je suis entré chez Lever Brothers presque en même temps qu'un camarade de classe de Harvard. Celui-ci s'était fait engager comme analyste de marché, poste qui ne comporte pas de chances d'avancement. Il gagnait un peu plus de 5 000 $ par année — un salaire de base fabuleux pour le début des années 1950. Moi, je touchais à peu près 3 000 $ par année. Mon camarade avait donc un salaire de deux tiers plus élevé que le mien et il ne ratait pas une occasion de me le rappeler. Mais je n'en avais cure; je savais où je m'en allais. Trois ans plus tard, l'analyste gagnait 7 500 $ et moi, plus de 17 000 $. Il avait fourni un bon rendement, mais il occupait un poste sans avenir. Il ne pouvait pas aller plus loin. Pour ma part, j'avais accepté un emploi qui commandait un salaire inférieur, mais qui me permettait, par contre, de progresser et de me mettre en valeur. C'était ce qui avait emporté ma décision parce que j'accordais une grande importance aux possibilités d'avancement. Je savais que je pourrais rattraper plus tard ce que j'avais perdu en salaire. Un entrepreneur ne doit pas confondre ses priorités.

Du moment que vous vous êtes soigneusement documenté et que vous ne perdez pas de vue vos propres besoins, vous devriez pouvoir interroger l'interviewer à votre guise. Exercez-vous à formuler vos questions. Pour cela, faites appel à un ami qui, de préférence, serait lui aussi en quête d'un emploi, et répétez à plusieurs reprises la scène de l'entrevue en inversant chaque fois les rôles. Répétez encore et encore, jusqu'à ce que vous vous sentiez parfaitement à l'aise. Les lanceurs se réchauffent avant le début d'un match. Les boxeurs s'entraînent pendant des centaines de rounds avant le soir du combat. Vous devriez faire preuve du même zèle en vous entraînant pour votre propre partie.

Durant les répétitions, souvenez-vous que l'interviewer cherchera à découvrir aussi bien vos défauts que vos aptitudes. Il pourra vous questionner abruptement sur vos faiblesses. N'essayez pas de lui faire croire que vous n'en avez aucune. Il penserait que vous essayez de le berner — ou que vous êtes un rêveur. Il vaut mieux faire état d'une lacune — pas trop grave, quand même! — et lui montrer que vous faites tout pour vous corriger. Si l'on me posait semblable question aujourd'hui, je répondrais probablement que je déteste m'occuper de tout ce qui est paperasserie, mais que je me fais un point d'honneur de m'en débarrasser avant de passer à autre chose.

Si vous vous êtes bien préparé, l'interviewer aura du mal à vous prendre en défaut avec une question-piège. Vous serez capable de dominer l'entrevue et de donner l'impression que vous éprouvez autant d'intérêt pour la compagnie qu'elle devrait en avoir pour vous. Mais attention! une question risquerait de démolir tout votre travail. Sauf si vous êtes d'un certain âge, *jamais*, au grand jamais, vous ne devriez faire la moindre allusion à un régime de retraite. Si vous tenez à obtenir le poste, vous ne voulez sûrement pas donner l'impression de ne rêver qu'au moment où vous prendrez votre retraite. Il n'y a pas si longtemps, un jeune homme a mis fin à l'entrevue en m'interrogeant sur le régime de retraite en vigueur chez Remington. Il devait avoir environ vingt-cinq ans! Ma réponse fut:

— Jeune homme, vous ne le saurez jamais.

Sachez vous distinguer

Puisque je semblais attiré par le commerce international, on s'étonnera d'apprendre que je sois finalement entré dans une filiale américaine de Lever Brothers. La raison en est simple: Keith Porter. Keith était le président de la division des cosmétiques Harriet Hubbard Ayer et, comme je l'ai déjà mentionné, c'était un fonceur authentique. Le directeur du personnel m'avait suggéré de le rencontrer. Même s'il savait que cela me tentait d'occuper un poste à l'étranger, il pensait que j'aimerais travailler avec Keith et que je m'adapterais facilement à son secteur.

J'ai été gagné à cette idée dès notre première rencontre. Il n'avait que trente-trois ans, mais son ascension au sein de la société avait été fulgurante. J'étais surtout attiré par quelques-uns des projets novateurs qu'il envisageait de mettre à exécution. Par exemple, il voulait faire de la vente à domicile dans les zones commerciales et faire expédier les articles par le grand magasin de l'endroit. C'était une innovation et, si les résultats étaient concluants, il avait l'intention de répéter l'expérience ailleurs en proposant davantage de produits.

En bavardant avec Keith, j'avais appris que Harriet Hubbard Ayer était une petite division. Elle ne totalisait qu'un pour cent du chiffre d'affaires global de la compagnie. Néanmoins, si le projet réussissait — et, avec Keith à la barre, je ne voyais pas comment il pourrait en être autrement — son chiffre d'affaires grimperait en flèche et pouvait même quadrupler au cours de l'année suivante. Comme il s'agissait d'un secteur d'activité restreint, le moindre progrès serait fatalement remarqué, et il en irait de même pour tous ceux qui auraient mis la main à la pâte. J'ai donc décidé de m'accrocher à ce bonhomme Keith et à Harriet Hubbard Ayer qui me semblaient promis à une réussite certaine.

Je tiens à préciser qu'au moment où je suis entré chez

Lever Brothers je ne me considérais pas comme un entre-preneur. J'étais certes plein d'ardeur, mais je ne caressais aucun grand projet. À titre de vendeur, je me contentais de faire ma tournée et de vendre, Quand je suis devenu superviseur, j'étais trop occupé à diriger mon service pour me demander si mes patrons avaient conscience de l'excellence de mon travail. Je m'imaginais que mes ef-forts s'accompagneraient tout naturellement d'une telle reconnaissance. Mais devinez ce que j'ai découvert? C'est que la vie n'est pas toujours équitable. Il ne suffit pas de faire du bon travail; ce n'est là que la moitié de la bataille. Il faut également le faire savoir aux gens qui comptent, c'est-à-dire à ceux qui peuvent vous faire pro-gresser au sein de l'entreprise.

Si vous travaillez pour une petite entreprise, le cas ne se pose guère. En effet, si vous êtes vendeur dans une compagnie qui n'en compte que quatre, vous n'aurez aucun mal à vous faire remarquer. Mais si vous êtes perdu dans la masse anonyme d'une importante société à structure homogène, comment diable attirer l'attention?

Dans certains cas, le point de référence peut avoir le même effet qu'un projecteur braqué sur vous. Comme je l'ai dit plus haut, travailler le samedi m'avait donné un avantage marqué sur mes concurrents, au sein comme à l'extérieur de la compagnie. Je m'échinais soixante-quinze heures par semaine, alors que mes collègues n'en fai-saient que quarante ou même moins. La différence se faisait sentir dans mes résultats et mes patrons l'avaient remarquée. Le fait que certains des autres représentants étaient meilleurs vendeurs que moi n'avait aucune impor-tance. Il faut bien plus que du talent pour se retrouver en tête de liste. Si vous travaillez vingt, trente ou qua-rante heures par semaine de plus que vos collègues, il est certain que votre rendement sera supérieur, uniquement à cause du temps supplémentaire que vous aurez investi.

Une fois que vous vous serez imposé comme quelqu'un qui ne craint pas de relever ses manches, vous pourrez également impressionner vos supérieurs en posant des questions judicieuses. Remington a récemment élargi son marché de l'eau de Cologne et l'un de mes subalternes a voulu savoir pourquoi. Quelle était notre stratégie? J'ai été enchanté de constater que ce point l'intéressait suffisamment pour qu'il prenne la peine de se renseigner, même si cette politique était sans grande conséquence pour son service. Si vous ignorez pourquoi votre compagnie fait telle chose, posez des questions. Interrogez votre patron et, s'il n'en sait rien, suggérez-lui d'aller ensemble voir *son* chef de service. Le résultat sera double. Tout d'abord, à l'instar de ce jeune homme qui m'avait interrogé à propos de l'eau de Cologne, on remarquera que vous vous intéressez à ce qui se passe au sein de la compagnie. Vous n'êtes pas une marionnette qui attend les ordres sans jamais demander quoi que ce soit. En second lieu, si votre patron ignore la réponse à donner à votre question, pendant ce moment-là il n'est plus votre supérieur. Votre ignorance commune vous place tous deux sur un pied d'égalité. Vous venez d'abattre une barrière hiérarchique.

La réaction de votre patron à votre demande n'a guère d'importance en soi. S'il vous dit: «Ce n'est pas la peine, je vais le lui demander et je vous le dirai ensuite», ou encore: «Je n'en sais rien, contentez-vous de faire ce qu'on vous demande», soyez sur vos gardes. Vous êtes soit devant un patron incompétent, soit devant un patron qui manque de confiance en lui-même et qui craint de vous voir empiéter sur son autorité. J'ai déjà eu un superviseur qui ne voulait pas me voir à proximité du bureau de son patron. Il me servait toujours la même rengaine: «*Je* vais le lui demander.» J'avais bien essayé de lui tenir tête en offrant de l'accompagner pour pouvoir poser quelques autres questions pertinentes, mais il m'avait enjoint d'en dresser la liste; il ferait en sorte d'obtenir les réponses à toutes mes questions. Je savais qu'il voulait me barrer la route et qu'il me faudrait trouver le moyen de passer outre.

L'une des méthodes que j'avais mises au point m'a été très utile chez Playtex. Comme directeur régional des ventes, j'avais constaté que l'un des principaux problèmes de la compagnie était le renouvellement incessant du personnel. Playtex était une remarquable école de formation pour les vendeurs néophytes, parce que nous leur enseignions tous les trucs du métier. Une fois qu'ils étaient bien formés, ces employés nous quittaient et allaient grossir les rangs de nos concurrents. Je ne pouvais les en blâmer. Ils ne touchaient qu'un maigre salaire accompagné d'une petite commission additionnelle et ils pouvaient obtenir de meilleures conditions ailleurs.

La solution était simple. Chacun de mes six districts se composait de douze vendeurs et d'un directeur. En créant douze districts plus petits ne comptant plus que six vendeurs, nous pourrions offrir deux fois plus de postes administratifs, ce qui inciterait les gens à demeurer chez nous. Les représentants pourraient espérer une promotion plus rapide assortie d'un chèque plus substantiel. Une fois le projet adopté, j'aurais été en mesure d'affirmer à un candidat:

— Cet emploi de vendeur constitue un tremplin. Vous devez viser un poste d'administrateur. Si vous avez l'intention de rester vendeur jusqu'à la fin de vos jours, vous vous êtes trompé de compagnie. Vous ne feriez pas long feu ici parce que vous seriez confronté à d'authentiques arrivistes pour qui le salaire n'a qu'une importance secondaire. Je veux vous voir directeur régional dans deux ans. Êtes-vous prêt à relever ce défi?

Cette méthode, par son effet stimulant, aurait radicalement réduit le nombre des employés démissionnaires.

Après avoir préparé un programme en ce sens, je l'avais remis à mon patron, Parker Drake, dont je savais qu'il n'était nullement intéressé à voir Victor Kiam réussir. En fait, pour des raisons que j'expliquerai plus loin, il espérait que je rate mon coup.

Mes suggestions ne quittèrent jamais son bureau. Il refusait de les transmettre à ses supérieurs. M'en étant aperçu, je pris soin de faire allusion à mon projet dans le rapport hebdomadaire que je remettais non seulement à Drake, mais également à Al Peterson. Peterson était vice-président du marketing et son autorisation serait nécessaire pour que mon projet se matérialise.

L'un de mes rapports à Drake se terminait ainsi: «Plus je réfléchis au projet de réorganisation des ventes que je vous ai soumis, plus je suis convaincu qu'il permettra de réduire le nombre de défections, d'accroître la productivité et de créer une meilleure ambiance.» Après avoir lu cette note, Peterson était allé trouver Drake et lui avait réclamé mon rapport. Livide, Drake avait pris la chemise qui le renfermait et l'avait lancée sur son bureau en déclarant à Peterson que c'était une idée ridicule à laquelle il ne voulait pas être mêlé. Peterson avait alors parcouru mon rapport et avait répondu:

— Parfait. Pourquoi ne pas laisser Kiam en faire l'expérience dans son territoire?

J'étais finalement dans le coup. Comme j'étais le seul des trois directeurs régionaux engagé dans un nouveau programme, tous les échelons de la hiérarchie auraient les yeux braqués sur moi. Si le projet réussissait, il se répercuterait sur tous les paliers de la société Playtex. Ce fut effectivement le cas et j'en tirai d'autant plus de gloire qu'il m'avait fallu surmonter un obstacle énorme pour arriver à mes fins. J'avais couru un certain risque en croisant le fer avec Drake, mais c'était cela ou rien.

Si vos meilleures idées ne parviennent pas aux instances supérieures, elles ne vous permettront pas de remporter la partie. Si fantastiques soient-elles, elles ne vous aideront même pas à frapper un coup sûr dans le base-ball des affaires. L'insécurité n'est pas le seul motif qui puisse inciter votre patron à vous empêcher de marquer un point. Il pourra agir ainsi s'il ne partage pas votre enthousiasme pour votre idée. Dans ce cas, il vous faudra décider si vous devez passer outre. Si vous êtes convaincu du bien-fondé de votre projet et de sa valeur pour votre compagnie, vous devrez alors tout mettre en oeuvre pour qu'on vous écoute. Il faudra toutefois faire preuve de tact. Par exemple, si vous vous entendez bien avec votre patron et que celui-ci a confiance en lui-même, pourquoi ne pas lui proposer de vous accompagner quand vous irez défendre votre projet devant votre supérieur. Si son opposition n'est pas très ferme, vous pourriez rédiger une note où vous exposeriez votre plan et l'adresser à votre patron de même qu'à son supérieur. Mais soyez direct. N'oubliez pas de faire état des objections soulevées par votre chef de service.

En revanche, si celui-ci ne veut entendre parler de votre idée sous aucun prétexte, la situation est plus délicate. Dans un tel cas, je laisserais tomber la note écrite et je décrocherais le téléphone. À l'époque où j'étais directeur commercial chez Playtex, j'avais acquis la conviction que la compagnie devrait lancer sur le marché un bustier trois-quarts. Je travaillais alors sur le terrain et les détaillants m'avaient indiqué que nombre de femmes trouvaient notre modèle ordinaire *trop* long. Elles le retaillaient chez elles afin qu'il soit plus confortable. Lorsque j'en parlai à Peterson, il me répondit qu'il ne voyait pas l'intérêt d'accroître la gamme de produits. Il ne voulait pas encombrer les stocks. Il souligna également le fait que les ventes de nos produits existants avaient augmenté de trente pour cent.

— J'ai une devise, ajouta-t-il: «Si ce n'est pas cassé, n'y touche pas.»

Ce à quoi je répliquai:

— Mais même si ce n'est pas cassé maintenant, il y a

un phénomène d'usure et cela pourrait fort bien casser dans six mois. À ce moment-là, il risque d'être trop tard pour le réparer.

Je craignais que nos concurrents ne lancent un modèle trois-quarts avant nous. Ce faisant, non seulement ils couperaient dans le tissu du bustier, mais ils tailleraient également dans notre part du marché. Je proposai d'aller exposer notre différend à Harry Stokes, le président de Playtex, mais Al refusa.

Je dormis mal cette nuit-là. Peterson avait toujours joué cartes sur table et avait toujours encouragé ses employés à faire preuve d'imagination. Si on lui proposait une idée intéressante, il voyait à ce qu'elle se rende au bon endroit et à ce que tout le mérite vous en revienne. Par contre, s'il y était farouchement opposé — et, dans ce cas précis, cela ne faisait pas le moindre doute — il n'était pas question de passer par-dessus lui. Sinon, l'on était certain de s'attirer sa rancune. Je décidai malgré tout d'en parler directement à Stokes. Je n'avais guère le choix. J'étais convaincu à la fois de la justesse de mon idée et de la nécessité de la mettre à exécution pour le bien de notre société.

Lorsque je rencontrai Stokes pour le petit déjeuner, je lui fis part de l'opposition de Peterson. Après m'avoir écouté, Stokes convint que Playtex *devrait* fabriquer un bustier plus court. Il m'assura également qu'il ferait en sorte de ne pas froisser l'amour-propre de Peterson. Et c'est effectivement ainsi que les choses se passèrent. Harry était fin diplomate. Il exposa l'idée d'un nouveau bustier à Peterson, comme si elle avait jailli de son cerveau. Et je crois bien qu'Al n'a jamais su que j'avais déjeuné en compagnie de Stokes ou que j'avais été à l'origine de sa décision. Connaissant les qualités diplomatiques de Harry, il m'avait été plus facile de l'aborder.

J'étais au courant d'un tel fait parce que j'avais déjà établi une relation avec Stokes. Une fois que vous aurez noué des liens avec vos collègues, vous devrez tout mettre en oeuvre pour *faire la connaissance du patron de votre patron.* Vous devrez vous frayer une route jusqu'au sommet.

J'y étais parvenu en faisant des heures supplémentaires. La plupart des dirigeants de Playtex restaient au bureau bien après dix-sept heures. Libérés des pressions de la journée, ils se réunissaient par petits groupes et parlaient boutique.

À mon niveau, on retrouvait six autres cadres. Dès que la pendule indiquait dix-sept heures, on aurait cru que certains n'avaient d'autre but que d'obtenir une mention dans le *Guinness* des records: «Le temps le plus court dans la course-vers-la-sortie.» Ce n'était pourtant pas des paresseux et il est probable qu'arrivés chez eux, ils consacraient deux heures à étudier des projets et à terminer des rapports. J'en faisais autant, mais au bureau. Rappelez-vous qu'il ne suffit pas de travailler dur; il faut que ce soit apparent. Je tenais à ce que Stokes et Peterson sachent que je travaillais jusqu'à une heure tardive.

L'emplacement de mon bureau favorisait cette tactique. Il était proche de la sortie et Stokes devait inévitablement passer devant pour rentrer chez lui. Il me voyait souvent en train de réfléchir. Quand il me demandait pourquoi je me trouvais encore au bureau, je répondais, par exemple:

— Je pense à des thèmes publicitaires pour la prochaine saison. J'ai bien quelques idées, mais elles ne sont pas encore au point.

Neuf fois sur dix, Harry m'invitait à dîner et nous nous livrions à une petite séance de remue-méninges. C'est ainsi que le contact s'était fait.

Peterson savait, lui aussi, que j'aimais rester tard et il me convoquait parfois pour me faire part de certaines de ses idées. En peu de temps, les deux hommes m'avaient accepté au sein de leur petit cercle et avaient reconnu en moi un cadre qu'il ne fallait pas perdre de vue. Mais que l'on ne s'y trompe pas! le mal que je me donnais pour que mes patrons sachent à quoi s'en tenir sur mon travail et mes réalisations était étayé — et il fallait qu'il en soit ainsi — par des résultats. Sans cela, tout ce que j'aurais pu faire pour me rapprocher de ces deux hommes aurait été considéré comme de la flagornerie. Jamais je n'aurais été aussi souvent invité à des réunions après les heures de travail si je n'avais pas eu quelque suggestion valable à faire.

Je me faisais toujours un point d'honneur de contribuer au succès de ces réunions, ne fût-ce qu'en prêtant une oreille attentive. J'étais constamment en quête d'idées. Certaines, comme le bustier trois-quarts, étaient simplement le fruit de l'observation. Malheureusement, elles n'étaient pas aussi fréquentes que je l'aurais souhaité. Aussi, j'augmentais mon arsenal créateur en m'inspirant des idées des autres.

Je dévorais tout ce qui s'écrivait sur le monde des affaires. On peut découvrir de petits joyaux en s'intéressant aux tentatives des autres, non seulement dans sa propre branche, mais aussi dans des domaines totalement étrangers. Chez Playtex, la plupart des employés lisaient *Corset and Brassiere* ou *Women's Wear Daily*. J'en faisais autant, mais je lisais en outre *Forbes, Fortune, Business Week* et *Sales Promotion Magazine*.

C'est ainsi que j'avais lu dans l'une de ces revues qu'une entreprise conservait dans ses archives des photos de ses divers étalages dans les magasins d'un bout à l'autre du pays en se servant d'appareils Polaroïd. J'avais trouvé l'idée fantastique et je voulais même la pousser un peu plus loin en faisant le point de départ d'un concours.

Je proposai donc qu'on fournisse un appareil photo à tous nos représentants afin qu'ils puissent photographier les étalages de leurs clients. Tous les clichés feraient l'objet d'un concours et la meilleure présentation serait couronnée par un voyage à Paris pour deux personnes offert à la fois au vendeur et au propriétaire du magasin ou à l'acheteur. Il y aurait également dix seconds prix. Les gagnants une fois désignés, nous dépêcherions des inspecteurs anonymes dans les magasins afin de vérifier si les étalages n'avaient pas été démontés. De cette façon, on éviterait ainsi que des participants engagent un étalagiste junior pour concevoir un «étalage féerique à la Walt Disney» qu'ils démonteraient aussitôt après l'avoir photographié, sans même laisser au public le temps de l'admirer. Si un étalage ne restait pas en place durant les huit semaines de la campagne publicitaire, le participant serait disqualifié.

Par le truchement de ce concours, nous étions assurés de disposer, pendant deux mois, d'étalages bien en vue et particulièrement attirants chez nos principaux clients. Cette promotion se déroula pendant tout le mois de novembre et celui de décembre, c'est-à-dire au cours de la période où l'achalandage serait le plus fort. Nos ventes ont atteint des sommets. La campagne tout entière nous avait coûté moins de dix mille dollars et cette somme avait été amplement justifiée par les résultats obtenus. Plus que toutes mes entreprises passées, cette initiative m'avait appris qu'il existe d'innombrables possibilités et qu'il suffit d'avoir les yeux grands ouverts.

Lorsque vous réunirez votre propre collection d'idées, ne vous limitez pas aux seuls besoins de votre filiale ou de votre service. Élargissez vos horizons. Chez Playtex, j'étais en charge des gaines et des soutiens-gorge, mais cela ne m'empêchait pas d'avoir un oeil sur nos autres produits. S'il me venait une idée sur la façon d'améliorer les gants Living, je rédigeais aussitôt une note à l'intention de Stokes. Certaines furent bien accueillies, d'autres firent chou blanc. Dans un cas comme dans l'autre, mes suggestions prouvaient que je m'intéressais à l'essor de la compagnie tout entière. Il faut prouver à vos supérieurs que vous ne portez pas d'oeillères. Supposons qu'une promotion pointe à l'horizon et que deux candidats la convoitent. L'un d'eux est le chef d'une division. Il fait du bon travail, mais ne s'est jamais intéressé qu'à son propre secteur. Le deuxième est un chef de service qui a toujours porté de l'intérêt à tous les aspects de l'entreprise, tout en maintenant un niveau de qualité élevé dans son propre secteur. Qui, pensez-vous, obtiendra la promotion? N'est-ce pas évident?

Gardez-vous d'inonder vos patrons de toutes les idées farfelues qui vous passent par la tête. Cela ne veut pas dire qu'elles doivent toutes mener au succès; il suffit qu'elles aient fait l'objet de mûres réflexions. Et même une planification poussée n'est pas toujours un gage de succès. J'en sais quelque chose. J'ai eu plus que ma part d'échecs.

À une certaine époque, j'avais convaincu la direction de Playtex de lancer une gaine légère pour les adolescentes. Nous avions baptisé le modèle: Cloud Seventeen. Elle leur aurait assuré juste assez de soutien sans entraver les mouvements. J'avais pensé qu'il s'agissait là d'une occasion en or pour établir un premier contact avec la prochaine génération du marché des gaines. Si nous pouvions inculquer à ces jeunes filles l'habitude d'acheter des produits Playtex dès l'âge de dix-sept ou dix-huit ans, elles leur resteraient fidèles leur vie durant, pensais-je.

La division se lança dans une étude aussi complète que possible. Les conclusions démontrèrent que les clientes choisies pour les essais avaient aimé le produit. Le lancement s'accompagna d'une gigantesque campagne publicitaire. Mais la gaine n'eut aucun succès. Malgré le confort et le soutien léger qu'offrait la gaine, les adolescentes se refusèrent à l'acheter. Pour elles, gaine était synonyme d'âge mûr. En dépit de tous nos efforts, il nous fut impossible de créer une demande pour ce produit. Le parallèle était un obstacle insurmontable.

Une autre création qui connut un échec retentissant fut une gaine pour hommes que j'avais conçue et qu'on avait affublée du nom de Pot Holder. Elle ne franchit jamais l'étape des essais maison et je comprends fort bien pourquoi. Je m'étais proposé comme cobaye et je l'avais portée durant une semaine. Jamais je n'ai été aussi malheureux de toute ma vie. Outre le fait qu'elle était à peine plus confortable qu'une armure, elle provoqua chez moi des démangeaisons insupportables. Chaque fois que je l'ôtais, j'avais l'impression de m'être roulé dans un champ d'herbe à puce. Je crois que personne n'a été plus heureux que moi de voir cette idée mourir dans l'oeuf.

Néanmoins, ces deux échecs ne m'avaient pas dissuadé d'avoir de nouvelles idées. Du moment qu'elles sont le fruit d'une réflexion approfondie, vous devriez continuer de soumettre vos créations.

Pour ne pas risquer de présenter des idées saugrenues, couchez-les toujours sur papier. Je tiens toujours note des étapes qui ont précédé mon plan d'action final. Il est surprenant de voir à quel point l'«idée du siècle» peut perdre de sa valeur lorsqu'elle apparaît noir sur blanc. L'écriture émoussera quelque peu votre enthousiasme pour tel ou tel projet, car elle vous force à l'examiner d'un oeil impartial. Si votre projet repose en partie sur sa capacité d'augmenter les bénéfices nets de dix pour cent, vous devrez vous demander ce qui justifie une pareille supposition. S'il ne s'agit que d'une simple conjecture, sans données concrètes, il vous faudra trouver autre chose avant que votre idée soit prise en considération. Pendant que vous l'étudierez sous tous les angles, tâchez de répondre à toutes les questions qui vous passeront par la tête avant de la soumettre pour approbation. Le test impitoyable de la feuille de papier pourra vous éviter de passer pour un idiot. C'est ce qui fait toute la différence entre la réputation d'être l'un des éléments les plus créateurs de la compagnie et celle d'en être le fou de service.

D'autre part, cette documentation vous protégera contre les voleurs d'idées. Hélas! ce fléau existe réellement et vous devez vous préparer en conséquence. Il est facile de voler une idée, surtout quand son origine ne peut être prouvée. C'est là quelque chose que j'ai appris tout au début de ma carrière. Alors que je travaillais pour le service du marketing, j'avais conçu ce qui m'apparaissait comme une bonne idée pour une campagne publicitaire. C'était une simple variante de la vieille tactique de vente du deux-pour-un. À l'époque, tout le monde adoptait cette technique. J'avais donc pensé que si on optait pour le slogan «Achetez-en un, obtenez-en un second gratuitement», cela aurait un plus grand effet psychologique sur le consommateur.

J'avais donc exposé mon idée à mon patron qui m'avait répondu qu'il allait y penser et qu'il m'en reparlerait. Une semaine s'était écoulée. Pas de nouvelles. J'étais donc revenu à la charge et lui avait demandé s'il avait réfléchi à ma proposition. Il m'avait alors répondu que oui, il y avait réfléchi, et qu'il en était arrivé à la conclusion que cela ne marcherait pas. Il valait mieux que je passe à autre chose. Bon, très bien. Après tout, nous n'étions pas en train de discuter de l'invention de la poudre à canon. Mais, trois semaines plus tard, en lisant le programme de notre nouvelle campagne, la troisième inscription me sauta aux yeux: «Achetez-en un, obtenez-en un second gratuitement.»

J'étais estomaqué. J'allai aussitôt trouver mon patron pour lui demander des explications. Il parut troublé:

— Je ne vois pas où est le problème, me dit-il. Il est incontestable que vous avez eu une idée, mais il ne s'agit

70

pas de cette idée-là, je l'ai modifiée. Vous avez pu avoir un embryon d'idée, mais elle n'était pas rattachée à cette campagne.

Je ne savais plus trop où j'en étais; la seule chose dont j'étais sûr, c'était qu'il n'y avait rien à faire. Pourquoi? Parce que je n'avais rien mis par écrit. La seule personne à qui j'avais fait part de mon idée était ce patron. J'hésitais entre la colère et la gêne. Mais le pire, c'était de penser que, pendant des mois, je lui avais confié toutes mes inventions. Toutes les deux semaines ou même moins, je lui téléphonais pour le mettre au courant de la toute dernière de mes cogitations. Il me répondait qu'il allait y penser ou en faire part à la direction, mais il n'avait jamais donné suite à nos conversations. Je venais de comprendre pourquoi. Il devait me considérer comme une bonne prise. Chaque fois que je lui téléphonais, il devait probablement s'emparer de sa canne à pêche et se préparer à ferrer. Depuis ce jour, chaque fois que j'ai eu «un embryon d'idée», je me suis dépêché de l'écrire avant d'en remettre une copie à mon patron et une autre à Keith Porter. C'est une habitude que j'ai conservée et on ne m'a plus jamais volé une idée.

Êtes-vous non conformiste?

Si vous cherchez à vous distinguer, vous pouvez vous comporter comme vous l'entendez, du moment que vous réussissez. Sauf si votre société est aussi à cheval sur les principes qu'un instituteur victorien, elle tolérera beaucoup de choses si vos résultats plaident en votre faveur.

À l'époque où j'étais directeur régional des ventes chez Playtex, deux des employés qui travaillaient pour moi agissaient parfois d'assez étrange façon. L'un d'eux, Jack Carasomovich, était directeur de district. Il était passablement excentrique. Chaque fois qu'il s'inscrivait dans un hôtel, il s'informait auprès du réceptionniste de la couleur de la toilette. Si elle était bleue, Jack demandait qu'on lui donne une autre chambre. Le bleu était sa couleur préférée, et il ne pouvait se résoudre à satisfaire ses besoins naturels dans une cuvette bleue. Il a laissé plus d'un réceptionniste perplexe.

Ses excentricités se révélaient toutefois rentables auprès de ses clients. Par exemple, il était passé maître de l'art de déformer leur nom. Dans sa bouche, M. Henry Saltsberger, président de magasin et l'un de nos plus gros clients, devenait monsieur Saltshaker*. Jack n'était pas grossier; il essayait simplement de se faire bien voir et était suffisamment sympathique pour y arriver. Je dois reconnaître qu'il m'exaspérait de temps en temps. Mais il n'a jamais franchi la frontière imaginaire que nous fixons tous pour nous-mêmes ou pour les autres. Et s'il s'en approchait d'un peu trop près, je tolérais malgré tout quelques incartades. Je ne l'ai jamais viré. Il excellait beaucoup trop dans son domaine.

Dave Weaver, par contre, avait été remercié. Weaver était un vendeur remarquable, doté d'un flair extraordinaire. Il s'était fait imprimer des cartes d'affaires au nom de *Dave the Rave* (Dave l'Incomparable). Weaver tirait parfois avantage de sa position, mais toujours d'une façon créatrice. Avant d'arriver dans une ville, il faisait passer dans le journal local l'annonce suivante: Recherche jeunes femmes pour présenter gaines et soutiens-gorge Playtex. Si cela vous intéresse, téléphonez à Dave the Rave. Le nom, l'adresse et le numéro de téléphone de l'hôtel où il comptait descendre terminaient l'annonce. Et Dave pouvait recevoir jusqu'à une demi-douzaine de mannequins pleins d'espoir dans sa chambre d'hôtel. Je ne lui avais jamais reproché sa conduite à ce sujet.

---

* Note du traducteur: salière, en anglais.

J'étais prêt à lui pardonner à peu près n'importe quoi à cause de son rendement.

Ironiquement, c'est après son mariage que Weaver a franchi la ligne interdite. Un après-midi, sa femme m'avait téléphoné pour me prévenir qu'il serait absent un certain temps parce qu'il souffrait d'une grave hépatite. Après les formules d'usage, je lui avais dit que Dave pourrait prendre tout son temps pour se remettre sur pied. Son travail attendrait.

Deux mois plus tard, Dave était toujours absent. Au cours de nos conversations hebdomadaires, sa femme m'assurait qu'il allait un peu mieux, mais que les progrès étaient très lents. Elle était certaine que je ne tarderais pas à le revoir au bureau. Elle ne plaisantait pas.

Le lendemain de cet échange, j'étais en train de déjeuner dans un petit restaurant. À la télé, on diffusait la populaire émission *You Bet Your Life.* Imaginez ma surprise quand, en plein milieu du jeu télévisé, j'entendis l'animateur annoncer:

— Et maintenant, mesdames et messieurs, pour la huitième semaine consécutive, voici le concurrent qui a déjà remporté plus de quinze mille dollars! Le populaire Dave The Rave Weaver!

Weaver n'avait jamais été malade. Il avait raflé le gros lot lors d'un jeu télévisé. Dès le lendemain, je lui téléphonai pour lui donner son préavis. Je pouvais tolérer ses parties de rigolade, mais il n'était nullement question que je passe l'éponge sur un mensonge. Cette fois, il avait vraiment dépassé les bornes. Mais maintenant, quand j'y pense, je me demande si je n'ai pas été un peu trop dur. Après tout, comment Weaver aurait-il pu hésiter à risquer son emploi contre une pareille somme? Il avait l'étoffe d'un entrepreneur.

La jungle des affaires

Que vous soyez excentrique ou respectueux des règles, vous devrez vous habituer à un jeu qui va de pair avec celui des affaires et où, bien souvent, les couteaux volent particulièrement bas. Plus d'un joueur s'est retrouvé au tapis alors qu'il ne savait même pas que le match avait débuté, victime de la magouille «interbureaux».

C'est chez Playtex que j'ai eu mon premier aperçu de cet autre aspect de la vie dans une entreprise. En 1954, Al Peterson avait quitté Lever Brothers pour joindre les rangs de Playtex à titre de vice-président du marketing. L'un de ses subordonnés était le directeur national des ventes, un certain Parker Drake. Comme Drake comptait douze ans d'ancienneté, il avait vu d'un très mauvais oeil qu'on attribue à Peterson, un pur étranger, un poste qu'il convoitait depuis longtemps. D'après moi, Drake avait formé une clique anti-Peterson avec quelques-uns de ses directeurs régionaux des ventes.

En 1955, gagné par les arguments de Peterson, je l'avais rejoint chez Playtex. Il m'avait mis au courant de ses frictions avec Drake, moins par courtoisie qu'en guise d'avertissement. Il se proposait d'affaiblir la faction pro-Drake en m'imposant à son adversaire comme troisième directeur régional. Il me nomma responsable de tout le territoire situé à l'ouest du Mississippi, depuis la frontière canadienne jusqu'au Rio Grande.

Ma nomination avait été loin de plaire à Drake et à ses comparses. À leurs yeux, j'étais l'espion de Al et une menace pour leur infrastructure. J'avais l'impression que Drake ne demanderait pas mieux que de me voir mordre la poussière. Rien ne lui aurait plu davantage que de traîner mon corps anéanti dans le bureau de Stokes en annonçant tristement:

— J'avais bien essayé de mettre Peterson en garde contre ce type, mais rien n'y a fait. Il m'a forcé à l'accepter et maintenant vous voyez le résultat. Il est incapable d'assumer sa tâche.

Mis au courant de son attitude, je m'étais donc préparé à une réception plutôt froide de sa part et de celle de son clan. Sans me douter, toutefois, que j'aurais à subir des attaques aussi viles.

Lors des réunions qui rassemblaient les vendeurs des trois régions, Drake se lançait dans de grandes envolées pour vanter les mérites de ses deux acolytes:

— ... et Pat Murphy a fait un travail extraordinaire dans l'Est. Le volume des ventes est en hausse et augmente continuellement. Je suis également heureux de souligner que Al Lombardo connaît une réussite tout aussi spectaculaire dans le Midwest.

Et qu'en était-il de Victor Kiam dans tout ça? J'étais le Soldat inconnu. Pire même. *Lui*, au moins, il avait eu droit à une pierre tombale. Peu importe la qualité de mon travail — et, bien souvent, ma région était en tête à l'échelle nationale — je n'obtenais jamais la moindre mention. Et jusqu'au moment où j'ai eu recours aux grands moyens pour informer Peterson par le biais de mes rapports hebdomadaires, pas une seule de mes idées n'avait été au-delà du bureau de Drake.

Les attaques contre moi et, indirectement, contre Peterson venaient des deux fronts. Outre celles qui se multipliaient de la part de Drake, il me fallait essuyer celles de certains des employés les plus anciens affectés à mon territoire.

L'un d'entre eux était particulièrement agressif. Jack Mills était directeur du district du Nord-Ouest. Âgé de quarante-quatre ans, il était chez Playtex depuis des lustres et s'était rangé du côté de Drake. La première fois que j'avais voulu lui faire part d'un programme que je voulais implanter dans son district, il avait grommelé:

— Je n'ai pas à vous écouter. Je suis ici depuis dix ans. Vous me dites ce que vous voulez et j'en parlerai avec Drake avant de décider si je vais en tenir compte.

Je ne pouvais tolérer pareille insubordination. Je téléphonai donc à Peterson pour le prévenir que j'allais faire un exemple et lui demander son appui. Je comptais interdire à Mills de téléphoner à Drake et aviser ce dernier que je m'attendais à le voir refuser de prendre l'appel de Mills. Peterson m'approuva. Il savait que, dans le cas contraire, je perdrais toute autorité. Mills, cet insurgé solitaire, était donc temporairement mis au pas, mais mes difficultés avec Drake étaient loin d'être réglées. La situation devint si pénible qu'à deux reprises, au moins, je donnai un coup de fil à Al pour lui demander pourquoi diable il m'avait fourré dans ce guêpier. Chaque fois il me répondait de tenir le coup, et que tout finirait bien par rentrer dans l'ordre. Je décidai donc de rester, mais également de passer à l'attaque.

Si vous vous trouvez coincé dans ce type d'escarmouche, trois choix s'offrent à vous. Vous pouvez laisser tomber. Vous pouvez riposter en utilisant les mêmes coups bas. Ou vous pouvez surpasser vos ennemis au point de rendre leurs armes inopérantes. J'avais opté pour la troisième solution.

Tout d'abord, il me fallait déblayer quelque peu le terrain autour de Drake. Dès que l'occasion s'en présenta, je licenciai Mills. Cela s'était passé sans grand mal. J'étais en train de mettre sur pied une puissante meute de vendeurs, composée de jeunes loups au milieu desquels Mills détonnait. Il était tellement paresseux que cela était inévitable.

Je lui avais demandé d'accompagner ses représentants quand ils rendaient visite à des clients particulièrement importants. Mais Mills prétendait qu'il était beaucoup plus efficace en restant chez lui et en dirigeant ses troupes par téléphone. L'analyse, affirmait-il, était sa carte maîtresse. Ridicule! Il refusait tout simplement de lever le petit doigt. Après lui avoir donné l'ordre de visiter ces gros clients, je décidai donc de téléphoner tous les matins chez lui pour vérifier s'il était parti. Ensuite, l'un ou l'autre de ses vendeurs, obéissant à mes directives, m'appelait juste avant le début de leur réunion. Chaque fois, je demandais à parler à Jack. J'avais toujours un prétexte à fournir. Néanmoins, j'étais certain que, malgré ce subterfuge, il savait que je le surveillais. La situation finit par être intolérable pour lui. Plus il avait de travail à faire et plus il se dérobait. À la fin, sa paresse naturelle eut le dessus. Il commença par s'absenter des réunions, puis trouva autre chose. Dès cet instant, je le tenais. Après des infractions répétées — pour lesquelles j'accumulais soigneusement des preuves — il me fut enfin possible de le virer. Cela ne plut pas beaucoup à Drake, mais il avait les mains liées. Les preuves que je détenais contre Mills étaient accablantes.

Cependant ce n'était là que la première salve d'une longue bataille. Les rapports que Peterson transmettait à ses supérieurs faisaient tous état de l'excellence de mon travail et de celui de mes vendeurs. Nos chiffres atteignaient un sommet tel que Drake ne pouvait plus nous ignorer. Et comme mon groupe occupait la première place, question rendement, Drake et sa clique se retrouvaient à court de munitions.

Profitant de ce que leur position était désormais affaiblie, je choisis le moment propice pour les attaquer de front. J'avais décidé que ma région ne pourrait mieux se distinguer qu'en passant à l'histoire. Pendant une semaine, nous allions faire grimper le volume des ventes à un niveau jamais atteint dans toute l'histoire de la société.

Je disposais d'un produit sensationnel pour lancer ma campagne: la gaine Mold 'n Hold. Pour la première fois, on allait offrir aux femmes une gaine en latex munie d'une fermeture à glissière. Aujourd'hui, cela n'a peut-être rien de très extraordinaire, mais en 1956 c'était un détail qui participait au progrès technique. Au lieu de devoir se tortiller pendant plusieurs minutes pour entrer dans leur gaine, les femmes pourraient désormais l'enfiler en quelques secondes et n'auraient plus qu'à tirer sur la fermeture. La première fois que j'avais vu le croquis, j'en avais tout de suite saisi les conséquences pour l'industrie. Je m'étais rendu sur la montagne, je devais maintenant transmettre la bonne nouvelle aux fidèles.

Afin de lancer la gaine avec tout le faste qui s'imposait, je décidai de jouer le tout pour le tout et convoquai dans le plus grand secret tous les vendeurs et directeurs de ma région. L'enjeu était de taille. Les billets d'avion et les frais d'hôtel pour quelque quatre-vingts personnes allaient coûter près de vingt mille dollars. Mon budget ne permettait pas d'absorber une pareille dépense, mais je l'avais déjà justifiée avec mon ratio Risque-Résultats.

Le ratio Risque-Résultats consiste en l'évaluation de tous les aspects positifs et négatifs d'une entreprise. Si on le présentait sous la forme d'une formule mathématique, cela donnerait à peu près ceci:

$$\frac{\text{Bénéfices possibles d'un projet ou d'un investissement}}{\text{Temps investi + Dépenses + Risque pour sa réputation}} = \text{votre décision}$$

N'espérez pas obtenir le résultat à l'aide d'un ordinateur. Tout se calcule avec du cran. Dans le cas de la gaine Mold 'n Hold, ma stratégie semblait saine si je me fiais au ratio Risque-Résultats. J'allais dépenser vingt mille dollars appartenant à la société pour réunir tous mes vendeurs sans la moindre autorisation. C'était jouer avec le feu. Mais je savais qu'au moment où Playtex recevrait les factures, la campagne serait terminée depuis un bon moment. Si elle se révélait aussi triomphale que je l'espérais, personne ne se préoccuperait de ce qu'elle avait pu coûter. Si le succès était plus modeste, je savais qu'elle permettrait tout de même d'augmenter suffisamment le volume des ventes pour éponger les dépenses supplémentaires. Ma réputation aurait souffert d'un échec, mais, compte tenu du rendement fourni dans le passé par ma région, j'étais à peu près certain qu'on me pardonnerait une «première offense». La seule chose dont je me méfiais, c'était de la vengeance de Drake. Et si j'échouais, il n'hésiterait pas à me passer la corde au cou.

Cette éventualité me rendit encore plus méticuleux dans ma planification. Chaque étape de ma stratégie s'appuyait sur des documents, car je savais pertinemment que j'en aurais besoin si jamais nous rations notre coup. Une préparation aussi poussée prouverait alors que je ne m'étais pas lancé dans cette aventure avec une hâte immodérée. Et j'espérais bien que cette manifestation d'initiative et de créativité compterait davantage, aux yeux de mes supérieurs, que le fait d'avoir enfreint le règlement de la société.

Je rencontrai donc mes troupes à Denver, à la fin du mois d'août. Tous mes vendeurs avaient été astreints au plus grand secret; on aurait juré que nous nous préparions pour le jour J.

Au cours du mois de juillet, j'avais écrit aux directeurs commerciaux de tous les grands magasins de notre région pour les prévenir que nous allions tenir, en septembre, une campagne publicitaire comme on n'en avait encore jamais vu. Elle serait d'une telle ampleur, avais-je précisé, que nous tenions à ce que le directeur commercial, l'acheteur et le directeur de la publicité assistent à notre entraînement. Je laissai même entendre que le président du magasin pourrait bien vouloir être présent.

Toujours en prévision de notre attaque, je répartis mes vendeurs en équipes et les obligeai, pendant trois jours, à travailler leur boniment. J'avais choisi Denver à cause de son absence à peu près totale de vie nocturne. Je tenais à ce que tous mes vendeurs au grand complet ne pensent à rien d'autre qu'à la gaine Mold 'n Hold, ainsi qu'à la façon dont nous allions balayer le pays.

Nous sommes passés à l'attaque durant la première

semaine de septembre. L'effectif entier était sur le pied de guerre. Ce ne serait pas une semaine de cinq jours, mais de six. Et il n'était pas question de se cantonner dans le neuf à cinq. Les vendeurs seraient à l'oeuvre dès huit heures et ne s'arrêteraient guère avant vingt et une heures. Je désirais que chacun fournisse une semaine de soixante-quinze heures si nous voulions réunir une quantité de commandes qui fracasserait tous les records.

Je me lançai dans la bagarre en y consacrant le même nombre d'heures que mes vendeurs. Après avoir dressé la liste des clients les plus importants, je rendis visite à chacun. Chaque fois, nous lui présentions la gaine à fermeture éclair comme s'il s'agissait d'un médicament miracle.

— Une gaine à glissière, vous vous rendez compte! déclarions-nous aux acheteurs. Vous vous imaginez avec quelle facilité on pourra l'enfiler? Cela va révolutionner l'industrie!

Ensuite, nous enchaînions avec la campagne publicitaire, les étalages, l'accroissement prévu de la clientèle et autres détails. Nous terminions chaque fois en revenant à notre point de départ: la conception novatrice de la gaine.

Lorsque j'en avais fini avec mon boniment, je déclarais à l'acheteur:

— Je tiens à ce que vous soyez le premier à me passer votre commande, afin que vous soyez également le premier à la recevoir. Je ne voudrais pas que cet article envahisse tout le pays avant que vous ayez pu déballer votre stock. Cette affaire est en train de prendre des proportions inimaginables.

Il ne me restait plus qu'à remplir son bon de commande. Nous avons si bien épaté notre clientèle que beaucoup de commerçants achetèrent la gaine sans même l'avoir vue.

À la fin des deux premiers jours, je savais que nous

avions fait un malheur. Normalement, j'aurais téléphoné le mercredi pour faire le point, mais, cette fois-là, je passai outre. Les dirigeants de Playtex ne pouvaient me rejoindre. Je me déplaçais d'un bout à l'autre de mon territoire et je ne leur avais pas communiqué mon itinéraire. Ni Drake ni Peterson ne savaient où j'étais. Chaque soir, en revanche, mes vendeurs me téléphonaient. Ça aussi, c'était différent du processus habituel. Habituellement, ils auraient transmis leurs résultats à leur chef de district. Je les félicitais à tour de rôle pour ce qu'ils étaient en train d'accomplir et leur annonçais que nous étions en train de battre nos propres records. Cette nouvelle les stimulait. Ils avaient conscience de participer à un événement important et voulaient qu'il soit une franche réussite.

Le vendredi soir, nous étions prêts pour l'assaut final. J'avais demandé aux vendeurs de consacrer leur samedi à visiter toutes les boutiques et tous les magasins qu'ils n'avaient pu couvrir durant la semaine. Je téléphonais d'abord aux acheteurs et leur débitais mon boniment avant l'arrivée des troupes. Ce soir-là, trop excité pour dormir, je travaillai jusqu'à l'aube à la rédaction de mon rapport hebdomadaire.

Les résultats étaient renversants. Habituellement, notre chiffre d'affaires hebdomadaire atteint en moyenne la coquette somme de quatre-vingt mille dollars. Durant ces six jours, il avait quelque peu augmenté: huit cent mille dollars! Aux premières heures du dimanche, j'annonçai la nouvelle à Playtex par télégramme. Puis je me rendis à la piscine de l'hôtel, où je m'écroulai. J'étais vidé, je ne pouvais plus bouger un muscle. Mais j'étais gagné par une fierté sans bornes. Nous avions réussi. C'est avec euphorie que j'envisageai la journée du lundi. Je ne pouvais plus attendre à lundi.

Je téléphonai à Parker le mardi matin. Avant même que j'aie pu placer un mot, il se mit à hurler:

— Mais que diable êtes-vous en train de fabriquer là-bas? Vous expédiez un télégramme qui n'a ni queue ni tête. Vous prétendez avoir atteint pour la semaine un chiffre d'affaires de huit cent mille dollars. Ça correspondrait à vingt pour cent de votre année en une seule semaine! Ça n'a aucun sens!

Constatant son dépit, je répliquai:

— Dites-moi, vous la voulez, cette affaire, ou non? Parce que c'est bien ce que nous avons fait la semaine dernière.

Il n'arrivait pas à y croire.

— Très bien, ajoutai-je. Vous n'êtes pas obligé de me croire sur parole. Mais tenez-vous prêt à recevoir ces commandes. Elles devraient même déjà commencer à arriver.

Cette bonne nouvelle ne le fit pas changer d'humeur:

— Mais qu'est-ce que vous avez bien pu trafiquer? J'exige que vous preniez le premier avion et que vous vous ameniez ici au trot. Vous me devez quelques explications!

Le lendemain, j'étais dans son bureau. Au moment de mon arrivée, tout le monde savait ce qui s'était passé. Le service des expéditions était inondé de commandes et notre calendrier de production fut complètement bouleversé durant les huit semaines qui suivirent. Dès mon entrée dans l'édifice, je ne vis que des sourires. Une réunion était prévue entre Stokes, Peterson, Drake et moi-même. La première chose que Harry me dit, ce fut:

— Eh bien! vous avez eu une bonne semaine, je crois. Cela vous ennuierait de me dire comment vous vous y être pris?

Mon rapport était dactylographié, prêt à l'étude. Il n'y avait pas une seule faille. Personne, pas même Drake, ne fit allusion aux dépenses non autorisées. Trois mois plus tard, je fus promu directeur du marketing pour la division des gaines et soutiens-gorge, et Drake passa sous mes ordres. Peterson et moi avions fait valoir nos droits.

Au bout du compte, Drake et moi avons fini par former une bonne équipe. Peu après ma promotion, je signai une trêve avec lui au cours d'un déjeuner.

— Écoutez, lui dis-je, si vous voulez rester, votre poste n'est nullement menacé. Je ne peux pas faire votre travail et je n'ai même pas envie d'essayer. Du moment que vous continuez à faire de la bonne besogne, je n'interviendrai pas dans vos affaires. Je ne vous dirai pas qui faire monter en grade ou qui mettre à la porte. Vous dirigez vos affaires. Cette compagnie est en pleine croissance et nous pouvons, l'un comme l'autre, gagner pas mal d'argent tout en nous amusant. Je tiens à ce que nous travaillions ensemble à bâtir cette entreprise.

Drake fut d'accord et, pendant les deux années qui suivirent, nos rapports restèrent au beau fixe. En dépit de nos différends, je l'aimais bien. Il était l'un des meilleurs vendeurs que j'aie jamais connus: il pouvait faire manger les clients dans le creux de sa main. Il savait motiver ses employés qui l'adoraient pour son sens de l'humour. Ce genre de talent est si précieux qu'on ne peut se permettre de le perdre à cause d'un conflit de personnalité. Drake était peut-être un fichu casse-pieds, mais il obtenait des résultats. C'était exactement le genre de joueur que je voulais avoir dans mon équipe.

En revanche, le genre de type que je *ne voulais pas* avoir à mes côtés, c'était l'un de ces faux jetons qui vous poignardent dans le dos. Vous en rencontrerez plus d'un, à mesure que vous progresserez dans la hiérarchie. Tenez-vous sur vos gardes, parce que les plus habiles n'hésiteront pas à vous gratifier d'une tape dans le dos tout en vous lacérant les entrailles de l'autre main. Si vous apprenez que quelqu'un est en train de casser du sucre sur votre dos, qu'il s'agisse de mensonges ou d'insinuations, réagissez sans attendre. Cela ne me plaît guère comme idée, mais vous serez peut-être forcé de faire aux autres ce que vous n'aimeriez pas qu'ils vous fassent. Essayez de parer à cette éventualité en affrontant directement votre adversaire. Évitez toutefois d'en venir aux coups; cela pourrait ouvrir la porte à un tiers qui ne cherche rien d'autre que la bagarre. Arrangez-vous pour faire savoir à votre attaquant qu'un traité de paix serait de votre intérêt à tous deux. Il m'est arrivé une fois de déclarer à un bonhomme antipathique et prodigue de calomnies sur mon compte que je savais parfaitement à quoi m'en tenir sur ses agissements:

— Je ne veux absolument pas savoir pourquoi. Si vous continuez ce petit jeu, je vais vous démolir à un tel point que cela restera dans les annales de la compagnie. Nous avons le choix entre nous taper dessus ou confronter nos mérites en laissant les dollars tomber où ils veulent.

Ce genre de discours met généralement fin aux attaques. D'habitude, ces infâmes hypocrites ont peur de leur victime, sinon ils n'auraient aucune raison de s'en prendre à elle. Mais ils ne tiennent pas à ce que les rôles soient renversés. Comme ils ne sont pas très sûrs de ce que contient leur propre dossier, ils savent que cela pourrait devenir une arme puissante si on s'en servait contre eux. Si vous réussissez à persuader votre adversaire de changer d'attitude, tant mieux. Dans le cas contraire, sortez votre dague de son fourreau et foncez. Toutefois, ne vous abaissez *jamais* à son niveau. Basez-vous uniquement sur des faits indéniables, en profitant de ses moindres défaillances. Il en a sûrement un plein tiroir. Ne laissez jamais passer une occasion de révéler à tous ses plus petites gaffes. Et assurez-vous de bien protéger vos flancs avec le bouclier d'un rendement inattaquable.

Toujours plus loin

Vos adversaires ne tenteront pas tous de vous égorger dans votre sommeil. Si la société qui vous emploie est digne de vous, elle ne devrait avoir aucun mal à trouver bon nombre de jeunes talentueux et aussi avides que vous de parvenir au sommet grâce à leurs efforts. Vous devrez surveiller ces jeunes loups et être capable d'évaluer leurs forces et leurs faiblesses.

Quand j'étais chez Playtex, j'avais pris l'habitude d'établir le bilan des dirigeants les plus influents, en m'intéressant plus particulièrement à ceux qui en étaient arrivés au même point que moi.

L'un d'eux, Leo Richards, était à la tête de la division des produits ménagers. Il était complètement à l'opposé de moi-même: il aurait pu extraire des litres de jus d'une orange desséchée. Il passait au crible le moindre sou dépensé par sa division. Celle-ci n'avait pas un budget extraordinaire, mais ses résultats nets étaient impressionnants.

Pour sa part, ma division s'ingéniait bien entendu à limiter les dépenses, mais pas au prix de sa croissance. Le bilan que j'avais établi pour Richards prouvait que je n'arriverais jamais à l'égaler en matière de réduction de coûts. Ce n'était tout simplement pas dans ma nature. Tout ce que je pouvais faire, c'était de m'en tenir à ce que j'avais coutume de faire, tout en espérant que l'écart entre nous, à cet égard, ne serait pas trop flagrant.

La principale faiblesse de Richards provenait de ce qu'il n'avait jamais conçu un nouveau produit, créé un service ou émis une idée. C'était donc sur ce point que je m'en distinguerais. Il pouvait m'arriver de faire fausse route dans mes efforts pour accroître notre chiffre d'affaires, mais mes succès étaient mémorables. Richards n'avait jamais subi le moindre échec — il était beaucoup trop prudent pour ça — mais, d'autre part, il n'avait jamais connu de succès retentissants.

J'essayais bien de tirer parti de son talon d'Achille, mais il me renvoyait l'ascenseur. Il ne ratait pas une occasion de souligner, devant Peterson, l'écart entre nos résultats nets. Les miens connaissaient des hauts et des bas, parce que j'étais en train de monter une affaire, tandis que ceux de Richards poursuivaient une courbe ascendante, mais sans refléter une croissance réelle. Richards attirait également l'attention sur les problèmes que mes idées lumineuses pouvaient susciter, donnant ainsi à entendre que j'étais «plus ou moins cinglé».

Pour contrer Richards, j'énumérais toutes nos initiatives et mettais en relief toutes les idées que nous avions eues pour notre division ou pour les autres. Après quoi, je soustrayais les échecs des réussites. Cela se traduisait toujours par une balance positive, au point de vue financier, et me permettait de sortir ma carte maîtresse: ma division bénéficiait d'un potentiel extraordinaire. Si d'autres divisions semblaient plus rentables (à qui pouvais-je bien faire allusion en disant ça?), elles ne déployaient aucune ingéniosité et leur croissance marquait le pas. J'admettais volontiers que nous pouvions commettre quelques erreurs, mais elles ne faisaient pas le poids à côté de nos triomphes. C'est pourquoi j'étais d'avis que les prochains investissements devraient être attribués à notre division. Après tout, nous étions les bâtisseurs de la compagnie. Et c'était vrai! Au bout de trois ans, les ventes effectuées par la division de Richards avaient augmenté de dix pour cent. Chez nous, elles avaient grimpé de près de trois cents pour cent!

En faisant valoir mes arguments de cette façon, je faisais d'une pierre deux coups. Tout d'abord, je mettais fin aux critiques de Richards à propos de ce qu'il considérait comme des entreprises téméraires, en minimisant les conséquences de mes erreurs et en soulignant l'importance de nos succès. En second lieu, je suggérais que Richards était étranger à l'expansion de la société. Il pouvait maximiser les profits, mais, sans expansion, il ne pourrait que nous mener à un cul-de-sac. De notre côté, nous avions le vent en poupe et nous étions prêts au combat.

Nous avons ainsi croisé le fer pendant deux ans et Peterson en profitait au maximum en nous montant l'un contre l'autre. Il venait faire un tour dans mon bureau et m'annonçait:

— Dites donc, vous savez que la division des produits ménagers n'a pas fait de ventes fantastiques, mais elle a quand même fait rentrer un million de dollars de plus que l'an dernier.

Puis il allait voir Richards:

— Avez-vous vu cette campagne que Kiam nous a mijotée, la semaine dernière, pour notre nouveau produit? Quel cerveau!

Cette rivalité qu'il entretenait entre nous était tout à l'avantage de la compagnie et se révélait particulièrement profitable pour nous deux. Elle nous éperonnait. Nous passions notre temps à chercher le moyen de nous surpasser mutuellement et cela nous a obligés à donner le meilleur de nous-mêmes durant notre combat pour remporter la première place chez Playtex. Au début, j'étais désavantagé. Leo était plus âgé et avait plus d'ancienneté que moi au sein de la compagnie. Mais ni l'un ni l'autre n'avons atteint notre ultime objectif: nous avons tous deux quitté la compagnie après qu'elle eut été vendue. Au moment de notre départ, Leo me devançait toujours légèrement comme prétendant au trône. Mais je regagnais constamment du terrain.

Le bilan peut vous servir à bien d'autres choses qu'à sonder les faiblesses de votre adversaire. Il vous aidera à suivre les progrès des personnes talentueuses au service de la société. Ces gens vous seront utiles à mesure que votre situation se consolide. Mais le bilan peut aussi vous confronter à une réalité: vous n'êtes pas forcément la personne la plus apte à diriger votre société. Plus on progresse dans la hiérarchie d'une entreprise, plus les échelons deviennent étroits et plus la compétition s'accentue. Vous devrez vous mesurer à deux, trois ou quatre personnes tout aussi compétentes que vous-même. Vous voulez tous arriver au sommet. Mais quelles sont véritablement vos chances? Supposons que votre patron doive prendre sa retraite dans cinq ans. Si vous attendez tout ce temps et que vous n'obtenez pas le poste, ces années auront-elles été perdues? Établissez votre bilan et ceux de vos rivaux et comparez-les point par point. S'il ne fait pas l'ombre d'un doute que l'un d'entre eux est mieux qualifié que vous pour assumer la présidence, vous devrez prendre une décision. Êtes-vous capable, en cinq ans, de rattraper et de dépasser celui qui est à la tête du peloton? Si vous ne pouvez parvenir au pinacle, êtes-vous prêt à continuer d'occuper un poste élevé au sein de la compagnie, ou vous laisserez-vous séduire par la conquête de nouveaux horizons? Agir en entrepreneur ne signifie *nullement* qu'on doive toujours avoir le dessus. Quelle que soit la situation, il pourra toujours y avoir un entrepreneur plus compétent que vous. Votre tâche consiste à donner votre maximum; c'est de là que vous tirerez vos plus grandes satisfactions.

Il peut évidemment arriver que vous désiriez quitter votre emploi bien avant de vous approcher du sommet de l'échelle. Un petit conseil, dans ce cas: demeurez au service de votre société jusqu'à ce que vous ayez atteint le premier échelon administratif. Tout d'abord, vous acquerrez de l'expérience et cela vous prouvera, à vous comme aux autres, que vous êtes du bois dont on fait les administrateurs. Il est facile de changer d'emploi à cause d'un salaire plus alléchant. L'augmentation peut être tentante, mais si vous n'avez jamais eu la moindre expérience en administration, vous risquez de vous retrouver au point de départ. Ne perdez pas de vue vos priorités — marquez des points. Si, dès votre premier emploi, vous atteignez le premier échelon administratif, non seulement en éprouverez-vous une impression merveilleuse, mais, en outre, cela vous dotera de la crédibilité nécessaire pour occuper ailleurs un poste similaire.

Il existe toutefois une raison qui pourrait justifier votre départ d'une société, peu importe le temps que vous y aurez travaillé. Si vous constatez que vous ne pouvez mettre à profit votre esprit d'entreprise, que l'atmosphère est trop contraignante, vous devez partir. Commencez à expédier votre curriculum vitae un peu partout. Une entreprise à l'esprit étriqué ne vous encouragera pas à progresser, car elle fonctionne sur la base du consensus et est réfractaire aux idées neuves. Si vous vous êtes égaré dans une société de ce genre, que vous croyiez dirigée par un homme dynamique, mais qui se révèle, en fait, être un «gardien du statu quo», vous n'aurez pas la moindre chance de vous y faire remarquer. Et si vous y restez quand même, votre âme d'aventurier connaîtra une agonie solitaire.

En revanche, si vous n'êtes pas tenté de vous mettre en valeur, vous n'aurez pas besoin de participer au jeu et la compagnie que vous choisirez n'aura donc aucune importance. Si vous n'avez pas d'autre ambition que de rester là en attendant la retraite qui vous permettra de vous dorer sur une plage le restant de vos jours, vous faites mieux de ne prendre aucun risque. Confondez-vous avec la masse. Évitez de vous faire remarquer par quelque bon coup et, encore bien plus, par un mauvais. Tenez bon. Dans vingt, trente ou quarante ans, votre peine aura été purgée. Vous aurez alors tout le loisir d'étendre votre corps amorphe sur une serviette de plage et de vous féliciter d'avoir enfin atteint le nirvāna. Bien entendu, vous serez probablement trop hébété ou trop embrigadé pour en profiter pleinement. Votre retraite se déroulera exactement de la même façon que votre travail. Vous vous contenterez d'exister, sans vivre.

Mais vous n'êtes pas tenu de choisir cette voie. Vous pouvez vivre au septième ciel dès maintenant. Acceptez le défi et sondez l'abîme de vos possibilités. À titre d'entrepreneur, votre paradis ne sera pas toujours baigné par les rayons du soleil. Il sera également la proie des tempêtes. Mais son atmosphère sera toujours chargée de l'électricité émanant de son centre: votre propre vie riche et dynamique.

3

Partir du bon pied

E N 1954, alors que je n'étais encore qu'un vendeur, la direction de Lever Brothers m'avait chargé de représenter la société à la réunion des directeurs des ventes de McKesson et Robbins, la plus grosse chaîne de grossistes des États-Unis. C'était une lourde responsabilité: McKesson et Robbins traitaient avec la plupart des principaux supermarchés et pharmacies installés dans les territoires que nous desservions et ils n'avaient qu'à lever le petit doigt pour lancer ou démolir un produit. Je devais convaincre cette quarantaine d'hommes d'affaires endurcis de faire mousser Pepsodent auprès de leurs clients. Cette mission survenait à un moment particulièrement crucial de l'histoire du dentifrice.

Pepsodent était le dentifrice numéro deux au pays, immédiatement après Colgate. Quoique assez satisfaits de cette position élevée, nous n'en visions pas moins la première place que Colgate nous semblait détenir depuis des siècles. En 1954, toutefois, grâce à un important battage publicitaire, Pepsodent avait fait des gains notables et semblait prêt à détrôner le champion. Mais, juste à ce moment-là, un nouveau produit, Gleem, était entré en lice et s'imposait rapidement comme un concurrent redoutable. En quelques mois à peine, il s'était hissé à la troisième place et n'avait pas tardé à nous talonner. Lever Brothers était préoccupé par cette ascension fulgurante. Il allait maintenant falloir trouver à la fois le moyen de réduire la part du marché de Colgate et de contrer l'offensive de Gleem.

Persuader McKesson et Robbins de se prononcer clairement en faveur de Pepsodent ne s'annonçait pas comme une tâche facile. Pour ces hommes d'affaires, il n'y avait guère de différence entre les grandes marques de dentifrice. Même si chacune avait sa propre saveur, la plupart se composaient essentiellement des mêmes ingrédients. Certaines se vantaient de mieux prévenir la carie ou de rendre les dents plus blanches, d'autres jouaient sur le fait qu'elles avaient renoncé à la sempiternelle couleur blanche en la remplaçant par une pâte colorée. Malgré toutes ces prétentions, les différences étaient mineures. Un dentifrice restait un dentifrice.

Avec si peu d'atouts en main, j'étais tout de même censé faire un exposé qui séduirait l'imagination des grossistes et les gagnerait à Pepsodent. Et il me faudrait faire vite, car trente-cinq représentants de compagnies rivales se présenteraient devant eux le même jour que moi. Nous disposerions chacun de dix minutes pour tenter d'emporter le morceau. Tandis que mon avion volait en direction de la Floride, je m'évertuais à trouver un moyen qui nous permettrait, à Pepsodent et à moi, de nous détacher du bataillon.

Je me creusai les méninges pendant des heures, mais en pure perte. Tout à coup, alors que je passais devant une boutique d'animaux familiers à Orlando, la solution me sauta aux yeux. Optant carrément pour les grands moyens, j'entrai dans la boutique et achetai un singe.

Le samedi matin, j'arrivai à neuf heures au lieu de la réunion où, après m'avoir accueilli, une préposée me conduisit vers une petite pièce où j'allais devoir attendre mon tour en compagnie des trente-cinq autres représentants qui rêvaient à leurs futurs lauriers. À l'insu de tous, mon singe m'accompagnait. Dissimulé aux regards par une housse de velours pourpre qui couvrait sa cage, il dormait paisiblement, sans éveiller le moindre soupçon sur sa présence ou son identité.

Quatorze vendeurs passèrent avant moi. Quand ce fut mon tour, j'ouvris la cage, en sortis le petit-fils de King Kong et le perchai sur mon épaule. Ignorant les regards effarés de mes rivaux, j'entrai dans la salle de conférence d'un pas ferme en me comportant comme si tout était parfaitement normal. Je déposai mes échantillons sur la table, me tournai vers l'assemblée et déclarai:

— Messieurs, je suis là pour vous parler de Pepsodent et j'ai un singe sur mon dos*. Il est grand temps que je l'enlève de là.

Ce disant, je lançai l'animal sur la table de conférence où il se mit aussitôt à faire les quatre cents coups. Il courut d'un bout à l'autre de la table, renversant les verres d'eau et bouleversant les documents sur son passage. Les directeurs de McKesson et Robbins en perdirent la tête. Certains étaient morts de rire, d'autres blancs de frayeur, mais personne ne put demeurer impassible.

Indifférent au choc qu'il venait de causer, le singe n'avait pas hésité à faire de la salle de conférence son terrain de jeu particulier. Finalement, au bout de cinq minutes environ, je grimpai sur une chaise pour le descendre du store vénitien en haut duquel il s'était perché. Sa capture fut le signal d'une vague forme de retour à l'ordre. Après lui avoir remis sa laisse, je me tournai vers les directeurs complètement abasourdis et déclarai:

— Messieurs, je vous remercie de m'avoir accordé un moment. Appuyez Pepsodent.

Et sans fournir la moindre explication, je quittai les lieux avant qu'ils aient eu le temps d'appeler ou la police ou un psychiatre.

---

* Note du traducteur: en anglais, l'expression argotique *to have a monkey on one's back* signifie avoir un poids sur les épaules.

Le lendemain de mes singeries, je me rendis dans un supermarché de ma région, qui n'avait jamais compté parmi nos gros clients. Dès qu'il m'aperçut, le propriétaire vint à moi en gloussant:

— Kiam, il faut absolument que je vous demande quelque chose: qu'avez-vous bien pu inventer à la réunion d'hier? Le type de chez McKesson et Robbins sort d'ici et la première chose dont il m'a parlé, ç'a été de vous et de votre singe. Il prétend, même si ça peut sembler idiot, qu'il n'avait encore jamais vu une présentation aussi excitante. Tout le monde en serait resté bouche bée!

J'avais beau être content d'apprendre que les grossistes avaient pris la chose en riant, j'étais tout de même soucieux. Je n'avais pas eu l'intention de leur offrir un après-midi divertissant et je ne tenais pas à ce que tout ce chahut fasse oublier le but de ma mission: leur vendre Pepsodent. Mais mes craintes s'évanouirent en entendant le propriétaire du supermarché continuer sur sa lancée:

— J'aurais donné n'importe quoi pour être là. Ç'a sûrement dû être tout un spectacle! Le vendeur de McKesson et Robbins m'a davantage parlé de Pepsodent aujourd'hui que durant toute l'année dernière. En fait, il en a tellement parlé que je me suis senti obligé de doubler ma commande habituelle.

C'étaient là les paroles que je voulais entendre. Dans les autres magasins, presque tous les acheteurs ou propriétaires eurent la même réaction. Grâce à la complicité de mon petit copain le singe, notre projet de faire de Pepsodent le premier dentifrice au pays venait de connaître un départ foudroyant.

Malgré ce succès, je ne conseille pas forcément au lecteur de filer s'acheter un ouistiti avant de faire un exposé. Pas plus que je n'aurais voulu, à l'époque, que mon message soit annulé par mon coup d'épate, je ne voudrais aujourd'hui qu'il le soit par cette anecdote. Ce qu'il importe de retenir, c'est ce que j'ai appris ce jour-là: quel que soit le sujet de son discours, un entrepreneur ne doit jamais craindre de se faire remarquer.

Tout au long de votre carrière d'entrepreneur, et indépendamment du cours qu'elle prendra, vous aurez à convaincre les autres d'adopter un produit ou un concept. Vous devrez être capable de rédiger des notes de service et des rapports qui seront à la fois clairs, concis et persuasifs. Enfin, vous devrez envisager la possibilité de devenir un orateur et d'avoir à prendre la parole devant de vastes auditoires.

Avant de faire un exposé, vous devrez être certain de ce que vous avancez et croire en votre produit ou en votre idée. Rien ne se décèle plus facilement qu'un enthousiasme factice. Et c'est l'échec à coup sûr. Supposons qu'en qualité d'entrepreneur vous refusiez d'avoir le moindre rapport avec quelque chose en quoi vous ne croyez pas. Supposons également que votre sens de l'éthique professionnelle vous impose d'être chaque fois parfaitement préparé. Vous aurez alors déjà parcouru les deux tiers du chemin. Tout ce qu'il vous restera à faire, c'est de trouver un moyen pour que votre message reste gravé dans la mémoire de votre auditoire. Comme vous avez pu le voir par l'anecdote précédente, il est possible d'élaborer plusieurs stratégies pour chaque situation. Si vous suivez les étapes ad hoc, vous n'aurez jamais l'air d'un singe.

Comment obtenir un rendez-vous

Vous ne pourrez pas partir du bon pied si vous ne réussissez pas d'abord à le coincer dans la porte. Autrement dit, avant de pouvoir persuader quelqu'un d'examiner ce que vous avez à lui offrir, vous devez réussir à le rencontrer. Et il est souvent malaisé d'obtenir un rendez-vous avec une personne très occupée.

J'ai constaté que la meilleure façon de s'y prendre est d'arriver à l'improviste. Chaque fois que j'ai procédé ainsi, c'était parce que je voulais effectivement m'entretenir avec la personne, ou que je cherchais à convenir d'une date précise pour une visite ultérieure.

J'ai, bien sûr, essayé les méthodes traditionnelles. Mes coups de téléphone étaient généralement aussi efficaces que des coups d'épée dans l'eau. Bien souvent, quand je téléphonais au nom de Playtex ou de Lever Brothers, j'avais à peine eu le temps de mentionner la raison de mon appel qu'au seul nom de ma société, mon interlocuteur déclarait de but en blanc qu'aucun de nos produits ne l'intéressait. Même si l'article lui était à peu près inconnu, il n'en avait pas moins décrété que je ne réussirais pas à m'approcher du premier but.

Pareil comportement n'a rien d'étonnant: *rien n'est plus facile à éconduire qu'une voix inconnue sortant d'un appareil téléphonique.*

Une demande de rendez-vous formulée par écrit est encore plus inefficace qu'un coup de téléphone. Je dois probablement recevoir cinquante lettres par jour, émanant de firmes, d'agences ou de particuliers. Elles ont toutes pour objet d'obtenir un rendez-vous. Mon courrier du matin est la preuve par l'excès que le monde des affaires est rempli de maniaques des rendez-vous. La plupart de ces missives s'accompagnent de prospectus aux couleurs éclatantes. Nombre d'entre eux sont attrayants et témoignent d'un talent créateur certain. Mais, après un certain temps, ils se confondent les uns avec les autres, tant et si bien que je ne les distingue même plus. Sauf si ces lettres sortent vraiment de l'ordinaire — et c'est rarement le cas — le facteur rapportera à leurs auteurs, quelques jours plus tard, un «non» courtois, mais sans appel. Enfin, les lettres émaillées de formules banales et qui s'élèvent tout juste au-dessus des imprimés destinés «à l'occupant» finissent généralement dans ma corbeille à papier.

Il en va tout autrement si la personne est déjà sur place. On peut raccrocher au nez de quelqu'un, mais il faut pour cela qu'il ait d'abord téléphoné. On peut jeter une lettre au panier sans se froisser un muscle. Mais, à moins d'être Arnold Schwarzenegger, il est difficile d'en faire autant avec les gens. C'est pourquoi, lorsque vous vous rendez sur les lieux et demandez à voir quelqu'un, vous risquez moins d'être éconduit.

À l'époque où j'étais vendeur chez Lever Brothers, je m'étais fixé comme règle d'arriver sans prévenir chez d'éventuels clients. Je remettais ma carte à la réception-niste en disant:

— Je n'ai pas de rendez-vous avec M. Larouche, mais j'ai pour ma part plusieurs clients dans la région. Puisque je suis en ville, je me demandais si M. Larouche ne consentirait pas à m'accorder cinq ou dix minutes.

Quelquefois, j'obtenais gain de cause presque aussitôt. En d'autres cas, on me répondait que le patron était déjà pris et qu'il ne pouvait pas recevoir à ce moment-là. J'avais toujours une réponse prête:

— Cela ne fait rien, je n'ai aucun rendez-vous urgent pour cet après-midi. Si M. Larouche peut m'accorder quelques minutes entre deux affaires, je vais aller casser la croûte et je reviendrai plus tard.

Dans la plupart des cas, je réussissais à voir ma «victi-me» le jour même. Au pis aller, le rendez-vous était fixé pour une date assez rapprochée. Vous vous apercevrez, je pense, que la majorité des dirigeants sont impres-sionnés par cette manière d'agir. En tout cas, moi, je le suis. Si quelqu'un est prêt à risquer son temps pour essayer de me voir sans même être certain d'y parvenir, je m'efforcerai sûrement de lui consacrer quelques mo-ments.

Si vous avez vainement tenté d'être reçu sans rendez-vous, rabattez-vous sur le téléphone. Mais vous devrez procéder à la façon d'une note de service bien conçue. Soyez bref et ne gaspillez pas un temps précieux en plaisanteries. Quand une personne à qui je n'ai jamais parlé de ma vie me téléphone et que ses premiers mots sont «Comment allez-vous?» je trouve cela insupportable. Elle se moque éperdument de mon état de santé. Que je lui réponde que je vais très bien ou que j'ai un pied dans la tombe, c'est du pareil au même pour elle. Neuf fois sur dix, votre interlocuteur réagira de la même façon à l'une ou l'autre réponse. Sa réaction est aussi stéréotypée que le boniment qu'il s'apprête à me servir. L'un de mes amis était exaspéré d'entendre un vendeur qui s'informait de sa santé et de celle de sa famille chaque fois qu'il lui téléphonait. Quelle que fût la réponse de mon ami, le vendeur répliquait: «Parfait! parfait! ravi qu'il en soit ainsi.» Après quoi, il en venait au fait. Un jour, mon ami décida, à titre d'expérience, de lui répondre ceci:

— Eh bien! ma femme vient de se faire tuer à coups de hache et mes enfants ont été enlevés et vendus à des gitans.

Sans sourciller, le vendeur enchaîna avec son habituel «Parfait! parfait!» puis se lança dans sa péroraison. Il venait de commettre une double gaffe. En plus de perdre un temps précieux en banalités, il n'avait pas écouté ce qu'on lui disait. Si vous vous servez du téléphone, profitez-en au maximum. Écoutez attentivement en tenant compte et de ce qu'on vous dit et de l'humeur de celui qui parle. Adaptez votre comportement au ton de votre interlocuteur. Vous essayez d'établir une relation; comment pourriez-vous y parvenir si vous êtes branché sur le pilote automatique?

Je déteste tout particulièrement entendre quelqu'un commencer une conversation par ces mots:

— Monsieur Kiam, je sais que vous êtes très occupé

et je ne voudrais pas vous faire perdre votre temps...

Pourquoi, dans ce cas, me le faire perdre en me disant cela? Il vaudrait mieux aller droit au but. Je préférerais de loin qu'il me dise:

— Monsieur Kiam, je suis Ron Blum et mon service de télécommunications peut réduire de moitié vos factures de téléphone et de télex tout en vous offrant un meilleur service, et il sera aussi efficace que celui dont vous bénéficiez actuellement.

En plein dans le mille! Il a éveillé mon attention et je meurs d'envie d'en apprendre davantage. Chaque fois que vous faites un appel téléphonique, rappelez-vous que la personne à l'autre bout du fil a autre chose à faire que de parler de la pluie et du beau temps. Ne perdez pas de temps. Même en cette ère de découvertes sensationnelles, il est impossible de rattraper le temps perdu.

Supposons maintenant que vous n'arriviez à aucun résultat par téléphone. Que faire? Vous pourriez toujours écrire une lettre, mais un télégramme me semble préférable. Il ne s'égare pas dans le reste du courrier et il dénote l'urgence. À l'instar de l'entrepreneur, il se fait remarquer.

Néanmoins, si vous préférez vous comporter de façon plus classique et expédier une lettre, sachez être bref. J'ai toujours estimé qu'une lettre d'une seule page est au moins cinquante pour cent plus efficace qu'un communiqué de deux pages. Bien des gens sont trop occupés pour lire de longues lettres avec suffisamment d'attention. Dans la majorité des cas, ils vont les parcourir rapidement, dans l'espoir de tomber sur un paragraphe qui en résumera le contenu. Si vous êtes forcé de rédiger une lettre détaillée, accompagnez-la d'une note qui en fera ressortir les grandes lignes, tout en insistant sur votre désir d'obtenir un rendez-vous.

Enfin, si tous ces moyens ont échoué et que ce rendez-vous revêt une grande importance pour vous, n'hésitez pas à faire flèche de tout bois pour atteindre votre but. De toute façon, vous n'avez plus rien à perdre. Ma femme et moi, nous nous occupons d'une joaillerie. À nos débuts, nous avions décidé d'organiser une exposition de notre stock à l'intention des acheteurs de quelques-uns des magasins les plus importants des États-Unis. L'un de ces acheteurs — une acheteuse, en fait — qui travaillait pour un célèbre magasin new-yorkais, refusait de nous accorder un rendez-vous. Elle affirmait n'être nullement tentée par nos modèles. En dépit de tous nos efforts — nous lui avions téléphoné au moins une douzaine de fois — elle demeurait inflexible. Aussi, comme la montagne refusait obstinément de venir à Mahomet, avons-nous pris les grands moyens: une douzaine de roses, une gigantesque boîte de chocolats et cent ballons auxquels nous avions fixé un échantillon de nos bijoux. Le tout était accompagné d'un petit mot: «Pourrions-nous vous montrer le reste?» Nous avions fait livrer nos petits cadeaux à son bureau par un messager. Une heure plus tard, elle nous téléphonait. Nous avons finalement réussi — je suis heureux de le dire — à lui montrer notre collection et son entreprise est devenue l'un de nos plus gros clients. Tout comme pour le singe, il s'agissait là d'une mesure extrême et nous n'y avons eu recours qu'en dernier ressort. Dans ce cas précis, nous tenions à marquer un point et nous y sommes arrivés. C'est le genre de situation où si vous voulez pouvoir revenir au marbre, il faut d'abord trouver le moyen d'atteindre le premier but.

Si vous avez obtenu votre rendez-vous, tâchez d'en tirer le meilleur parti. Ne perdez pas votre temps en futilités; vous risquez de ne disposer que de cinq minutes. Entrez immédiatement dans le vif du sujet. Vous n'aurez pas l'occasion de montrer des tableaux ou des graphiques, mais si vous savez vous y prendre, l'occasion s'en présentera plus tard. Pour le moment, vous devez éveiller l'intérêt de la personne qui vous reçoit et la gagner à votre cause le plus rapidement possible.

Supposons que vous travailliez pour une agence de publicité. Si vous entrez dans mon bureau en me disant:

— Monsieur Kiam, je crois que mon agence pourrait vous rendre d'importants services en matière de publicité...

... je vous demanderai pourquoi et comment. Prévoyez ce genre de questions et répondez-y avant qu'on vous les pose. Soyez précis:

— Monsieur Kiam, j'ai vu vos annonces à la télévision. De toute évidence, vous êtes convaincu de la valeur de ce média comme véhicule publicitaire. Que diriez-vous si je vous apprenais que nous pouvons vous faire économiser des millions de dollars sur vos frais de publicité actuels, et ce, en doublant votre temps d'antenne?

C'est là le genre d'entrée en matière qui ne peut que forcer mon attention. Vous avez mis le doigt où il fallait. Et puisque j'ai mordu à l'appât, vous pourrez préciser davantage votre proposition. En moins de temps qu'il n'en faut pour le dire, j'aurai annulé mes rendez-vous pour l'heure suivante ou j'aurai pris mes dispositions afin de vous revoir au moment qui vous conviendra le mieux.

À partir du moment où vous aurez rencontré les gens à plusieurs reprises et que vos rapports seront devenus stables, vos entretiens subséquents pourront se faire par téléphone. Mais cela ne suffira pas toujours. Si j'ai l'intention de rencontrer quelqu'un avec qui j'entretiens déjà des rapports pour, cette fois, discuter d'un sujet inhabituel, je lui enverrai d'abord une lettre dans laquelle je lui expliquerai de quoi il s'agit. Il est important de ne pas le surprendre.

Il y a quelque temps, je suis allé à Washington pour y rencontrer le sénateur Christopher Dodd, du Connecticut, et le vice-président George Bush. J'avais déjà vu le sénateur Dodd à quelques reprises, mais je ne le connaissais pas vraiment. J'étais certain qu'il n'aurait pas la moindre idée de ce dont je voulais l'entretenir. Allais-je lui apprendre que Remington quitterait bientôt Bridgeport? Voulais-je lui parler de notre programme de formation professionnelle dans le Connecticut, programme qui avait fait l'objet de notre dernier entretien? Qu'est-ce que ce bon vieux Kiam pouvait bien lui vouloir?

Le vice-président ignorait, lui aussi, le but de ma visite. Contrairement au sénateur Dodd, je connais George depuis longtemps. La dernière fois que nous nous étions parlé, quelque huit mois plus tôt, Bush m'avait invité à passer le voir la prochaine fois que je me trouverais à Washington. Il pensait probablement que c'était là la raison de ma visite et que notre entretien aurait un caractère amical. Mais il n'en était rien.

Je voulais discuter avec les deux hommes des conséquences de la force du dollar sur le marché de Remington en Europe. Comme je l'ai mentionné plus haut, cela nous nuisait considérablement, et je voulais savoir ce que le gouvernement pouvait faire pour aider la seule compagnie américaine qui fabriquait des rasoirs. Si j'avais abordé ce point avec Bush ou Dodd sans la moindre préparation, l'un et l'autre m'auraient probablement répondu: «Donnez-moi une ou deux semaines pour étudier la question et je vous rappellerai.» Mais nous ne pouvions attendre si longtemps. Je leur ai donc envoyé une lettre expliquant l'objet de ma démarche et mentionnant quelques solutions susceptibles de convenir à ma société. J'avais également vu à ce que les deux hommes reçoivent cette lettre une semaine avant notre rendez-vous. À mon arrivée à Washington, ni l'un ni l'autre ne demanda de délai pour une étude plus poussée. Et nous avons immédiatement abordé l'objet de mes préoccupations.

J'ai agi de la même façon avant de rencontrer le président de l'une des principales chaînes de magasins du pays. Je voulais discuter avec lui des quelques idées que j'avais eues à propos de la vente du présent ouvrage. Il supposerait, j'en étais certain, que je voulais le voir pour discuter de nos rasoirs ou des autres produits Remington vendus dans ses magasins. Il ignorait que j'étais en train d'écrire ce livre. Tout comme pour Dodd et Bush, je lui ai donc expédié une lettre pour qu'il sache, avant mon arrivée, le motif de ma visite. Quand je suis entré dans son bureau, j'y ai trouvé le vice-président au marketing, le directeur des achats de livres et deux des agents de publicité. La réunion s'est déroulée on ne peut mieux, en partie parce que nous y étions tous bien préparés.

Le discours

Selon une récente enquête, savez-vous ce que les Américains craignent le plus? Ce ne sont ni la mort, ni les avions, ni une guerre nucléaire, ni une visite surprise du fisc. C'est de devoir prendre la parole en public. Cette révélation ne m'a étonné qu'à moitié. Je n'ai besoin de personne pour savoir à quel point il est difficile de s'adresser à un auditoire. Dans ma jeunesse, j'étais terriblement timide et je restais obstinément dans mon coin. Parler à des gens dans des réunions mondaines relevait du supplice de la goutte d'eau, et parler devant tout un groupe était pire que la torture.

Je raconte souvent cette anecdote à propos de mon premier discours. J'étais d'une nervosité telle que j'avais gardé les yeux fermés durant la majeure partie de mon laïus en espérant que, si je ne les regardais pas, les gens s'en iraient tranquillement. Mon discours terminé, j'avais ouvert les yeux pour constater, malheureusement, que mon voeu avait été exaucé. Il ne restait qu'une seule per-

sonne dans la salle. Elle avait l'air d'un rat de bibliothèque et affichait un air renfrogné. Avide de réconfort
devant cette catastrophe, je demandai à ce monsieur
pourquoi il était resté. Et je me suis fait répondre d'un
ton hargneux:

— Je suis le prochain orateur.

Cette histoire n'est pas tout à fait exacte, mais je
pense qu'elle décrit, quoique insuffisamment, la panique
qui s'empare de la plupart d'entre nous lorsque nous
devons prendre la parole en public. En tout cas, ce n'est
pas très loin de ce que j'ai éprouvé lors de mes deux
premiers discours. Les deux fois, ma nervosité avait eu
le dessus et c'est dommage. Si j'avais été plus calme,
mon «exploit», dans les deux cas, aurait été simplement
mauvais au lieu d'être carrément abominable.

Mais, voyez-vous, ma nervosité n'était qu'un élément
mineur du problème. Contrairement à tous mes principes d'entrepreneur, je m'étais mal préparé pour ces
deux allocutions. J'avais parlé de façon décousue et en
consultant beaucoup trop souvent mes notes. Mon style
était redondant et ma nervosité, étouffant en moi toute
énergie, m'avait empêché d'aborder les points marquants
de mon discours avec suffisamment de conviction. Mais
surtout, je m'étais montré trop prolixe, ce qui avait
endormi mon auditoire. Dans les deux cas, il ne faisait
aucun doute que la longueur de mon exposé avait dépassé les limites de la tolérance humaine. La première
fois, j'avais pris la parole devant un groupe d'élèves de
première année du secondaire. Lorsque j'avais finalement
cessé de divaguer, ils avaient tous l'air assez vieux pour
obtenir leur diplôme.

Mon second auditoire était formé de membres sélects
du Yale Club. Le plus jeune de ces messieurs devait bien
avoir soixante-quinze ans. Au milieu de mon discours, je
remarquai qu'un nombre anormal de têtes dodelinaient
vers l'avant. Et la régularité de leurs ronflements sem-

blait le seul signe de vie. De toute évidence, mon public essayait de me dire quelque chose. Il n'aurait pas besoin de me le dire deux fois.

Perturbé par ces deux expériences, je fis mon examen de conscience et en arrivai à la conclusion que ma nervosité était le premier obstacle à surmonter. Puisqu'il s'agissait d'une réaction due au nombre intimidant de personnes à qui je devais m'adresser — «intimidant» équivalant ici à plus d'un auditeur — je sentis qu'il fallait découvrir le moyen de les affronter. Ma timidité ayant diminué quelque peu, je remarquai que je n'avais pas de difficulté à discuter en tête-à-tête. Je me livrai donc au raisonnement suivant: si je cessais de considérer l'auditoire comme une foule anonyme, je me sentirais beaucoup plus à l'aise. Je devais de ce fait personnaliser mon contact avec elle et me convaincre que je parlais à un copain qui m'aurait invité dans son salon pour une conversation à bâtons rompus. Je projetais de lui une image mentale en m'attachant, chaque fois, à lui donner une apparence précise. Si la salle était dans la pénombre, je l'installais au centre. Si je pouvais distinguer mon auditoire, je choisissais quelqu'un qui avait l'air sympathique et j'en faisais mon ami du moment. Cet exercice me permit de ramener la foule à des dimensions plus supportables et de donner une touche plus personnelle à mes discours. De cette façon, j'avais l'impression de parler *avec* quelqu'un plutôt qu'*à* un mur humain. En outre, comme je me sentais moins nerveux, je pouvais me concentrer plus facilement.

Je m'efforçais aussi de me rappeler que, chaque fois que je prononçais un discours, le public était là pour m'écouter, parce que je disposais d'informations qu'il voulait entendre. Cette constatation jointe à la technique de substitution me permirent à la longue de surmonter totalement ma nervosité.

L'obstacle suivant: mon manque de concision. En ana-

lysant mes deux premiers discours, je vis qu'ils s'éga-
raient dans les détails. Une abondance excessive de faits
peut devenir un marécage où s'enliserait le plus che-
vronné des orateurs. Le président Ronald Reagan s'est
mérité le titre de Grand communicateur, mais vous rappelez-vous ce qui s'est passé lorsqu'il a affronté Walter
Mondale lors du premier débat présidentiel de 1984?
Jusque-là, les adversaires de Reagan l'avaient bombardé
de critiques, soutenant qu'il manquait d'envergure et qu'il
connaissait imparfaitement nombre de dossiers importants. Le soir du débat, on avait l'impression que le président s'était dit: «Je vais leur montrer ce dont je suis
capable.» Et il avait déballé quantités de données et de
chiffres, dans un effort évident pour montrer à quel
point il se préoccupait des détails. Ce faisant, il perdit
une bonne part de son auditoire sous cette avalanche de
chiffres et, après un moment, se fourvoya dans ses propres décimales.

Pour sa part, Mondale se contenta de citer les principaux paramètres de ses grands points. Il fit état de quelques chiffres, mais tout en sachant que c'étaient là des
éléments secondaires. L'important, c'était le message
étayé par ces chiffres. Les sondages effectués au cours
des jours qui suivirent le débat montrèrent que Mondale
l'avait emporté haut la main. Mais, lors du débat suivant, Reagan sut ne pas répéter la même erreur. Il évita
de se laisser piéger dans un enchevêtrement de détails
futiles et projeta une bien meilleure image de lui-même.

Lors de son premier débat, le président avait appris la
même leçon que moi pendant mes deux premières conférences: un discours n'est pas un examen oral. L'orateur
ne siège pas sur l'estrade pour prouver qu'il connaît les
mathématiques supérieures. Tout exposé a pour objectif
premier de convaincre un auditoire. Lorsque, par la suite,
je prenais la parole, j'essayais de supprimer les détails
inutiles qui nuisaient au rythme de mon discours. Au

lieu de dire: «L'année dernière, nous avons vendu plus d'un million cinq cent soixante-sept mille trois cent quarante-sept unités», je déclare maintenant: «Nos ventes ont atteint plus d'un million et demi d'unités.» Si notre chiffre d'affaires a augmenté durant chacun des quatre derniers trimestres, je n'irai pas jusqu'à préciser de combien. Mais je dirai: «Les ventes ont connu une hausse régulière au cours de la dernière année.» Les dates et les chiffres font beaucoup d'effet, mais il vaut mieux les conserver pour le rapport annuel où le lecteur pourra les étudier tout à loisir. Ce qu'il importe de mentionner, c'est le fait que l'entreprise est en pleine expansion et c'est cela que l'auditoire veut entendre.

Il est également très mauvais pour un conférencier de consulter trop souvent ses notes. Après mon fameux discours devant les élèves du secondaire, j'avais demandé à un ami qui y avait assisté comment je m'en étais tiré. À mon grand étonnement, il avait qualifié ma performance de mémorable. Comme je lui demandais s'il plaisantait, il m'avait répondu:

— Pas du tout! Bien sûr, ce n'est pas tout ton discours qui est mémorable, mais seulement quelques éléments. Ta chevelure, par exemple. Je crois qu'aucun des élèves ne pourra oublier la splendeur de ta chevelure. Tu leur as suffisamment donné l'occasion de la contempler. Nous avons d'abord eu droit à une vue de face. Puis, toutes les minutes ou presque, tu nous as gratifiés d'une merveilleuse vue en plongée du haut de ton crâne. La seule partie que tu aies oublié de nous montrer, c'est l'arrière. Tu aurais peut-être dû faire une ou deux pirouettes, au milieu de ton discours, pour nous permettre de t'admirer sous tous les angles. En tout cas, ton discours a porté. Je n'ai pas cessé de me demander qui était ton coiffeur.

Ce n'était pas là, on s'en doute, le message que je voulais transmettre à mon public. Mais, à force de consulter mes notes, j'avais distrait l'auditoire et, comme d'autres me l'ont dit par la suite, j'avais donné l'impression de ne pas connaître mon dossier à fond.

J'ai pu voir une parfaite illustration de ce que je viens d'avancer, lors du débat entre George Bush et Geraldine Ferraro, les candidats à la vice-présidence. Je ne saurais vous dire qui l'a emporté ce soir-là, mais je sais que Ferraro, membre du Congrès, a nui à sa cause chaque fois qu'elle a baissé les yeux vers son lutrin. Elle l'a fait beaucoup trop souvent. J'ignore si elle regardait ses notes, mais elle en donnait l'impression. J'ai remarqué que le public doute de la sincérité d'un conférencier qui utilise trop souvent ses notes. Il ne croit pas que celui-ci parle avec son coeur.

Je ne me sers pas d'aide-mémoire et je n'essaie pas d'apprendre mes discours par coeur. Je préfère tracer un plan que je mémorise et auquel je reviens chaque fois que j'ai le sentiment de m'éloigner de mon sujet. Pour moi, un discours, c'est comme une conversation. Si je vous priais de venir dans mon bureau dans quinze minutes pour m'exposer vos idées sur les améliorations à apporter à l'industrie du rasoir, je ne crois pas que vous arriveriez avec un rapport méticuleusement documenté. Vous rassembleriez vos idées afin de bien couvrir les points saillants de votre sujet et vous les exprimeriez ensuite comme à l'improviste. On n'aurait pas l'impression, en vous écoutant, d'entendre une cassette, car votre discours semblerait le résultat d'un plan soigneusement élaboré par un être humain doué de réflexion et de sensibilité. En structurant votre exposé de cette façon, vous aurez ainsi l'air de connaître le sujet à fond. Qui plus est, comme vous ne seriez pas esclave d'un texte minutieusement dactylographié, vous aurez toute latitude pour traiter du cas avec un enthousiasme non feint, et votre style oratoire sera empreint d'une énergie qu'il n'aurait pas eue autrement.

Si vous avez su éliminer quatre-vingt-dix-neuf pour cent des détails, vous n'aurez pas à vous préoccuper de la longueur de votre discours, sauf si le temps qui vous est imparti est très court. Dans ce cas, vous devrez vous résumer. En revanche, si l'on a prévu pour votre allocution beaucoup plus de temps qu'il ne vous en faut, avertissez les organisateurs et assurez-vous qu'ils pourront remplir l'intervalle ainsi libéré. N'essayez pas de résoudre le problème en parsemant votre discours de digressions inutiles. Et si les responsables ne peuvent pas vous donner satisfaction, ne vous en préoccupez plus. Prononcez votre discours tel que vous l'aviez prévu.

On m'avait demandé, un jour, de prendre la parole devant la section locale d'un parti politique. Le président de l'assemblée m'avait prévenu que je serais le dernier à parler et que je disposerais d'une heure pour exposer mon point de vue. Comme je protestais qu'il m'en faudrait trois fois moins, il m'avait rétorqué:

— Très bien, nous vous inscrirons pour vingt minutes.

Je pris place sur l'estrade, le soir venu, et jetai un coup d'oeil sur le programme où je pus lire: «Conférencier invité: Victor Kiam — 22 h - 23 h». Je me tournai vers le président:

— Mais je vous avais prévenu que mon intervention ne durerait que vingt minutes!

Me gratifiant de son sourire le plus séduisant, il lança:

— Oui, bien sûr, mais c'était beaucoup trop court. Je suis certain que vous vous en tirerez parfaitement avec la période qui vous a été allouée.

Et, effectivement, je m'en tirai à merveille. Exactement vingt minutes après le début de mon discours, j'en arrivai à la conclusion. J'enchaînai avec le sempiternel «y a-t-il des questions?» Grâce à l'auditoire, quinze minutes de plus s'écoulèrent. Après avoir répondu à la dernière question, je remerciai les militants pour leur attention et j'ajoutai:

— Et maintenant, je sais que vous êtes tous impatients d'entendre l'homme qui m'a invité ce soir. Je ne doute pas que votre président saura approfondir mes idées.

Puis, sous quelques applaudissements polis, je guidai le président vers l'estrade avant de regagner mon siège où, pendant les vingt-cinq dernières minutes de la soirée, j'eus la joie de le voir se livrer à une imitation de danseur à claquettes. J'aurais peut-être dû me sentir navré pour lui, mais ce ne fut absolument pas le cas.

Seule l'expérience peut vous initier aux subtilités de l'art oratoire. Savoir comment enchaîner les temps forts et les pauses, et prendre le pouls de l'auditoire. Écoutez attentivement d'autres conférenciers et observez comment ils «travaillent» le public. Cela exige un sens particulier de l'à-propos qui ne s'acquiert qu'avec le temps. Pour y arriver, vous pourriez procéder à des répétitions. Après mes deux premiers discours, je m'étais exercé devant mon miroir, puis devant un petit groupe d'amis qui m'avaient ensuite fait part de leurs commentaires. Cela m'a permis d'éliminer les temps morts et d'acquérir un style qui me soit personnel. J'ai également appris à me contenter d'anecdotes brèves et simples et à ne jamais raconter d'histoires amusantes, sauf pour faire ressortir un point précis. En outre, je sais à présent qu'il ne faut surtout pas lancer une histoire *trop* drôle au milieu d'un discours. On aboutit à un cul-de-sac, sans trop savoir comment reprendre le fil de l'exposé. L'effet est aussi négatif que si l'on s'arrête sur une note alarmiste. Même si vous êtes porteur de mauvaises nouvelles et que l'avenir semble sombre, vous voulez que votre auditoire sache que tout espoir n'est pas perdu. Terminez donc votre allocution sur une note optimiste. Quand Knute Rockne prononçait son speech classique dans le vestiaire, il ne demandait pas aux meilleurs gars de Notre-Dame de gagner le terrain au pas de course et de *perdre* un match au bénéfice des gros «combinards».

Rapports et notes de service

Chez Playtex, Harry Stokes exigeait que nos rapports n'aient jamais plus de quatre pages. J'ai, à mon tour, imposé cette règle partout où j'ai travaillé par la suite. Les rapports mensuels de mes employés sont tous présentés de la même façon. Exception faite du contenu, on pourrait croire qu'ils ont été rédigés par une seule et même personne. Ils débutent par un résumé du mois précédent, un état comparatif de nos prévisions et de ce qui a été effectivement accompli, et une brève mention des points saillants de cette période. La section suivante porte sur le mois en cours. Quels étaient nos projets et quelle est la stratégie actuellement appliquée? Qu'en est-il de nos prévisions? Aurait-il lieu de les modifier? La troisième page est consacrée aux mois à venir et expose l'orientation que prendra la filiale ou la société, ainsi que les plans prévus pour cette période. Les prévisions pour l'année suivante terminent le rapport. Quatre pages ... et j'ai tout le fonctionnement de l'entreprise entre les mains.

J'ai appris à rédiger des notes de service durant mes études commerciales à Harvard. J'ai conservé la méthode qu'on y employait pour procéder à des études de cas. On nous avait appris à commencer l'examen d'une société par la conclusion, suivie de nos recommandations. La partie centrale du travail, traitée en quelques grands points, constituait l'analyse qui menait à notre conclusion: l'historique, la situation actuelle et les prévisions. Le premier paragraphe devait contenir les motifs qui sous-tendaient notre conclusion; il était suivi d'un résumé qui reprenait celle-ci, enrichie de nos recommandations.

Je rédige mes notes selon un plan analogue. Je tiens à ce que le destinataire puisse assimiler l'information contenue dans le corps de la note tout en faisant le lien avec la conclusion. Je tiens à ce qu'il sache dans quelle direction nous nous orientons. *Une note de service n'est pas une oeuvre romanesque, elle ne doit comporter aucun mystère.* Le lecteur ne devrait pas avoir à se perdre dans les méandres d'une analyse interminable avant de découvrir si le majordome est bien le coupable. Comme entrepreneur, vous devez toujours viser la cible ultime. *Dans le monde des affaires, personne ne veut entendre parler des douleurs de l'accouchement, on veut seulement voir le bébé.*

J'ai récemment reçu une note qui m'a positivement enchanté. Elle débutait par une recommandation sur ce que nous devrions faire avec notre commerce de bijoux, la Friendship Collection. Ensuite, un paragraphe était consacré à chacune des composantes de l'entreprise. Tout, depuis l'inventaire jusqu'aux réseaux de distribution, y était traité. Et l'ensemble, condensé en deux pages à peine, résumait dix heures de réunions et faisait état des étapes prévues pour mettre en oeuvre les décisions adoptées lors de ces réunions. L'orientation tout entière de l'entreprise était ainsi exposée, sans le moindre détail superflu. C'est là le type de note de service, brève et précise, qu'un entrepreneur authentique aime recevoir.

Quelle que soit leur présentation, les notes devraient toujours être rédigées avec concision. Toute correspondance contenant une question qu'on peut régler sur-le-champ devrait recevoir une réponse par téléphone. Les va-et-vient de notes de service sont une perte de temps. Après avoir reçu l'avis relatif à la Friendship Collection, j'avais quelques questions à poser, mais je savais que les réponses requerraient un minimum de recherche. Au lieu de perdre mon temps ou celui de ma secrétaire en me servant du dictaphone, j'ai donc écrit mes demandes

112

dans la marge, à la hauteur du paragraphe traitant des inventaires: «Les inventaires ont-ils lieu chaque trimestre ou chaque semestre?» Puis j'ai renvoyé le tout à son auteur. Si l'espace le permet, il me répondra sur la même page ou encore il décrochera le combiné. De cette façon, pas une minute n'a été perdue à rédiger une nouvelle note, et nous ne risquons pas d'être ensevelis sous une montagne de paperasses inutiles.

La présentation verbale

Chaque fois que vous devez faire une présentation de vive voix, au cours d'une réunion d'affaires ou devant un client, c'est à vous, entrepreneur, qu'il appartient de décider comment elle se déroulera.

Si vous avez l'intention de projeter des diapositives, distribuez aux assistants un document contenant toutes les informations relatives à celles-ci. De cette façon, ils ne seront pas obligés de prendre des notes pendant votre exposé. N'oubliez pas, cependant, de les en avertir. Profitez également de ce moment pour dresser les grandes lignes de votre présentation et pour résumer le contenu des tableaux et graphiques éventuels. Arrangez-vous pour que l'auditoire ait le moins de notes possible à prendre. Vous devez capter toute son attention.

Avant de commencer, faites également une petite mise au point à propos des questions. Personnellement, j'ai l'habitude de dire:

— Toutes les questions sont les bienvenues, mais nous en profiterons tous davantage si vous attendez la fin de la présentation pour les poser.

Bien entendu, si vous perdez le fil à un moment donné, n'hésitez pas à demander des éclaircissements. Si quelqu'un vous en pose une, répondez-y dans les grandes lignes et reprenez votre exposé. La pire erreur que vous puissiez commettre est de permettre qu'une question fasse oublier le but de la réunion.

Chez Lever Brothers, nous avions organisé des sessions de formation pour les vendeurs. Ceux-ci, partagés en petits comités, s'exerçaient pendant toute une journée avant de participer à un concours. Chaque groupe devait concevoir une présentation pour le même produit, et la meilleure valait à l'équipe gagnante un prix de cinq cents dollars. L'expérience s'était révélée concluante. Non seulement nos vendeurs trouvaient là l'occasion de se faire un petit supplément, mais de surcroît ils pouvaient comparer leur performance à celle de leurs collègues. L'un d'eux, en particulier, était un présentateur-né, mais son équipe n'arrivait jamais à l'emporter, car si on lui posait une question, il se lançait trop facilement dans des digressions. Si, par exemple, on lui demandait pendant son exposé: «Est-ce que Colgate n'a pas fait quelque chose de semblable?» au lieu de riposter: «Oui, mais ça n'a pas marché et je vous expliquerai pourquoi après ma présentation», il entreprenait de raconter tous les dessous de la campagne publicitaire de Colgate. Lui demandait-on l'heure, il répondait en expliquant comment fabriquer une montre. Et quand il avait fini de parler, nous avions tous oublié ce qui avait précédé la question. Il avait perdu à la fois et son auditoire et les cinq cents dollars.

Avant de commencer votre exposé, il vous faut décider si vous l'ouvrirez par la conclusion, comme pour les notes de service, ou si vous la garderez pour la fin, afin de pouvoir terminer avec brio. Il n'existe pas de règles immuables à cet égard. Généralement, je préfère terminer la présentation par ma conclusion, mais c'est uniquement parce que je n'aime pas abattre prématurément mes cartes. Un jour, alors que je faisais une présentation devant un nouveau client, j'avais commencé par la conclusion. Le client était d'accord avec ma méthode, mais il n'avait rien fait pour me le laisser deviner. Je parlais depuis une dizaine de minutes lorsqu'il s'était levé en disant:

— Vous me préviendrez quand tout cela sera fini.

Puis il était sorti, jetant une douche froide sur mon enthousiasme. Heureusement, s'il avait pris congé aussi abruptement, c'était parce qu'il avait déjà décidé de faire affaire avec nous.

C'est surtout lorsque vous êtes limité par le temps qu'il importe de faire part de votre conclusion dès le début de la présentation. Si vous ne disposez que de vingt minutes, commencez par exposer votre conclusion et consacrez le temps qui vous reste à convaincre votre auditoire. Je m'enquiers toujours du temps qui m'est imparti. Si j'estime que c'est trop court, je dis à l'organisateur:

— Ce n'est pas suffisant. À quel moment pourriez-vous m'accorder une période plus longue?

Après quoi je lui indique de combien de temps j'aurais besoin. C'est à vous de prendre les choses en main. Évidemment, si l'on ne vous accorde qu'une dizaine de minutes, c'est à vous d'en tirer le meilleur parti possible.

Même si vous devez reprendre constamment la même présentation, arrangez-vous toujours pour qu'elle semble avoir été taillée sur mesure pour votre auditoire. N'hésitez pas à ajouter un détail qui accentuera cette impression. Il y a quelque temps, nous avons reçu un présentateur chez Remington et, au milieu de son exposé, il a déclaré:

— Comme je sais que Remington vient de se lancer dans l'industrie du vêtement, je suis sûr que vous serez intéressé par ce qui va suivre...

Nous avons tous eu l'impression que sa présentation avait été conçue uniquement pour nous. C'est là un point très important. Il faut éviter de laisser croire que vous récitez votre boniment à la façon d'un robot.

Certaines entreprises peuvent avoir préparé une présentation standard et vouloir que vous vous en serviez. Vous devez, bien sûr, observer ce règlement de votre compagnie, mais n'hésitez pas à y déroger si la situation l'exige. Chez Playtex, nous avions mis au point un document que tous nos vendeurs devaient utiliser chaque fois qu'ils rencontraient un client. Al Peterson y tenait mordicus. Peu après ma nomination comme directeur régional des ventes, j'avais dû engager un chef de district. Trois candidats s'étaient présentés et j'avais passé trois jours sur le terrain avec chacun, à tour de rôle. L'un d'eux, Peter Palizolla, avait nettement surpassé les deux autres. Je savais qu'il était l'homme rêvé pour le poste, mais quand j'en parlai à Peterson, celui-ci s'insurgea:

— Ce type ne vaut rien! Je ne veux pas savoir comment il s'en tire, il n'utilise pas le texte de présentation.

Apparemment, Al avait accompagné Peter à plusieurs reprises et avait remarqué cette lacune. Je l'avais notée également, mais je m'étais aperçu que si Peter n'utilisait pas le texte de présentation, c'était parce que la majorité de ses clients ne voulaient pas en entendre parler. Ils lui avaient tous dit que d'entendre réciter le contenu d'une circulaire ne les intéressait nullement. Plutôt que de les heurter de front, Peter avait donc mis le texte de côté et s'était servi de ses propres arguments. Avec passablement de succès, dois-je dire. Bien entendu, j'estimais qu'il avait agi à bon escient. Du moment qu'il livrait la marchandise, je ne tenais pas à savoir comment il s'y était pris. C'est pourquoi je tins tête à Peterson et lui rappelai qu'il m'avait donné carte blanche en matière de promotion. Il me donna raison, mais seulement après que j'eus accepté d'endosser les responsabilités si jamais Peter échouait. Huit mois plus tard, j'étais nommé vice-président de la division des gaines et soutiens-gorge. Et qui pensez-vous que Peterson choisit pour combler le poste que je laissais vacant? Je vous le donne en mille...

4

Conclure un marché: l'art de vendre

E N 1954, pendant que j'étais encore directeur du marketing pour la division des gaines et soutiens-gorge
chez Playtex, Harry Stokes est venu me trouver, un soir,
dans mon bureau pour me demander de l'aider à tirer la
compagnie d'embarras:

— Vic, nous avons un petit problème. Playtex a un
contrat avec la télévision qui risque de lui passer sous le
nez si elle ne s'est pas officiellement lancée dans le commerce des cosmétiques avant demain minuit. Nous avons
mis au point un produit qui promet d'être sensationnel,
mais il nous faut quelqu'un pour le vendre. Pourriez-
vous passer la journée de demain en tournée et obtenir
des commandes pour ce produit avant dix-sept heures?
Cela vous laisserait le temps de les confirmer avant
l'échéance et cela nous enlèverait une épine du pied. Je
demanderais bien à un vendeur de s'en charger, mais je
sais que vous êtes l'homme de la situation.

Ce petit compliment ne risquait pas de me monter à la
tête. J'étais de toute évidence l'homme de la situation.
Comme d'habitude, j'étais en train de travailler après les
heures de bureau, et, exception faite de Harry et de
quelques concierges, il n'y avait personne dans tout l'édifice.

J'ai accepté. Un entrepreneur ne rate jamais une occasion de briller, surtout si le directeur de la compagnie lui

en donne l'ordre. Comme j'allais devoir vendre le fameux produit, je lui ai demandé de me dire tout ce qu'il savait à son sujet.

— Il s'agit de la crème démaquillante Living, me répondit-il. Elle hydrate tout en nettoyant, mais sa principale qualité, sur le plan commercial, c'est qu'elle ne contient aucune huile minérale.

Intrigué, j'ai voulu savoir ce que cela avait de si particulier et il s'est exclamé:

— Comment, vous ne savez pas? Mais les huiles minérales sont cancérigènes!

Je dois reconnaître que je n'avais encore jamais entendu un tel argument et je doute qu'aucun membre de la profession médicale en ait su autant que Harry sur les graves dangers que ces sinistres lubrifiants faisaient courir à l'humanité. J'essayais néanmoins de ne pas paraître trop sceptique tandis que je lui demandais:

— Est-ce que je peux vraiment dire cela à nos clients?

Pour Stokes, cela allait de soi et avant que j'aie pu opposer quoi que ce soit à cet argument invraisemblable, il avait enchaîné:

— Évidemment, si ça vous gêne, vous n'êtes pas obligé de le dire. Tout ce qui compte, c'est que vous réussissiez à vendre la crème Living à quelqu'un.

Je lui ai répondu de ne pas s'inquiéter, que c'était du tout cuit. Quand je lui ai demandé de me fournir une valise d'échantillons, il m'a répondu:

— Nous sommes tellement en retard pour ce produit que je n'ai en ce moment que de petits pots. Mais donnez-moi une demi-heure et nous vous les remplirons de crème. Attendez un peu de voir cette crème, elle se vendra pratiquement toute seule!

Après avoir mis la main sur des échantillons de cette crème prodigieuse, je suis rentré chez moi et j'ai mis ma stratégie au point. Il ne servirait à rien d'essayer de vendre cette crème à l'un de nos clients new-yorkais. Le lendemain était un vendredi et il me serait presque impossible de rencontrer un acheteur dans un délai aussi court, le dernier jour ouvrable de la semaine. Je risquais de passer la journée à courir d'un client à l'autre pour n'en voir finalement que deux ou trois. Il valait mieux choisir une région moins grouillante d'activité, où je pourrais rencontrer un maximum de clients en un minimum de temps. J'ai donc téléphoné aux compagnies aériennes et j'ai réservé une place dans le premier vol pour Binghamton, New York. Arrivé dans cette municipalité à huit heures trente, j'ai loué une voiture et je suis allé directement chez l'un de nos plus gros clients de l'endroit. L'acheteuse de ce grand magasin avait un nom que je n'oublierai jamais: Henrietta Zipp. Elle m'a reçu accompagnée du directeur de produits. Je leur ai vanté les qualités hydratantes de ma crème et leur ai promis que le nom du magasin occuperait le haut de l'affiche d'une annonce pleine page dans l'édition du dimanche. Mais c'est Henrietta qui, après avoir essayé l'échantillon, a fourni l'argument décisif: notre crème était «aussi bonne que celle de Pond's et peut-être même meilleure».

J'ai rempli le bon de commande de Mme Zipp et j'ai filé voir d'autres clients de moindre importance, éparpillés dans le secteur. Neuf d'entre eux ont passé des commandes. Je me suis ensuite rendu au bureau du journal local afin de faire paraître une annonce dans l'édition dominicale. Après m'être assuré qu'elle serait effectivement publiée, j'ai téléphoné à nos bureaux du Delaware et leur ai transmis mes commandes. Nous avions devancé l'échéance. Harry Stokes les avait déjà prévenus et ils étaient prêts à expédier la crème Living sans perdre un instant. Nos clients l'ont reçue le samedi après-midi. Le même soir, je reprenais l'avion pour rentrer chez moi, fier comme Artaban. J'avais rempli ma mission et notre contrat de télévision ne courait plus le moindre risque.

En arrivant au bureau, le lundi matin, je suis allé

immédiatement relater mes succès à Harry qui m'a remercié d'avoir tiré d'affaire la compagnie; il m'a prié, ensuite, de le tenir au courant de la courbe des ventes.

J'avais eu l'intention de téléphoner à Mme Zipp dans l'après-midi, mais je n'ai pas eu à le faire. Environ une heure après mon rapport au président, c'est elle qui m'a appelé. Elle ne semblait pas particulièrement ravie. Je lui ai demandé comment se passait le lancement.

— Pas trop bien, j'en ai peur, me dit-elle. Nous avons un problème.

Qu'est-ce qui avait bien pu clocher? Les commandes étaient arrivées, il ne pouvait donc s'agir de cela. En outre, Mme Zipp confirmait que l'annonce était bien parue. Perplexe, je lui ai demandé:

— Mais alors, est-ce que vous me téléphonez pour me dire que la crème ne marche pas?

— Non, pour marcher, elle marche! C'est plutôt qu'elle ne se vend pas. Voyez-vous, quand le stock est arrivé, samedi, nous n'avions pas de place pour l'entreposer. Alors le responsable de la préparation de l'étalage pour ce matin-là a transporté les pots dans la section des cosmétiques et les a soigneusement empilés en trois rangées ... sur le radiateur. La crème a surchauffé et les pots ont éclaté pendant la nuit. ... Et quand je dis que la crème «marche», je veux dire qu'elle court du plafond au plancher. En grosses flaques blanches et graisseuses. Il y en a partout. On croirait voir le Blob, monstre gluant des films d'horreur!

— Vous comprenez, maintenant, risquai-je avec entrain, pourquoi on l'appelle Living!

Dieu merci, Mme Zipp avait le sens de l'humour... Je me suis excusé pour l'incident (même si je n'avais absolument pas à le faire — après tout, ce n'était pas moi l'idiot qui avait placé les pots hermétiquement fermés sur un radiateur), et j'ai accepté de créditer son compte pour la marchandise perdue.

À l'exception de la mésaventure de Mme Zipp et de sa machine à faire éclater les pots de crème, le lancement avait été un succès. Nous avions respecté les clauses de notre contrat et les affaires des autres magasins avaient bien marché. La fameuse crème n'a toutefois connu qu'une gloire éphémère. À la consternation du président, le public n'a jamais gobé l'histoire de l'huile minérale. Et la crème Living a rapidement disparu de la circulation.

Mon petit succès de ce fameux week-end m'avait non seulement gonflé à bloc, mais m'avait aussi permis de redécouvrir un aspect de moi-même que je n'avais jamais vraiment ignoré: j'adorais vendre. Si les affaires étaient effectivement un sport, la vente en était, à mon avis, la joute la plus excitante. Comme dans un simple, au tennis, les deux adversaires sont seuls à s'affronter; ils doivent être capables de se concentrer à fond et de pressentir les moindres variations dans le rythme du jeu. Ils doivent aussi savoir pratiquer une politique du bord de l'abîme. Un client qui veut négocier certaines clauses peut déployer autant d'agilité que Bobby Riggs, le joueur de tennis le plus débrouillard de tous les temps. La capacité à jouer sous pression, la résistance qui permet de se donner à fond quelle que soit la durée du match, et la faculté de se relever après une défaite accablante sont autant de qualités aussi indispensables au vendeur dans le bureau d'un client qu'à Bjorn Borg sur le court central de Wimbledon. Mais, ce qui est plus important encore, la vente est une compétition dont les points sont faciles à compter. Chaque fois qu'un vendeur quitte un client, il lui suffit de jeter un coup d'oeil sur le bulletin de commande pour savoir s'il a gagné ou perdu. Ce sport me passionnait.

Après l'épisode de la crème Living, Stokes et Peterson ont pris l'habitude de venir me consulter chaque fois que Playtex devait se sortir d'un mauvais pas. En l'une de ces occasions, ils m'ont accordé quatre jours pour vendre cinq millions d'aspirines pour la division des produits pharmaceutiques de la compagnie. J'aimais bien ces défis qui me permettaient de me faire remarquer. Et j'adorais l'excitation toute particulière qui s'emparait de moi chaque fois que j'avais conclu une vente.

Dès mes débuts dans cette carrière, j'ai constaté que si j'aimais la sensation stimulante qui accompagne l'obtention d'une commande, je détestais par contre que l'on refuse mes produits. J'ai toujours eu un défaut: il m'est extrêmement difficile de vendre quelque chose en la valeur de laquelle je ne crois pas. La crème Living avait été une exception à cette règle, et encore, dans ce cas-là, j'avais été fouetté par une poussée d'adrénaline, phénomène que connaissent bien la plupart des vendeurs débutants. Mais, en règle générale, j'ai échoué chaque fois que j'ai essayé de vendre un produit aux qualités douteuses.

Cela s'explique aisément. Pour l'entrepreneur, le fait de vendre est une expérience qui s'apparente au zen. Le produit ou le service qu'il offre doit devenir en quelque sorte une extension de lui-même. La fierté qu'il commence à ressentir aiguillonne chez lui cet enthousiasme contagieux sans lequel il ne pourrait obtenir de commandes. J'ai eu, pour ma part, beaucoup de chance. J'ai toujours travaillé pour des sociétés qui vendaient des produits moralement acceptables et de toute première qualité. Je n'ai jamais hésité à leur accorder toute ma confiance et je finis même par être tellement envoûté que je ressens la moindre critique comme une insulte personnelle. Ces produits font partie de moi-même! Et cela n'a jamais été plus vrai que dans le cas du rasoir Remington. Si l'un de ses utilisateurs me confie à quel point il en est content, je rayonne tellement de satisfaction que cette personne ferait bien de porter des lunettes fumées

122

pour ne pas être aveuglée. Par contre, s'il rejette mon rasoir, c'est moi qu'il rejette. Je n'hésiterai pas à le garder sur la sellette tant que je ne connaîtrai pas la raison de son rejet et je ferai tout en mon pouvoir pour le convaincre qu'il se trompe. Que je réussisse ou non, j'aurai quand même fait tout mon possible. *La fierté que vous éprouverez à l'égard d'un produit ou d'un service vous donnera la force de réagir positivement et activement à toute forme de rejet.* C'est pourquoi, comme je le disais au début, les entrepreneurs doivent avoir une foi aussi inébranlable dans leurs projets qu'en eux-mêmes.

C'est peu après l'histoire de la crème Living que j'ai essuyé l'un de mes premiers revers. Il m'a d'ailleurs fallu une bonne dose d'esprit d'entreprise pour ne pas lâcher prise: je venais littéralement d'être balayé hors d'un magasin.

Mes tournées pour Playtex m'avaient conduit à Tupelo, dans le Mississippi, où j'avais passé la journée à rencontrer nos clients. L'un d'eux tenait une boutique de vêtements dans le quartier des affaires. À mon arrivée, le propriétaire était en train de balayer son magasin. Tout en lui tendant la main, j'ai mentionné que j'étais un représentant de Playtex. Il ne m'a accordé aucune attention. J'ai ouvert ma valise d'échantillons. Il a réagi en poussant son balai contre mes pieds pour me forcer à reculer vers la porte d'entrée. Quand je lui ai demandé ce qui n'allait pas, il a continué son petit manège. Au moment même où j'allais me mettre à protester avec vigueur, un dernier coup de balai m'a fait choir sur le trottoir.

Me suis-je senti découragé? Non. Légèrement endolori, peut-être, et quelque peu ahuri, mais nullement abattu. Juste avant que mes échantillons et moi-même n'allions rouler sur le sol, le propriétaire du magasin avait lâché:

— Je ne veux plus jamais vous voir, vous ou vos échantillons, dans mon établissement.

Son hostilité était telle qu'il me fallait en découvrir la cause.

En bavardant avec d'autres vendeurs et d'autres commerçants de la région, j'ai appris que le cow-boy au balai avait de bonnes raisons d'être furieux. Le vendeur de Playtex qui couvrait la région avant moi avait l'habitude de laisser dans ce magasin beaucoup plus de marchandises que le propriétaire n'en pouvait vendre. Cette conception de la vente est inadmissible. Un vendeur doué de l'esprit d'entreprise ne va pas chez un client dans le seul but d'obtenir des commandes. Il doit, au contraire, chercher à établir un rapport à long terme, à son avantage comme à celui de son client; il faut que celui-ci comprenne que le vendeur prend les intérêts de son client à coeur au même titre que les siens propres. En un mot, ils sont, en affaires, des partenaires.

Je savais qu'il fallait porter remède au problème. Sans en parler à la direction de Playtex, je me suis arrangé pour que l'un de mes plus gros clients rachète au prix coûtant le surplus de marchandises du petit commerçant. Lors de ma visite suivante, il n'y avait pas le moindre balai en vue. Le propriétaire m'a accueilli chaleureusement et est devenu un fidèle client de Playtex. Si je m'étais laissé démonter par son refus initial, nous aurions perdu un acheteur.

La satisfaction de mes clients a toujours été mon principal souci. J'ai appris que cela finit toujours par être avantageux. J'ai d'ailleurs pu constater ce qui se passe lorsqu'un vendeur ne se préoccupe pas des intérêts de sa clientèle. Lors de mes débuts comme représentant de commerce pour Lever Brothers, mon directeur de district était un certain Barry Hard. Il portait bien son nom, car c'était vraiment un gars impitoyable. Vendeur de longue date, il ne reculait devant rien pour conclure une transaction. Ce sont des types comme lui qui ternissent la réputation des voyageurs de commerce.

Hard promenait une énorme panse de buveur de bière et il exhalait toujours des relents de beuverie de la veille. Son sens de l'humour n'avait rien à envier à son apparence. Il était grossier et avait un penchant pour les blagues vulgaires. Alors que nous parcourions ensemble mon territoire, nous avons dû passer la nuit dans un motel. Hard m'avait laissé stationner l'auto pendant qu'il allait nous inscrire à la réception. Le temps que je gare le véhicule, il avait déjà gagné sa chambre. Lorsque j'ai demandé ma clé au préposé, celui-ci m'a lancé un regard en coin en me la remettant. Mais j'étais incapable de deviner pourquoi. Une fois dans ma chambre, je m'apprêtais à donner un coup de téléphone quand la femme de chambre est entrée et s'est mise à défaire la literie. Je trouvais cela bizarre, car le lit me semblait impeccable. Elle a recouvert le matelas d'une alèse en caoutchouc qui paraissait dater de la Deuxième Guerre mondiale, puis a étalé par-dessus plusieurs draps de flanelle. Comme je lui demandais ce qu'elle était en train de faire, elle m'a répondu:

— M. Hard nous a averti de votre problème; c'est pour cette raison que j'arrange votre lit.

Voyant mon air étonné, elle a poursuivi:

— Il nous a dit que vous êtes incapable de vous retenir, la nuit.

Hard avait raconté au réceptionniste du motel que je souffrais d'incontinence nocturne! C'était là ce qu'il appelait une bonne blague.

Ce sans-gêne se perpétuait dans ses transactions avec les clients. Il était connu pour sa manie de la vente à pression. Il se vantait d'ailleurs de son habileté à forcer la main aux clients pour qu'ils achètent deux fois plus de marchandises qu'ils n'en avaient besoin.

Il était également un adepte de la vente par intimidation. Utilisant son ventre en guise de bélier, il acculait le client dans un coin. Une fois celui-ci réduit au silence, Harry débitait son boniment. Il lui demandait s'il vendait encore du dentifrice Colgate, notre plus gros concurrent. Si sa victime répondait par l'affirmative, il l'apostrophait:

— Vous avez tort! On a découvert des cas de lèpre dans les établissements de Colgate. Ils vont faire l'objet de tant de poursuites qu'ils ne s'en relèveront jamais. Achetez Pepsodent!

C'en était gênant...

Chaque fois qu'il se livrait à son petit numéro avec l'un de mes clients, je m'empressais d'appeler celui-ci pour m'excuser du comportement de mon chef de district. Je faisais en outre tout mon possible pour transformer à mon avantage son attitude inacceptable. La courtoisie dont je faisais preuve en téléphonant à mes clients me permettait d'établir avec eux des rapports personnels et aucun ne m'a jamais tenu rigueur de l'attitude de Hard. Au contraire, beaucoup me plaignaient d'avoir à supporter un patron aussi néanderthalien. Ils se mettaient en quatre pour bien me recevoir.

À force d'observer le manège de Hard, j'ai compris tous les dangers de la vente sous pression et j'ai acquis la conviction que la méthode des «bonnes nouvelles» était la seule façon de se constituer une clientèle fidèle.

Je me souviens, par exemple, d'un petit client de Playtex chez qui j'étais passé un jour. Il était découragé parce qu'il n'arrivait pas à écouler son stock aussi rapidement qu'il l'aurait dû. La taille 34B était à l'époque notre soutien-gorge le plus vendu, mais il n'avait pas réussi à en liquider un seul modèle. Au lieu de m'apesantir sur ses déboires, j'ai préféré mettre l'accent sur le nombre de 42D qu'il avait vendu durant les quatre semaines précédentes: *un*. C'était loin d'être l'exploit du siècle, mais cela m'a permis de m'exclamer:

— Comment! Vous avez pu vendre ce 42D? Mais c'est fantastique! Savez-vous seulement à quel point cette taille est difficile à vendre? Vous êtes lancé, dites donc! Le 42D est le pire vendeur de toute notre gamme. Si vous vous en tirez si bien avec un article si peu demandé, nous ne devrions pas avoir trop de mal à trouver comment intensifier l'écoulement du 34B qui lui, par contre, a beaucoup de succès. Si vous voulez, nous pourrions retirer les soutiens-gorge qui sont derrière le comptoir et les disposer là où la clientèle pourra les voir. Si vous êtes capable de vendre des 42D sans même qu'ils soient à l'étalage, il est certain que vous réussirez à vendre des quantités de 34B et des autres tailles, dès que vos clientes sauront que vous les avez en stock.

Il était évident que si nos modèles se vendaient aussi mal, c'était que personne ne savait que le magasin en possédait. Le propriétaire était inexcusable d'ignorer pareille chose, bien entendu. Mais si j'avais monté son erreur en épingle ou si j'avais insinué qu'il ne savait pas gérer son magasin, je me serais retrouvé avec un client en moins. C'est pourquoi j'ai commencé par le féliciter avant de parler de ses erreurs, et, encore là, je me suis bien gardé de lui faire perdre la face. J'ai également tenté de prouver notre volonté de coopération en lui demandant ce que *nous* pourrions faire pour relancer les ventes. Ce commerçant a continué à présenter nos modèles et son chiffre d'affaires a augmenté pour toutes les tailles.

C'est ce genre d'expérience qui m'a appris la valeur de la méthode des «bonnes nouvelles». Je l'utilisais même avec d'éventuels clients que je rencontrais pour la première fois. Si catastrophique que soit la situation, je trouvais toujours un point positif à relever pour alimenter la conversation; même s'il s'agissait d'un événement aussi banal qu'une fusion dans l'industrie, j'en tirais le meilleur parti possible. C'est ainsi qu'il faut se comporter. Vous voulez amener les clients que vous visitez à vous acheter quelque chose. Vous voulez qu'ils soient réceptifs. Mais comment pourraient-ils l'être s'ils n'entendent que de mauvaises nouvelles? C'est à vous de créer l'atmosphère de la rencontre et d'y insuffler un climat d'optimisme. Si le client en puissance est absorbé par des pensées négatives, il sera facilement enclin à les associer à vous ou à votre produit.

En savoir le plus possible sur le client, voilà la clé de tout rapport fructueux avec ce même client. Il faut tâcher d'accumuler les renseignements sur la personne avec qui vous faites affaire. Avant de rendre visite à un client important, je faisais le tour de ses magasins pour me faire une idée du taux de ses ventes. Je bavardais avec les employés dans l'intention de savoir si nos produits se vendaient mieux ou moins bien que ceux de nos concurrents, et je leur demandais également s'ils avaient de la difficulté à écouler nos articles. Cela me permettait de trouver des solutions *avant* que l'acheteur ou le propriétaire du magasin ne les mentionne au cours de l'entrevue.

Je m'attendais à vendre lors de chacune de mes visites, même s'il ne s'agissait que d'une prise de contact. Évidemment, je ne réussissais pas chaque fois à le faire. Mais je n'en parvenais pas moins à récolter, pendant cette première rencontre, des renseignements qui m'aidaient à décrocher des commandes par la suite. Ainsi, l'acheteur d'une importante chaîne de grands magasins de Chicago était un mordu du football. Il a passé les dix premières minutes de ma première visite à se lamenter sur la défaite, par une marge très faible le week-end précédent, des Bears de Chicago. À partir de ce moment, j'ai toujours acheté *The Sporting News*, l'hebdomadaire sportif bien connu, avant de rencontrer cet acheteur. La veille de la réunion, je potassais tous les articles traitant du football, y cherchant des potins intéressants sur ce

128

sport en général et sur ses biens-aimés Bears en particulier. Et si l'occasion se présentait, j'orientais la conversation vers un sujet qui l'intéressait et qui n'avait rien à voir avec les affaires. Le football était devenu notre terrain d'entente.

Je prenais soigneusement note de tous les renseignements que je pouvais recueillir sur mes clients. Je les inscrivais dans mon carnet de visites sitôt après la réunion, puis je les recopiais dans un cahier spécial, plus tard dans la soirée. Il fallait pour cela que je sois extrêmement attentif, mais j'y gagnais toujours au change. Je me souviens d'un acheteur de la société May qui était forcé de travailler le samedi. Il détestait ça. Chaque fois que je venais le voir, il se plaignait invariablement de n'avoir jamais droit à des week-ends complets, en insistant sur le fait qu'il était particulièrement irritant d'être enfermé dans un bureau pendant que presque tout le reste du pays jouissait d'une journée de repos. Aussi, je m'arrangeais toujours pour que nous déjeunions ensemble ce jour-là. Cela lui donnait l'occasion de quitter son bureau au moins un samedi sur quatre. Et jamais nous ne parlions affaire durant la première moitié du repas. Ce moment était consacré à sa famille. Sa femme était horticultrice, sa fille s'intéressait à l'élevage des animaux, son fils se spécialisait en physique et était le joueur étoile de l'équipe de basket-ball de son université.

Tous les faits que j'avais pu rassembler au fil des mois me permettaient d'établir une sorte de communion d'idées entre nous. Celle-ci introduisait dans nos rapports professionnels un facteur humain qui leur conférait un caractère très spécial. Il n'a guère fallu de temps pour que cet acheteur ait hâte de me voir — moi et ma marchandise, cela va sans dire — chaque fois que je passais par sa ville. C'est exactement le genre de relation que le vendeur doit chercher à établir. Votre client doit sentir que vous vous intéressez autant à lui que vous souhaiteriez qu'il s'intéresse à vous et, bien entendu, à vos produits.

Outre qu'ils vous aident à tisser des liens solides, ces renseignements glanés un peu partout ont un autre but. Entre autres, ils vous éviteront de vous retrouver dans le genre de situation gênante que j'ai connue, à mes débuts chez Lever Brothers. J'étais allé rendre visite à une petite pharmacie de Sharon, en Pennsylvanie, où tout le personnel avait témoigné d'un intérêt assez inhabituel pour mes produits. Ils étaient prêts à acheter tout ce que je leur offrais. Plus ils en commandaient et plus j'en rajoutais. La commande, quand je les ai quittés, valait trois mille dollars, une somme fort coquette pour une si petite pharmacie. J'étais aux anges! J'ai téléphoné, dès le lendemain, au préposé aux commandes pour lui narrer mon exploit. Au lieu de me féliciter, il m'a prié d'attendre un moment. Quand il est revenu au téléphone, il m'a dit:

— Vous avez fait un travail du tonnerre. Dommage qu'on ne puisse pas leur expédier la marchandise...

J'étais estomaqué.

— Comment ça, ai-je bredouillé, vous ne pouvez pas expédier la marchandise? Mais j'ai le bon de commande, ils l'ont signé!

Le préposé a laissé échapper un rire étouffé et a repris:

— Oh! je n'en doute pas un instant. Je parierais même que vous n'avez pas vérifié le carnet des crédits que nous vous avons remis. Si vous y aviez jeté un coup d'oeil, vous auriez vu qu'ils ont la pire cote de crédit de tout le territoire. Évidemment qu'ils étaient ravis de vous acheter n'importe quoi! Plus personne ne veut leur fournir de la marchandise... ils ne paient pas leurs comptes! D'ailleurs, si vous étiez resté plus longtemps, vous leur en auriez certainement vendu dix fois plus. Cela n'aurait rien changé. Si importante que soit la commande, elle ne vaudrait même pas le papier sur lequel vous l'auriez écrite.

J'étais honteux et confus! J'avais des renseignements en ma possession et je ne m'en étais pas servi. Mon manque de préparation m'avait fait perdre la majeure partie de ma journée, sans le moindre résultat. Cette dure leçon, je ne l'oublierais jamais.

Une fois que vous avez créé l'ambiance de la rencontre, il vous faut réussir à attirer l'attention de votre client sur le produit ou le service que vous souhaitez lui vendre. Chez Playtex, on nous demandait de concevoir des présentations qui sollicitent un éventail le plus étendu possible de nos cinq sens. En effet, un acheteur dont la vue, l'ouïe, le goût, le toucher et l'odorat sont stimulés sera moins enclin à vous écouter d'une oreille distraite. Si le tissu de votre produit a une texture inhabituelle, glissez-en un échantillon entre les mains de l'acheteur. Si c'est son arôme qui est caractéristique, assurez-vous que l'acheteur le hume.

Le tissu élastique dans lequel on taillait la gaine Playtex était un produit exclusif qui nous distinguait de la concurrence. J'en tendais toujours un morceau à l'acheteur en lui suggérant de l'examiner attentivement. Il l'étirait alors pour en éprouver l'élasticité. Ensuite, je passais le bout des doigts sur le tissu en lui disant de prêter l'oreille au froufrou velouté de cette matière raffinée. De cette façon, toute son attention était braquée sur l'échantillon.

Je prenais aussi grand soin de ne pas manipuler le tissu comme s'il s'agissait d'une étoffe quelconque. Je le tenais comme s'il était fait d'un cristal de prix, aussi beau que fragile. J'en parlais avec des mots semblables à des caresses. Je créais une impression et, par le fait même, je suscitais un besoin chez l'acheteur.

Jamais je n'attaquais mes concurrents de front. Il n'y

avait d'ailleurs aucune raison de mentionner le nom d'un produit rival dans une conversation qui était censée attirer l'attention de mon interlocuteur sur ma propre marchandise. Je soulignais plutôt les qualités de celle-ci, surtout si elles la distinguaient de celle des rivaux. Si nos soutiens-gorge comportaient davantage de matière élastique que tous les autres qui étaient sur le marché, vous pouvez être sûr que je n'oubliais pas de le mentionner dans mon boniment.

Quelle que soit l'importance de la série de succès que vous avez déjà remportés, il est primordial de ne pas vous laisser absorber par votre présentation au point de négliger les réactions de la personne à qui vous voulez vendre. Observez ses gestes, ses mimiques. Son regard parcourt-il la pièce en tous sens? tambourine-t-elle des doigts sur son bureau? Elle est en train de vous échapper et vous devriez sans plus attendre passer aux principaux points de votre argumentation. Consulte-t-elle sa montre toutes les deux minutes? vient-elle tout juste de bâiller? Vous êtes dans de mauvais draps. Si elle avait quitté le bureau, la situation serait la même et la seule façon de réveiller son attention est de rectifier votre tir sur-le-champ. La première fois que j'ai eu affaire à un «bâilleur», j'ai immédiatement renvoyé la balle dans son camp en lui demandant:

— Que pensez-vous de ce que je vous ai montré jusqu'à maintenant? Y a-t-il quelque chose qui vous intéresse ou qui, au contraire, vous déplaît particulièrement?

Bien entendu, il y avait des tas de choses qui ne lui plaisaient pas et il ne s'est pas gêné pour me les citer, ce qui était parfaitement dans l'ordre des choses. Il n'avait absolument pas l'intention de passer une commande immédiatement, bien au contraire. Mais, au moins, je l'avais fait participer à la présentation et je lui avais donné l'occasion de formuler ses objections. Cela m'a d'ailleurs permis de m'attaquer aux problèmes qui lui étaient spécifiques et ainsi de capter à nouveau son attention. Ce client venait de m'apprendre qu'il n'avait pas l'intention de commander un seul produit de Lever Brothers pour la bonne et simple raison qu'il manquait de place. Comme j'avais déjà visité son magasin, j'ai pu lui proposer un modèle de présentoir qui n'empiéterait pas sur l'espace réservé aux marchandises déjà étalées. Quand je l'ai quitté, j'avais réussi à décrocher une commande.

Vous ne pourrez pas toujours éliminer toutes les objections en quelques secondes. Parfois, vous devrez les noter et promettre au client de revenir pour lui proposer des solutions. En 1957, j'étais allé voir le directeur de produits de Macy's. Le magasin refusait de vendre les produits Playtex parce que sa politique de majoration des prix allait à l'encontre de la nôtre. Son département de la lingerie imposait en effet une majoration supérieure à celle que nous autorisions. J'ai dit au directeur de produits que je comprenais fort bien son problème. Il ne pouvait déroger aux normes fixées. J'ai toutefois ajouté que celles-ci lui nuisaient autant qu'à nous. En effet, Playtex valait 20% du marché et Macy's n'en profitait absolument pas. Faute de pouvoir régler ce cas sur-le-champ, j'ai prié le directeur de m'accorder une semaine pour le résoudre.

Il va de soi que j'avais piqué sa curiosité. Non seulement j'avais fait allusion à son bilan financier, mais mon attitude démontrait que je souhaitais vivement traiter avec son établissement. Macy's était un client important, peut-être même le plus gros de tous ceux avec qui nous pouvions commencer à l'époque. Je voulais faire comprendre à son directeur de produits l'enjeu que cela représentait pour nous. Une semaine plus tard, j'étais de retour avec un plan que j'avais fait approuvé par Al Peterson et qui projetait la création, chez Macy's, d'un département Playtex entièrement indépendant de leur rayon des gaines et soutiens-gorge. Il fonctionnerait comme une entité distincte et aurait sa propre politique financière et de majoration. L'idée a plu au directeur de produits qui, après avoir consulté ses acheteurs, a donné son accord. Le département Playtex a connu un énorme succès dont ont profité tous les participants. Dès la première année, son chiffre d'affaires dépassait le million de dollars. Si je ne m'étais pas intéressé au problème de Macy's, si je n'avais pas demandé au directeur pourquoi il refusait d'acheter nos articles, qui sait quand nous aurions réussi à nous tailler une place dans ce magasin.

Une fois que vous avez vaincu les objections soulevées par votre éventuel client, vous pouvez, pour mieux le séduire, fixer des objectifs pour le produit et expliquer comment les atteindre. Chez Playtex, cette méthode s'appelait «peindre la perspective»; cette formule était particulièrement utile pour maximiser les commandes.

L'une des façons de «peindre la perspective» consistait à discuter de la part du marché. Un jour, je visitais un magasin à Kansas City et j'ai demandé au président à combien il estimait le pourcentage que son magasin devrait avoir sur le chiffre d'affaires total de Playtex dans cette ville. Il s'agissait d'un des grands magasins les plus importants de Kansas City. Le président m'a cité ces chiffres:

— L'année dernière, nous atteignions 15% du marché dans ce secteur, mais je pense que nous allons faire mieux, cette année. En fait, nous espérons en avoir 20%.

Sans le savoir, le président venait d'appliquer les premiers coups de pinceau sur la toile. J'avais dès lors une idée du tableau qu'il voulait voir. Je lui ai donc dit que, l'année précédente, notre chiffre d'affaires avait été de sept cent mille dollars à Kansas City, mais que nous pensions franchir le cap du million pour l'année en cours. Je lui ai ensuite décrit l'importante campagne publicitaire que nous projetions, en ajoutant que nous allions engager plus de fonds que jamais auparavant pour la publicité locale. Je lui ai également parlé des excellents résultats obtenus par des campagnes semblables à travers le pays. Le président a été saisi d'un tel enthousiasme pour le projet que nous n'avons pas tardé à manier nos pinceaux au même rythme. À la fin, je lui ai demandé:

— Vous voyez ce que nous pouvons réaliser ensemble? Vous visez 20% du marché et je viens tout juste de vous démontrer qu'il va dépasser le million. Vous voulez deux cent mille dollars pour l'année, en quatre tranches. Cela signifie que vous devez démarrer avec un inventaire de cinquante mille dollars au prix de détail. La commande coûtera donc trente mille dollars et nous réinvestirons un dixième de cette somme dans la publicité. C'est la commande dont vous avez besoin. Quand voulez-vous que nous vous l'expédions?

Nous avons fixé une date, puis le président a laissé tomber son pinceau pour prendre son stylo afin d'apposer sa signature sur la ligne pointillée.

Vous aurez constaté que la perspective que nous avions brossée ensemble n'avait rien d'utopique. Vous ne pouvez pas tremper votre pinceau dans une hyperbole et espérer ainsi établir un rapport durable avec un client. Le président a choisi les couleurs qu'il voulait employer quand il m'a détaillé ses besoins. J'ai décidé du panorama que nous allions immortaliser en lui révélant le chiffre d'affaires que nous comptions atteindre à Kansas City, cette année-là. Ensuite, nous avons décidé que notre peinture se fonderait sur des chiffres (ceux de l'année précédente) et sur la logique (une publicité accrue doit entraîner une hausse des ventes). Ensemble, nous avons peint la perspective qu'il souhaitait voir. C'était la matérialisation de son rêve. Il s'est absorbé dans sa contemplation, puis je l'ai ramené à la réalité en lui disant quels étaient exactement les moyens (un inventaire de trente mille dollars) qui lui permettraient de concrétiser ses espoirs. Dès cet instant, les chiffres ont cessé d'être un obstacle. D'ailleurs, ils ne nous servaient plus à rien, le président ne contemplait plus que sa perspective...

Lorsque vous êtes certain d'avoir emporté l'affaire, prenez un bulletin de commande et remplissez-le. Et tant que le marché n'a pas été conclu, ne laissez pas votre client y jeter ne fût-ce qu'un coup d'oeil. Le bon de commande est un pistolet. Il devrait toujours être chargé et vous ne devriez dégainer qu'au moment de vous en servir.

Le fait que votre client passe une commande signifie que vous avez atteint votre but. Ne gâchez pas tout en prolongeant indûment l'entretien. Si vous continuez à vendre après la conclusion du marché, vous risquez de vous retrouver les mains vides. L'un de mes vendeurs, chez Playtex, souffrait de ce mal chronique. Il me rendait fou. Un jour, l'un des acheteurs de la société May était sur le point de signer une importante commande lorsque ce vendeur a laissé échapper:

— Et si ce bustier vous plaît, attendez donc de voir le nouveau bustier trois-quarts que nous allons lancer le mois prochain! Il est fantastique!

À ces mots, l'acheteur a laissé choir son stylo et il a répliqué:

— Ah bon! Eh bien! dans ce cas, il vaudrait peut-être mieux que j'attende d'avoir vu ce nouveau modèle avant de commander une trop grande quantité des anciens. Je veux voir l'effet que ce bustier aura sur le marché et je n'ai pas la moindre envie de me retrouver avec une marchandise passée de mode sur les bras. Je vais diminuer ma commande de soixante-quinze pour cent. J'aurai ainsi un stock suffisant jusqu'à la sortie du nouveau modèle.

C'était une gaffe on ne peut plus coûteuse. Le vendeur venait de voir disparaître une proportion importante de sa commission, sans parler des frais médicaux dont il a probablement dû s'acquitter. Il paraît qu'une équipe de chirurgiens aurait passé toute la nuit à tenter d'extraire de son pied l'énorme épine qu'il s'y était enfoncée...

Vous avez fait de votre mieux. Vous avez répondu à toutes les critiques formulées contre votre projet, mais vous n'avez toujours pas de commande. Ne vous découragez pas. Vous reviendrez à la charge une autre fois. J'ai personnellement appris que la persévérance comporte souvent ses propres récompenses.

En 1954, je vendais les cosmétiques Harriet Hubbard Ayer pour Lever Brothers. Nous avions passé la majeure partie du mois de juillet, dans le Sud, à promouvoir les ventes des produits conçus spécialement pour Noël. Cette gamme se composait de divers cosmétiques, dont des rouges à lèvres sous emballage spécial des fêtes.

Dès mon arrivée à York, dans l'Alabama, j'étais allé à la pharmacie Rexall de l'endroit. Après avoir traîné mes grosses valises d'échantillons à l'intérieur, j'ai dit à la vendeuse assise derrière le comptoir que je voulais voir le Dr Bill. Dans cette région du Sud, presque tous les pharmaciens portaient le titre de docteur quoique, d'après moi, ils ne devaient pas être bien nombreux à posséder une véritable formation médicale. Mais les médecins étaient une gent si rare dans ces régions que les pharmaciens remédiaient eux-mêmes aux petits ennuis de santé de leurs concitoyens.

Le docteur Bill était au sous-sol, où il préparait une version de Hadacol, un élixir qui ressemblait au sirop à la cerise contre la toux et qui avait le même effet qu'un bourbon de qualité inférieure. Cette potion avait la réputation de pouvoir guérir quelqu'un de n'importe quoi. Je pense personnellement que ce n'était pas forcément le cas, mais que si l'on en prenait suffisamment, on était assuré d'oublier illico presto ses petits malaises.

J'ai rejoint le bon docteur dans son officine, je me suis présenté et j'ai ajouté que j'étais attaché à la filiale Harriet Hubbard Ayer, de Lever Brothers. Le Dr Bill se souvenait de cette filiale alors qu'elle était encore une société indépendante pendant les années 1930. Il m'a demandé ce que je voulais et je me suis lancé dans mon boniment en lui expliquant dans quelles circonstances Lever Brothers avait acquis la société Ayer et en lui décrivant l'importante offensive publicitaire que nous escomptions lancer pour Noël. Je lui ai décrit en gros les annonces qui paraîtraient dans les principaux magazines et journaux de tout le pays. Tout ce baratin n'a pas semblé impressionner le Dr Bill. En me dévisageant par-dessus ses lunettes sans monture, il m'a dit:

— Je ne sais pas, mon garçon. Moi, je vends les produits Elizabeth Arden et je m'en trouve fort bien. Je ne vois pas pourquoi je prendrais autre chose. Enfin, montrez-moi ce que vous avez et j'y penserai.

J'ai sorti mes échantillons. C'était un épouvantable gâchis. Il devait bien faire 45°C à l'ombre et les cosmétiques étaient en train de fondre plus vite que moi, ce qui n'était pas peu dire car j'étais moi-même à deux doigts de succomber à un coup de chaleur.

Apparemment insensible à la chaleur, le Dr Bill prenait son temps pour examiner la marchandise. Comme elle était en piteux état, je tentais d'attirer son attention sur le papier d'emballage que je faisais miroiter à la lumière:

— Regardez ce papier, vous ne trouvez pas qu'il chante?

Sur quoi le Dr Bill m'a lancé:

— Oui, en effet, mais je n'ai pas envie d'entendre cette chanson. Je ne crois pas que vos produits me conviennent. Je suis satisfait de ce que j'ai déjà, mais si votre campagne est fructueuse et que j'ai quelques demandes pour vos produits, je vous en commanderai. Quoique, si j'étais à votre place, je n'y compterais pas trop. Personne ne m'en a réclamé depuis des années.

138

J'ai voulu revenir à la charge, mais le Dr Bill m'a fait comprendre que sa réponse était définitive. J'ai donc emballé mes échantillons et je me suis traîné jusqu'au rez-de-chaussée. La dernière chose que j'ai entendue après avoir franchi le seuil et avoir mis ma voiture en marche, ont été ces mots de la vendeuse:

— Contente de vous avoir rencontré. Revenez vite nous voir!

En moi-même, je pensais: «Tu peux y compter!»

Je suis revenu quatre fois au cours des trois mois suivants. À trois reprises, j'ai eu droit à la même réponse négative. Mais je n'y renonçais pas pour autant. À la quatrième tentative, je venais à peine de commencer mon petit laïus que le Dr Bill m'interrompait:

— Écoutez, mon garçon, je vous ai vu venir ici et ne repartir plus de fois que je ne puis les compter. J'ai beau vous mettre dehors, vous revenez quand même. Pour vous, «non» ce n'est pas une réponse. Eh bien, si vous avez tellement confiance en vos produits que vous continuez à vous déplacer jusqu'ici, je pense que je pourrais prendre quelque risque. Sortez votre carnet de commandes et parlons affaires.

Sa commande valait à peine deux cents dollars, mais je n'aurais pas été plus heureux s'il m'en avait acheté dix fois plus. Il est impossible de fixer un prix à la satisfaction qu'on éprouve quand la persévérance porte enfin ses fruits.

J'aimais bien visiter les petits magasins comme celui du Dr Bill. Tout le monde voulait avoir de gros clients comme Macy's. Moi aussi d'ailleurs, mais je savais qu'avec soixante petits commerces je pouvais atteindre le même chiffre d'affaires qu'avec un seul Macy's. En outre, cela me donnait l'occasion d'accumuler davantage de points dans le sport de la vente, parce que je pouvais roder ma présentation dans ces petits magasins avant de prendre contact avec des clients plus importants. C'était pour moi un excellent terrain d'exercice. Quand j'arrivais chez Macy's ou chez Gimbels, j'avais une très bonne idée du genre de questions qu'on me poserait. Je les avais déjà entendues dans les petites villes, depuis Tupelo jusqu'à Kalamazoo.

En outre, j'avais appris de ces clients mineurs une leçon capitale: *Les affaires se font là où se trouve le vendeur.* La dimension de l'établissement n'a aucune importance. Dès l'instant où vous y pénétrez, il devient le client le plus important du monde. Et, de votre arrivée jusqu'à votre départ, vous devez vous donner à fond. Il n'est pas question de bâcler votre présentation chez le petit pharmacien de quartier, sous prétexte que vous êtes pressé d'aller faire une vente chez Bloomingdale's. D'une part, le propriétaire du petit magasin n'est pas né d'hier. Il saura que vous le traitez comme du menu fretin et il vous en voudra. Dans un domaine où le temps a tellement d'importance, vous perdez le vôtre parce que ce commerçant sera tellement ulcéré que même si vous lui promettez la lune, il n'en voudra pas. Sans compter que vous aurez du mal à vous défaire des mauvaises habitudes de travail que vous aurez prises de cette façon. Elles vous trahiront inévitablement auprès de vos clients plus importants.

Je me suis toujours assuré d'avoir tout le temps voulu devant moi pour conclure une affaire. Sinon, je prolongeais ma visite. Cette habitude remonte à l'époque où j'étais allé voir une petite mercerie de Saint-Louis. Les gaines et soutiens-gorge Playtex s'y vendaient bien et le propriétaire voulait augmenter ses stocks. J'avais prévu le rencontrer trois heures avant mon rendez-vous avec l'acheteur de Famous-Barr, le grand magasin le plus important de la ville. Tout se déroulait fort bien à la mercerie, si bien, en fait, qu'au bout de deux heures nous n'avions toujours pas terminé. Je savais qu'il me serait impossible d'arriver à temps à mon autre rendez-vous, si je ne partais pas immédiatement. Me suis-je excusé avant de filer en vitesse? Non. J'ai préféré parler de ce rendez-vous au commerçant, en prenant soin de lui préciser de qui il s'agissait, puis je lui ai demandé si je pouvais me servir de son téléphone. Quand j'ai eu l'acheteur du grand magasin au bout du fil, je lui ai expliqué que j'étais retenu et je me suis excusé. Nous avons ensuite pris rendez-vous pour le lendemain matin. Cette question réglée, j'ai rejoint le mercier et nous avons continué. Au début de notre entrevue, ce monsieur avait témoigné beaucoup d'intérêt pour ma marchandise, mais après mon coup de téléphone, il était doublement disposé à traiter avec moi. Par ce simple appel, je lui avais fait comprendre que j'attachais de l'importance à sa clientèle. J'ai vu beaucoup de vendeurs s'interrompre au milieu d'une présentation et déclarer: «Je suis désolé, mais j'ai un autre rendez-vous. Si vous voulez, je reviendrai terminer demain.» Si je suis un acheteur et que je me trouve dans cette situation, je ne pourrai que penser: «Le diable t'emporte! Ton autre rendez-vous est plus important que celui-ci? Parfait. Alors contente-toi de leur clientèle.» Autrement dit, si vous avez mieux à faire que de me vendre vos produits, moi, j'ai mieux à faire que de vous les acheter.

Le temps devrait être le plus sûr allié du vendeur. Il ne devient son ennemi que s'il est mal employé. L'un des défauts les plus courants des vendeurs novices est leur propension à perdre du temps. J'ai déjà dit qu'à l'époque où j'étais vendeur pour Lever Brothers, je refusais de tenir compte de l'heure. Non seulement je travaillais le samedi, mais j'avais pris l'habitude de me consacrer à ma tâche douze heures par jour. Je me levais à sept heures tous les matins et je tenais à être habillé et prêt à partir à huit heures, pour pouvoir arriver vers huit heures trente chez mon premier client. Je me contentais, pour le petit déjeuner, d'une tasse de café ou d'un jus d'orange, ou parfois, si mon estomac réclamait son dû avec trop d'insistance, j'avalais la moitié d'un petit pain beurré avant de franchir le seuil.

Je ne prenais une pause qu'au moment du déjeuner: un lait frappé pris au vol. Quand j'arrivais chez un client où plusieurs vendeurs me précédaient, je n'hésitais pas à leur demander quelle était la durée approximative de leur présentation. Cela me permettait d'établir mon ratio Risque-Résultats. Je voulais savoir s'il valait la peine que j'attende. Pour accepter de perdre une heure et demie dans un fauteuil, il fallait que je sois diablement certain de ressortir avec une commande importante. Ce genre de situation se produisait souvent quand je vendais des cosmétiques pour Lever Brothers. La concurrence était très vive dans ce domaine. Je me souviens du jour où j'avais rendez-vous avec l'acheteuse d'une des plus importantes chaînes de magasins du sud des États-Unis. Comme j'arrivais à l'heure prévue, j'ai constaté que six autres vendeurs me précédaient. La réceptionniste s'est excusée pour ce retard et a expliqué que la journée avait été particulièrement mouvementée et que les entrevues avaient été décalées. Néanmoins, toutes les personnes qui avaient un rendez-vous seraient reçues et disposeraient chacune de quinze minutes pour traiter de leurs affaires.

Nul besoin d'être un génie en maths pour comprendre que j'allais devoir attendre une heure et demie. Je me suis assis et j'ai fait quelques rapides calculs. Même si, de l'avis de tous, ce client était particulièrement intéressant, il vendait déjà les cosmétiques de cinq compagnies rivales. Il ne serait pas disposé à en accepter un sixième lot. Il y avait donc fort à parier que je ne réussirais pas à lui faire passer une commande pendant cette première visite. D'ailleurs, cette visite se voulait être essentiellement une prise de contact. Bien sûr, je me serais coupé en quatre pour vendre quelque chose, mais, au mieux, je

142

ne me serais emparé que d'un sixième de son marché global dans le secteur des cosmétiques. Je me suis convaincu rapidement de prendre rendez-vous pour une date ultérieure avec la secrétaire et je suis allé voir un autre client.

Les intervalles entre deux rendez-vous devraient être employés à bon escient. Il faut savoir en profiter! Supposons que mon entrevue avec un client s'est terminée plus tôt que prévu. Je ne dois rencontrer le prochain, peut-être à dix minutes de là, que dans une heure. La plupart de mes concurrents profiteraient de ce répit pour s'offrir un bon repas. Pour ma part, j'estimais préférable de consacrer ce temps à examiner les magasins des environs. J'entrais dans une boutique et j'observais la façon dont nos produits étaient présentés. Je comparais leur présentation à celle des produits concurrents. Je passais ensuite un moment à bavarder avec les vendeurs, eux qui sont au coeur de l'action, afin de me renseigner sur les réactions des clients vis-à-vis de notre marchandise. Qu'est-ce qui leur plaisait et, ce qui est plus important encore, qu'est-ce qui leur déplaisait?

Cette inspection avait au moins trois raisons d'être. D'abord, elle me permettait de recueillir de première main des opinions impartiales sur les points forts et les points faibles de chacun des produits que je représentais. Ensuite, je gardais la concurrence à l'oeil. À l'aide de quelques questions adroites, je pouvais établir un bilan officieux des ventes de nos produits respectifs. Tout élément particulier à notre produit était aussitôt intégré à ma présentation. Enfin, je tissais ainsi quelques liens personnels avec ceux qui vendaient ma marchandise au grand public, ce qui me conférait un avantage supplémentaire par rapport à mes rivaux. Si un client désire acheter un dentifrice, mais ne sait quelle marque choisir, il y a de fortes chances pour qu'il demande conseil à un vendeur. Comme il y a très peu de différences entre les grandes marques sur le plan de la qualité et du prix, quelle pâte dentifrice le vendeur recommandera-t-il? Celle du représentant qui vient régulièrement et fait suffisamment de cas de l'opinion du vendeur pour lui poser des questions sur son produit, ou celle de l'autre, presque un inconnu, qui ne s'occupe plus de rien dès qu'il a obtenu une commande?

Je consacrais aussi mes heures de liberté à repérer les commerces qui ne vendaient pas encore nos produits. Un entrepreneur doit toujours voir de plus en plus grand. Une partie de son travail consiste à lancer d'autres affaires. Si, dans une pharmacie, je ne trouvais pas les cosmétiques Harriet Hubbard Ayer, j'en prenais note. Je n'avais peut-être pas toujours l'occasion d'entreprendre le siège du propriétaire à ce moment-là, mais soyez assuré que je débarquais chez lui avec ma valise d'échantillons, dès que je revenais dans cette ville. Augmenter son chiffre d'affaires est un moyen infaillible pour se faire remarquer dans une société. À l'époque où j'étais encore vendeur, je ne me souciais jamais de calculer la commission que j'allais toucher pour telle ou telle commande. J'ai toujours considéré que je travaillais pour la société et que mon premier souci devait être à la fois la quantité de produits que je vendais et les résultats qu'en retirait le détaillant. Nous avions, chez Playtex, un vendeur qui avait hérité d'un très gros client au moment où on lui avait assigné un territoire et qui se contentait de ce grand magasin. Ses résultats, chaque année, étaient excellents, mais cela n'avait rien d'étonnant. Avec un géant pour cautionner son territoire, il lui aurait fallu être particulièrement nul pour obtenir des chiffres à tout le moins sensationnels.

La plupart de ses collègues voyaient son bilan et s'exclamaient: «Bon sang! Ce type-là doit être un sacré bon vendeur!» J'étais loin d'en être convaincu. Les autres n'avaient pas remarqué que, sur une période de deux ans, ce surhomme n'avait déniché que quelques rares nouveaux clients. Par contre, il y avait un autre vendeur dont le minuscule territoire se composait de cinquante petits magasins. Son plus gros client n'achetait même pas pour dix mille dollars par année. Mais cela n'avait pas empêché notre homme d'aller chercher cinquante autres magasins dans son territoire. En moins de dix mois, il avait doublé le nombre de ses acheteurs. Dès que l'occasion s'est présentée, je l'ai transféré dans un territoire plus vaste, où il a répété son exploit. Ce vendeur a connu une rapide ascension chez Playtex. L'autre représentant, satisfait de se laisser porter par un client qu'il avait pour ainsi dire gagné à la loterie, n'est pas allé très loin. Son manque de conscience professionnelle l'a empêché d'accéder à un poste de direction. On l'a délaissé en faveur de gens plus dynamiques qui ne craignaient pas de se dévouer à la croissance de la compagnie. Bientôt, le chiffre d'affaires qu'il devait à son gros client a commencé à baisser. En fait, il n'avait jamais fait grand-chose pour entretenir cette clientèle, si ce n'est une visite de temps à autre et l'effort de remplir un bulletin de commande. Aussi, quand le vent a tourné, ce qui est parfois inévitable dans le domaine de la vente, il n'avait pas la moindre idée de la façon dont il aurait pu s'y prendre pour remonter la pente. Six mois plus tard, il était muté dans un territoire plus petit. Rien n'aurait pu être plus catastrophique pour une personne aussi dépourvue d'ambition. Trois mois après son transfert, ce vendeur quittait la compagnie.

Peu importe la façon dont ma journée se déroulait, elle ne se terminait jamais avant la fermeture du dernier magasin, c'est-à-dire vers vingt et une heures. Chez Lever Brothers, j'étais tenu de remplir mes bulletins de commande à la fin de chaque journée, puis de les faire parvenir au responsable. Mais j'ai bien peur de ne pas m'être souvent conformé à cette règle. Je préférais plutôt

145

me récompenser de mes efforts en m'offrant le meilleur repas que mes moyens puissent me permettre. Je rentrais ensuite dormir à l'hôtel, ou je partais pour la ville suivante. Mon raisonnement, était simple. Si mes affaires m'obligeaient à rester au même endroit, je tenais à être frais et dispos pour le lendemain. Dans le cas contraire, je voulais quitter les lieux au plus tôt afin de pouvoir me mettre au travail de bonne heure. La rédaction des commandes pouvait bien attendre jusqu'au dimanche.

Cette méthode de vente m'a aidé à m'imposer. Je n'avais pas besoin d'être excellent pour réussir. La plupart de mes succès étaient plutôt le fruit de l'entêtement que du talent. Après tout, je travaillais douze heures par jour et six jours par semaine. Beaucoup de mes collègues en faisaient moins de la moitié. C'était le temps que je consacrais à mon travail qui faisait la différence entre moi et le reste du peloton.

J'ai tenté, dans ce chapitre, de tracer quelques-unes des lignes directrices susceptibles de vous aider à réussir dans la vente. Mais aucune n'est une vérité absolue. La vente est un art et l'entrepreneur qui s'y essaie ne devrait surtout pas réprimer sa créativité. La méthode qui vous conviendra le mieux est celle qui produira des résultats. Vous trouverez à coup sûr que certaines des tactiques ingénieuses dont j'ai été témoin lorsque je faisais ma tournée pour Lever Brothers et pour Playtex sont à peine croyables.

Ainsi, j'ai connu un vendeur, John Henry James, qui était attaché à une autre firme de cosmétiques. Il mesurait deux mètres et pesait cent dix kilos. Il était également le seul vendeur de ma connaissance à posséder limousine et chauffeur. James prenait place sur la banquette arrière et sirotait des whiskies glacés à la menthe, pendant que son chauffeur le conduisait d'un magasin à l'autre. À chaque arrêt, le chauffeur descendait et dérou-

146

lait un tapis rouge de la portière à l'entrée du magasin. Il pénétrait ensuite dans l'établissement et annonçait:

— Mesdames et messieurs, monsieur John Henry James est arrivé!

James faisait alors son apparition comme s'il se fût agi d'un personnage de Noël Coward. Il était toujours tiré à quatre épingles. Le chauffeur se précipitait vers la limousine et revenait après quelques instants avec les échantillons de John Henry. Devant une arrivée aussi spectaculaire, les acheteurs et les propriétaires de magasin étaient anéantis avant même que John Henry n'ait prononcé un seul mot. Ensuite, ouvrant sa valise d'un geste théâtral, James se tournait vers son client en puissance et proclamait d'une voix de baryton:

— Je crois bien qu'aujourd'hui nous allons conclure des affaires.

Neuf fois sur dix, il avait raison. Dans le Sud, James était déjà une légende de son vivant. On prétendait que personne n'avait encore inventé un produit qu'il n'aurait pas réussi à vendre. C'était là, par-dessus tout, un hommage à son magnétisme. Les gens aimaient faire affaire avec lui. C'était un fournisseur honnête et un homme attachant, capable d'amener une rose à s'ouvrir plus tôt en lui comptant fleurette. Et les arrivées spectaculaires qui étaient devenues sa marque de commerce n'affectaient nullement le mythe qui l'entourait. Une fois qu'on l'avait vu, on ne risquait pas de l'oublier et on attendait son retour avec impatience afin de pouvoir le regarder de nouveau.

James avait son pendant dans le Midwest. Il se nommait Bob Englud, mais il était mieux connu sous le nom de «Manteau de fourrure», parce qu'il arrivait toujours chez un client vêtu d'un manteau de raton laveur. Ni le climat ni l'époque de l'année n'avaient d'effet sur son sens de la mode. Votre boutique se serait trouvée en plein milieu du Sahara qu'Englud serait quand même apparu enveloppé de son manteau de fourrure. Et, phénomène inexplicable, malgré la pire des canicules, Englud semblait incapable de transpirer. Quand, abasourdi, on lui posait des questions à ce sujet, il répondait:

— Vous savez, mon vieux, je suis un homme de sang-froid.

J'ai eu l'occasion de le rencontrer lors d'un congrès et la première chose que je lui ai demandé a été pourquoi il portait toujours son manteau. Il a eu un petit éclat de rire avant de me répondre:

— Alors, vous croyez vraiment que c'est un manteau de fourrure, hein? Eh bien! laissez-moi vous dire qu'il n'en est rien. C'est un briseur de glace. Combien de fois vous est-il arrivé d'entrer dans le bureau d'un nouveau client sans savoir quoi dire pour engager la conversation? Personne n'aime parler affaires à brûle-pourpoint. Moi, quand je me présente, vêtu de ce manteau de raton laveur, je ne me demande pas si nous allons parler de sport, du dernier film ou de la situation du pays. Je sais autour de quoi tournera cette première conversation parce que j'en ai le sujet sur le dos. De plus, il y a environ neuf milliards de vendeurs dans ce pays. Chaque acheteur, ou presque, que nous visitons en reçoit tellement chaque jour qu'il est incapable de se souvenir d'eux, à moins qu'ils ne portent un dossard et qu'ils n'aient une fiche de pointage. Ce manteau, c'est mon dossard et avec ça personne n'a besoin de carte. Ils savent tous que c'est Bob Englud qui arrive et ils savent aussi de quoi je vais leur parler. Dès qu'ils voient ce manteau, ils sont prêts à parler affaires. J'admirais le cran de Bob, mais quand il a ajouté que ce manteau l'aidait à obtenir des commandes, je suis demeuré un tantinet sceptique. Mine de rien, je lui ai demandé comment s'était passé son année. Les chiffres qui ont franchi ses lèvres ont balayé tous mes doutes et m'ont poussé à lui demander l'adresse de son tailleur.

Les garde-robes voyantes, les limousines et les chauffeurs n'étaient pas tout à fait mon genre, mais des hommes comme John Henry James et Bob Englud m'ont appris que je n'avais pas à craindre de faire sensation dans mes rapports avec les clients. Un entrepreneur ne doit pas réprimer ses élans de fantaisie. Ne vous contentez pas d'une présentation qui serait tout bonnement acceptable. N'importe qui est capable, avec un peu d'entraînement, de réciter un boniment. Faites en sorte que le vôtre soit mémorable.

À l'époque où nous avions mis tout en branle pour lancer la fameuse gaine avec fermeture à glissière durant l'historique semaine de ventes relatée au chapitre 2, nous avions joué toutes nos cartes. Nous étions arrivés avec des tableaux, des graphiques et une campagne de publicité monstre. Nos commandes étaient remplies avant même d'avoir été passées. En insistant pour que l'acheteur mais aussi le directeur du marketing et le président du magasin soient présents lors de notre réunion, nous laissions entendre que nous vendions bien autre chose qu'un simple article. Cette semaine-là, j'ai «peint des perspectives» des deux mains. J'ai déjà raconté que certains acheteurs avaient été tellement fascinés par notre démonstration qu'ils avaient passé commande sans même se donner la peine de voir la gaine. Nous l'avions avec nous, bien sûr, mais nous voulions tenter de conclure les ventes sans avoir à la montrer. C'était là le principe même de la vente de concept. Nos gaines Playtex étaient emballées dans des tubes. C'était là le fruit d'une réflexion poussée. On ne peut pas les ranger sur des comptoirs ou des étagères, ils rouleraient et tomberaient par terre. La forme tubulaire de l'emballage obligeait donc les propriétaires de magasin à exposer notre marchandise sur des présentoirs spéciaux que nous avions baptisés «Fontaines de Jouvence». Cela signifiait que, dans tous les magasins ou rayons de lingerie qui la vendraient, il était on ne peut plus certain que la gaine Playtex serait placée bien en évidence. Quand un acheteur demandait à voir la gaine avec fermeture à glissière, nous prenions un tube, nous nous dirigions vers la première corbeille à papier et nous le vidions au-dessus de celle-ci. Le tube, duquel devait jaillir une gaine, déversait du sable. Se tournant vers l'acheteur et les autres spectateurs, celui d'entre nous qui se livrait à cette démonstration disait:

— Vous n'avez pas acheté une gaine, vous avez acheté un concept. La gaine et sa fermeture n'ont que peu d'importance. Si ce n'était pas un article de première qualité, nous ne la vendrions pas.

Cela peut sembler invraisemblable comme méthode, mais, vous me croirez si vous le voulez, personne ne s'en est offusqué. Au contraire, tout le monde avait l'impression d'assister à un événement et l'enthousiasme déjà délirant montait encore d'un cran.

Nous admirons les gens qui prennent des risques. Un jour, un homme s'est présenté chez Remington et a demandé si je pourrais lui accorder quelques minutes d'entretien. Après un moment, j'ai compris qu'il n'était pas là pour me vendre un produit ou un service, comme je m'y attendais d'abord. Il était là pour me vendre l'idée de l'embaucher. J'ai parcouru son curriculum vitae, bavardé quelques minutes avec lui et, finalement, lui ai dit qu'il n'y avait aucun poste ouvert pour l'instant. Je lui ai aussi conseillé de rester en contact avec moi; si quelque chose se présentait, je penserais très certainement à lui. En temps normal, ces mots auraient conclu l'entretien. Mais ce gars-là ne lâchait pas prise aussi facilement. Au lieu de se lever et de prendre congé, il est resté assis et m'a fait l'une des offres les plus incroyables que j'aie jamais entendues:

— Je crois, me dit-il, qu'il y a certainement un poste pour moi, ici, mais que vous l'ignorez. Et si vous l'ignorez, c'est tout simplement qu'il n'est pas encore créé. Je vous propose un marché. Vous me laissez travailler ici pendant un mois, sans me verser la moindre rémunération, et je vous parie qu'en échange de ce travail gratuit, je réussirai en trente jours à me trouver quelque chose au sein de votre compagnie.

Que pouvais-je dire? Il n'était pas facile de refuser une proposition qui témoignait d'autant de véritable esprit d'entreprise. J'ai donc accepté les conditions de ce jeune homme. Trente jours plus tard, il est revenu me voir. Il avait préparé un rapport dans lequel il relevait certaines lacunes dans l'un des départements de la société, et il proposait des solutions susceptibles de les combler. Il terminait ainsi son exposé:

— Vous admettrez, je pense, que j'ai choisi un secteur qui nécessite l'attention de quelqu'un. Je crois que je suis l'homme qu'il vous faut.

Il n'avait pas besoin d'en dire davantage. Comme on dit dans le jargon du métier, il avait obtenu la commande. Je l'ai immédiatement engagé et je dois admettre que je l'aurais fait de toute façon dès qu'un poste serait devenu vacant, même s'il n'avait pas créé lui-même son emploi. Les personnes douées d'un tel esprit d'initiative ne courent pas les rues. Si l'on en rencontre une, il faut se l'attacher à tout prix.

Quand un vendeur fait sa tournée, il a tout le temps de songer à des discours originaux. Il peut également en profiter pour élargir son horizon. Personnellement, je n'étais pas moi-même un mordu de la tournée, même si j'adorais relever chaque défi qui se présentait. En fait, j'ai l'esprit de famille et je n'aimais pas passer trop de temps loin de ma femme et de mes enfants. C'est en partie pour cela que je plongeais tête première dans le travail. Je voulais oublier ma solitude et être certain d'avoir l'esprit libre lorsque j'aurais enfin quelque loisir, une fois rentré chez moi.

La vie en tournée n'a rien d'agréable. Le vendeur passe énormément de temps à aller d'une chambre plus ou moins attirante à une autre qui ne l'est guère plus, à avaler des mets d'une qualité douteuse et à faire et refaire sa valise. Tous les jours, il essuie des revers. Dans mon cas, j'essayais de tirer le meilleur parti possible de la situation en étudiant les particularités de chaque ville ou de chaque pays que je visitais. J'étais fasciné par l'histoire et les coutumes des diverses personnes qui faisaient affaire avec moi et je crois que le fait d'en savoir plus long sur leurs traditions me permettait d'être un meilleur vendeur. Avant d'aller en Chine comme délégué de l'industrie de la joaillerie, vers le milieu des années 1970, j'ai lu tout ce que j'ai pu sur les grandes dynasties qui avaient dirigé cet immense pays. Pendant mon séjour en République populaire, j'ai vu la Grande Muraille et j'ai visité des temples et des communes. Je me suis imprégné de la réalité chinoise et cela a été une expérience inoubliable.

Les distractions, aux États-Unis, n'étaient pas toujours aussi empreintes d'exotisme. Quand je me rendais dans le Dakota du Nord, j'emportais un fusil de chasse. De temps en temps, entre deux villes, je stationnais sur le bas-côté de la route et, en guise de distraction, j'abattais un ou deux faisans. Arrivé à l'hôtel, je payais le cuisinier pour qu'il me les prépare. Je m'offrais ainsi un repas succulent et cette partie de chasse m'évitait de succomber à l'ennui.

Toujours dans le même but, je prenais des auto-stoppeurs. Je le faisais uniquement dans le but d'échanger des anecdotes de voyage. Mais j'ai rapidement mis fin à cette habitude après avoir laissé monter deux types près d'un bled perdu, quelque part en Louisiane. Ils avaient l'air très bien, on les aurait facilement pris pour des étudiants de bonne famille. Ils étaient à peine assis dans l'auto que l'un d'eux a sorti un couteau de chasse et a commencé à se nettoyer les ongles. Il avait la même expression égarée que Richard Widmark, dans *Le baiser de la mort*. Il a alors commencé à m'expliquer avec quelle habileté il savait manier son couteau et quelle sensation peu commune on ressentait en écorchant quelque chose. J'avais l'impression très nette qu'il ne parlait ni d'un cerf, ni d'une antilope, ni d'un quadrupède quelconque. Chaque fois qu'il me regardait, il semblait se demander de quoi j'aurais l'air, empaillé et suspendu au mur de son salon. J'en ris maintenant, mais je n'en menais pas large à l'époque. Il n'y avait pas un chat à des kilomètres à la ronde. Quand, finalement, ils sont arrivés à destination, j'ai éprouvé un soulagement incroyable. Je ne sais s'ils avaient décidé de se payer ma tête, mais je puis vous garantir qu'ils ont été les derniers auto-stoppeurs à monter dans ma voiture. Par la suite, je me bornais, pour me changer les idées, à écouter la radio ou à me parler à moi-même.

Pendant ces soliloques, je me demandais parfois pourquoi je m'imposais une pareille vie. La réponse ne tardait guère. C'était parce que, en tant qu'entrepreneur, je considérais déjà que le métier de vendeur était l'un des plus nobles qui soient. Le vendeur traite d'égal à égal avec quelqu'un à qui il tente de faire partager son propre enthousiasme pour un produit ou un service. Il ne peut compter sur personne d'autre durant cette démarche. En fait, il se trouve à peu de chose près dans la même situation qu'un boxeur qui, solitaire sous l'éclat implacable et nu de puissants projecteurs, attend de justifier ou de répudier le choix de sa carrière. Joe Louis, l'ancien champion poids lourd, avait dit un jour à propos de l'insaisissable Billy Conn: «Il peut courir, mais il ne peut pas se cacher.» Il en va de même du vendeur. Aucune excuse ne pourra masquer un échec. La façon de compter les points est trop simple. Ou vous avez obtenu une commande ou vous ne l'avez pas obtenue. Les échecs sont nombreux et ils sont douloureux. Mais si vous avez l'âme d'un champion, vous prendrez votre revanche et ce sera le triomphe. Il n'en tient qu'à vous de remporter la victoire, et c'est cette victoire qui fait que tout le reste en vaut la peine.

5

Démarrages

CEUX d'entre vous qui connaissent le théâtre de Tennessee Williams seront peut-être contents d'apprendre que le tramway nommé Désir existe réellement. L'un de ses arrêts se situait à quatre rues seulement de chez moi, quand j'habitais à la Nouvelle-Orléans. Mais les nuits éthérées de la Louisiane et le bruit de ferraille de l'impétueux Désir qui fonçait dans les rues à toute vitesse étaient loin de m'inspirer des histoires atroces semblables à celles de Stanley Kowalski et de Blanche DuBois. Il me semble au contraire que cette ambiance incitait la muse des entrepreneurs à se pencher sur mon épaule et à me chuchoter des conseils qui m'ont entraîné sur la voie que je n'ai pas cessé, depuis, d'emprunter.

J'avais huit ans lorsque je me suis lancé dans ma première entreprise. Mon grand-père m'avait donné cinq dollars et je les avais utilisés pour acheter cent bouteilles de Coca-Cola. Normalement, si un gamin de huit ans achetait une centaine de bouteilles de boisson gazeuse — quoique cela ne soit pas très fréquent —, il en résulterait des coliques épouvantables. Mais je n'avais pas acquis toutes ces bouteilles pour en siroter le contenu; il me les fallait pour lancer ma première affaire.

J'avais constaté que les gens qui passaient devant chez moi, en rentrant du travail à la fin de la journée, semblaient ne plus pouvoir faire un seul pas sans le secours d'une boisson rafraîchissante. À l'époque, je n'en avais sans doute pas conscience, mais quand j'y repense maintenant, je m'aperçois que j'avais su reconnaître un besoin. Mes voisins mouraient d'envie de boire quelque chose de frais. Si je pouvais leur donner satisfaction, ils accepteraient volontiers de me payer pour ce service.

Avec l'aide de mon grand-père, je rapportai mon stock de bouteilles à la maison et réquisitionnai la glacière pour fabriquer autant de glaçons que la cuve à lessive de ma grand-mère pouvait en contenir. Cette cuve constituait le récipient idéal pour tenir au frais les bouteilles remplies d'un liquide foncé, couleur caramel, qui représentaient ma première incursion dans le monde de la haute finance. Toutefois, avant d'aller plus loin, il me fallait décider d'un prix pour ma marchandise. Peu au fait des aléas de la vente au détail, je n'avais pas la moindre idée de ce que je pourrais demander. Finalement, dans ma naïveté teintée de hardiesse, j'optai pour un bénéfice net de cent pour cent. Les bouteilles de Cola me coûtaient cinq cents pièce, j'allais donc les revendre dix cents.

Le premier jour, j'ai fait des affaires d'or et elles n'ont pas cessé de grimper tout le reste de la semaine. On aurait juré que j'étais en passe de devenir un Rockefeller en culottes courtes. En tout cas, mon grand-père, lui, en était convaincu. C'est pourquoi, quand j'ai eu vendu tout mon stock, il a été sidéré de voir qu'il ne me restait en tout et pour tout que quatre dollars comme prix de mes efforts. J'avais travaillé à perte! Tout d'abord, grand-père croyait que j'avais bu ma marchandise, mais je l'assurai du contraire. En effet, j'avais renoncé à ma part de profit en ne faisant pas payer les pauvres diables qui n'avaient pas de quoi s'offrir un verre. Seuls quelques-uns de mes clients étaient capables de débourser dix cents pour une bouteille de Coca-Cola. La plupart ne pouvaient même pas donner les cinq cents qui m'auraient permis d'atteindre le seuil de la rentabilité, et la chaleur était si torride que je n'avais pas le coeur de les

156

laisser repartir les mains vides. Avec une pareille gestion, il n'était donc pas étonnant que ma première affaire se soit soldée par un échec financier. Mais elle m'a tout de même valu la considération de tout le voisinage.

Ma deuxième entreprise a connu plus de succès. Alors que j'étais en première année du secondaire, je possédais un avion miniature qui faisait l'envie de l'école entière. Tous mes camarades rêvaient d'en posséder un semblable. Cependant, il n'y avait dans notre quartier qu'une seule boutique qui vendait ce modèle-là. Je l'avais découverte, perdue à l'écart de tout, un jour de vagabondage. Comme j'étais le seul à la connaître, je devenais également le seul à pouvoir procurer le jouet tant convoité à mes camarades. Conjoncture idéale pour un entrepreneur, on en conviendra! Alors je prenais les commandes le vendredi, j'achetais les avions pendant le week-end et je les rapportais à l'école, le lundi. Les maquettes coûtaient cinquante cents. Tenant compte du temps consacré à l'approvisionnement et à la livraison ainsi que de la loi de l'offre et de la demande, je décidai de porter leur prix à quatre-vingt-dix cents. Chaque avion me rapportait donc quarante cents. Et plus les élèves en achetaient, plus les modèles réduits devenaient un symbole de prestige social. Quelques-uns en possédaient même trois ou quatre. J'ai certainement dû en vendre une bonne centaine avant que la demande ne tarisse.

On me pardonnera ce calembour, mais mes deux premières entreprises n'étaient qu'un jeu d'enfant à côté de la troisième. À ma sortie de la marine, en 1947, j'étais retourné à Yale pour terminer la dernière année qui me manquait afin d'obtenir mon diplôme. Mais 1948 ne fut pas particulièrement faste pour les chercheurs d'emploi. Les anciens combattants qui rentraient peu à peu du front avaient envahi le marché du travail et les industries qui tournaient à plein durant le conflit avaient dû réduire leur production, puisque la paix était revenue. Moi qui venais tout juste de subir le régime rigoureux de la marine, puis celui de Yale, je n'avais pas la moindre envie de me casser la tête à chercher du travail qui n'existait pas. En outre, j'avais besoin de vacances. Grâce à mes deux années de privations dans la marine, je pouvais me prévaloir du G.I. Bill* qui allait me permettre de poursuivre mes études à la prestigieuse Sorbonne, aux frais de l'Oncle Sam. C'est ainsi qu'avec quelques camarades animés du même esprit que moi nous avons décidé de partir pour l'Europe où nous tâterions de l'aventure, en attendant de savoir quoi faire de nos vies.

Trois d'entre nous s'envolèrent pour Paris, dans le cadre du programme de la Youth Hostel Organization. Outre ce qui me restait de ma solde, j'allais toucher soixante-quinze dollars par mois en qualité de vétéran-étudiant inscrit à la Sorbonne. C'était un revenu considérable pour 1948 et, la dévaluation du franc aidant, je pouvais mener une vie relativement aisée. À tel point, du reste, qu'en mettant nos fonds en commun, mes camarades et moi avons réussi à nous acheter une voiture. Après avoir fait le tour de la ville, nous avons mis la main sur une Simca Huit en très bon état, une berline quatre portes qui ressemblait beaucoup à une Fiat. Je ne crois pas qu'elle nous ait coûté plus de mille dollars en devises américaines.

À peine deux mois plus tard, mes deux camarades sont repartis pour les États-Unis, mais j'ai décidé de rester à Paris. Avant leur départ, je leur avais racheté la voiture en m'engageant à les rembourser en six mois. Ce marché n'allait pas tarder à se révéler l'une des meilleures transactions que j'ai conclues de toute ma vie.

---

* Note du traducteur: le G.I. Bill of Rights est une loi permettant aux anciens combattants démobilisés de parfaire leurs études aux frais du gouvernement fédéral.

Paris était une ville excitante en 1948. Dans un effort désespéré pour oublier une guerre qui avait laissé d'innombrables cicatrices, la France tout entière semblait occupée à célébrer la vie qu'elle avait bien failli perdre. Une fois mes amis partis, je me suis installé, avec quatre jeunes Américains rencontrés à la Sorbonne, dans une mansarde de la rive gauche, en plein coeur de Paris. Nous n'avions même pas le strict minimum en fait de meubles et nous dormions par terre, dans nos sacs de couchage. L'appartement était à peine assez grand pour y remiser nos affaires et pour y dormir. Mais aucun de nous ne s'en souciait. Avec un Paris trépidant à notre porte, nous n'avions aucune envie de nous claquemurer.

En bon Américain expatrié, je me laissai pousser la barbe et je me mis à fréquenter les cafés et les musées qui avaient fait la renommée de la ville. Il m'arrivait de déjeuner en compagnie de mes camarades aux Deux-Magots, un café extraordinaire où se réunissaient poètes et artistes. C'est là que j'ai découvert Jean-Paul Sartre et, fasciné par son oeuvre, j'ai assisté à la plupart des conférences qu'il donnait à Paris et dans les villes avoisinantes. C'est à cette époque que le Vieux-Colombier, un club privé, a ouvert ses portes. Précurseur des discothèques, il présentait des artistes comme Sidney Bechet, ce musicien de jazz novateur devenu une légende dans toute l'Europe. Il n'en coûtait que quelques francs pour adhérer à ce club et les Américains y étaient particulièrement les bienvenus.

Accaparé par mes études et par les nombreuses distractions que m'offrait Paris, il me restait peu de temps pour songer à travailler ou à planifier mon avenir. J'étais le prisonnier consentant du moment présent. Aussi est-il juste de dire que c'est le hasard, et non ma propre détermination, qui m'a poussé vers ma première grande aventure financière.

Mon courrier m'était adressé aux bureaux de l'American Express, rue Scribe, dans le centre de Paris. Un jour où j'étais passé le prendre, j'entendis un couple d'Anglais qui s'insurgeait contre le tarif élevé fixé par l'American Express pour la location d'une automobile avec chauffeur. L'agence exigeait trente-cinq dollars par jour et le couple se refusait à payer une telle somme. Leur malheur m'avait laissé indifférent, mais Max Chenier, lui, avait réagi aussitôt.

Max était l'un des personnages les plus pittoresques de Paris. Il tenait un kiosque à journaux juste à côté des bureaux de l'American Express et avait la réputation de pouvoir dénicher à peu près tout ce qu'on pouvait désirer. Qu'il s'agisse de bas de soie, de chocolat, d'un appareil électroménager ou de tout autre objet introuvable, il suffisait d'en parler à Max et il le faisait apparaître comme par magie. C'était vraiment un curieux bonhomme. Il arborait toujours une barbe de deux jours et était pauvrement vêtu. J'ai su plus tard que c'était intentionnel de sa part. J'étais allé chez lui, un soir qu'il m'avait invité à dîner, et j'avais été reçu par un Max méconnaissable, impeccablement rasé et habillé avec l'élégance d'un membre du corps diplomatique français. Il vivait avec sa femme et ses enfants dans un appartement luxueux. Même si on avait du mal à le croire — à voir son allure dépenaillée lorsqu'il se trouvait dans son kiosque — Max était un entrepreneur prospère.

Toujours prêt à sauter sur l'occasion, Max s'était approché des deux Anglais exaspérés et leur avait demandé ce qu'ils voulaient visiter. Ils lui avaient répondu qu'ils auraient aimé voir Versailles, Fontainebleau et d'autres sites touristiques. Max s'était alors tourné vers moi:

— Victor, tu n'as rien à faire aujourd'hui, n'est-ce pas? Tu as ta Simca et tu connais bien les environs. Pourquoi ne pas faire une bonne action et conduire ce couple là où il en a envie? Tu ne refuseras sûrement pas de gagner un peu d'argent?

Évidemment pas! Après avoir affirmé au couple que je parlais français et anglais et que je pourrais ainsi leur servir d'interprète, Max avait ajouté que mon tarif serait de quinze dollars pour la journée, plus les frais. Marché conclu!

La journée a passé comme un éclair. J'ai conduit mes Anglais vers tous les sites historiques que je connaissais et nous avons même visité quelques vignobles des environs. Ils ont été aussi enchantés que moi de leur journée. Au retour, après avoir été payé, je suis allé trouver Max aussitôt:

— Tu as vraiment eu une idée géniale. Je me suis amusé comme un fou et j'ai gagné quinze dollars. Écoute bien ce que je te propose. Je vais te donner dix pour cent de ce qu'ils m'ont payé et ce n'est qu'un début. Je pense que nous avons là tout ce qu'il faut pour nous lancer en affaires. Si tu veux continuer de m'envoyer tous les touristes en quête d'un chauffeur, je te verserai dix pour cent de tout ce que je gagnerai.

Max était habitué à ce genre d'entente. C'était l'une des méthodes qui lui permettaient de s'offrir son élégant appartement. Il donna son accord et, dès le lendemain, l'European Touring Service était officiellement lancé.

Je fis imprimer des cartes d'affaires que je distribuai aux portiers de la plupart des hôtels parisiens après avoir conclu avec eux la même entente qu'avec Max. Chaque fois qu'un client voulait une voiture avec chauffeur, le portier donnait invariablement mon nom.

J'avais trouvé le filon. Moins d'un an plus tard, je possédais un parc de six automobiles et mes compagnons de chambre travaillaient pour moi. Le tarif était monté à vingt dollars par jour. Les chauffeurs en gardaient la moitié. Quant à moi, une fois les assurances et les faux frais payés, il me restait environ sept dollars par jour qui provenaient des cinq autres voitures, et j'en gagnais vingt avec la mienne. C'était une somme rondelette pour l'époque. En 1951, comme j'avais été accepté à l'École de gestion de Harvard, j'ai dû quitter Paris et abandonner mon entreprise. Mais je ne repartais pas les mains vides. J'ai vendu l'affaire à mes chauffeurs, récoltant ainsi suffisamment d'argent pour rembourser ma dette sur les voitures et me retrouver avec un bénéfice confortable.

En dépit de leur diversité, les trois démarrages décrits plus haut avaient au moins un point commun: chacun répondait à un besoin non satisfait. Trop souvent, des entrepreneurs en puissance ne veulent même pas envisager la possibilité de lancer leur propre affaire parce qu'ils s'imaginent n'avoir rien à offrir sur le marché en général. Ils s'imaginent qu'il leur faut trouver une idée à la Einstein avant de pouvoir accrocher leur enseigne. Eh bien! laissez-moi vous dire, mes chers amis, que rien n'est plus faux. Il n'est pas nécessaire de réinventer la roue ou d'être le nouveau Magicien du logiciel pour qu'une entreprise soit viable. Il vous suffit d'offrir un produit ou un service dont les gens manquent et pour lequel ils sont prêts à payer. Restez donc à l'affût des bonnes occasions!

La première fois que j'ai compris ce principe, j'avais huit ans. J'avais cessé de regarder les gens qui passaient devant chez moi comme des voisins souffrant de la chaleur et assoiffés pour commencer à les voir comme des *clients* accablés par la chaleur et morts de soif. En considérant mon avion miniature comme un produit rentable que j'étais seul à pouvoir fournir, plutôt que d'y voir mon jouet préféré, j'avais mis le doigt sur une autre source de revenus.

Quelles sont vos chances? Robert était un jeune employé de la cafétéria, dans un grand magasin. Il détestait cela. Il n'aimait pas travailler à l'intérieur, la routine était étouffante, la nourriture immangeable et son chèque de salaire l'amenait à se demander si Abraham Lin-

162

coln avait vraiment signé la Proclamation sur l'émancipation des esclaves. Il se rendait à son travail en voiture et, pendant les trente minutes que durait le trajet, il se demandait comment il pourrait améliorer son sort.

La réponse lui vint dans une station-service. C'était le seul poste d'essence sur son parcours, et le propriétaire faisait des affaires d'or. Un matin, tiraillé par la faim, Robert s'y arrêta à la station et fonça vers le distributeur de friandises. Mais, pas de veine, il était vide. Celui des boissons gazeuses l'était également. Robert alla trouver le propriétaire de la station pour lui demander s'il ne lui restait pas quelque chose dans ses réserves, et celui-ci lui répondit:

— J'ai bien peur que non! Je ne peux pas entreposer la marchandise qui me permettrait de garder ces machines remplies en permanence. Vous savez, il n'y a pas beaucoup de commerces dans le coin, surtout le long de cette route. Bon nombre de conducteurs viennent faire le plein d'essence ici et ils en profitent pour se mettre un petit quelque chose dans l'estomac. Ces machines n'arrêtent donc pas de fonctionner.

Toute la soirée, mon ami fut obsédé par la vision de ces centaines de voyageurs affamés qui s'arrêtaient quotidiennement à la station-service, et cela lui donna une idée. Une semaine plus tard, Robert retourna voir le propriétaire pour lui faire une proposition. Si celui-ci l'autorisait à installer une roulotte casse-croûte à côté de la station, il lui verserait quinze pour cent de tous ses profits. Pendant les sept jours précédents, Robert avait vidé son compte en banque, emprunté de l'argent à son père et s'était informé de ce qu'il lui en coûterait pour se procurer l'équipement nécessaire. Grâce à son travail à la cafétéria, il savait où acheter des denrées en gros. Il était convaincu de pouvoir réussir. Le propriétaire l'était un peu moins, mais lui n'avait pas grand-chose à perdre. Si Robert échouait, cela ne lui coûterait pas un sou.

Dans le cas contraire, il tirerait un revenu de la parcelle de terrain qui, à l'époque, ne lui rapportait strictement rien. Les deux hommes établirent les grandes lignes d'un contrat qui dégageait le propriétaire de toute responsabilité.

Robert ouvrit son casse-croûte deux semaines après la signature du contrat. Dès le premier jour, ce fut un triomphe. Quant au propriétaire de la station-service, non seulement il toucha sa part de bénéfices, mais il vit sa propre clientèle augmenter. Robert réinvestissait tous ses profits dans son affaire. Il acheta d'autres roulottes qu'il installa aux quatre coins de l'État et engagea du monde pour s'en occuper. Son entreprise ne cessa de croître et, finalement, il mit sur pied un réseau de cantines roulantes qui livraient des repas chauds aux usines et aux bureaux. Quinze ans après ses gargouillements d'estomac, Robert est à la tête d'une entreprise florissante. Il a eu la satisfaction de voir son rêve devenir réalité et il jouit maintenant des bienfaits matériels qui vont de pair avec un revenu annuel de plus de six chiffres. Tout cela parce qu'il a su déceler un besoin et qu'il n'a pas hésité à exploiter ses capacités.

George Morris était de la même étoffe que Robert. Il travaillait comme portier dans un luxueux édifice au coeur de Manhattan. Cela lui plaisait de voir défiler le monde, mais il voulait gagner davantage d'argent. Toutefois, ses chances étaient minces. Âgé de trente-cinq ans, George avait, jeune, abandonné l'école au tout début du secondaire. Néanmoins, le fait de ne pas avoir de diplôme n'affectait nullement son sens de l'observation. Ainsi, il avait découvert que la plupart des locataires de l'édifice faisaient laver leurs vitres une fois par mois environ. Comme cette tâche ne relevait pas du concierge, les locataires faisaient appel à des entreprises spécialisées qui, pour la plupart, réclamaient dix dollars et même plus par fenêtre. George lavait celles de son appartement depuis des années. Les rares fois où il avait rendu le même service à des amis, il s'était attiré des éloges. Puisqu'il possédait déjà tout l'équipement nécessaire, il se dit qu'il pourrait peut-être laver les carreaux des locataires pendant ses moments de loisir.

L'idée valait la peine qu'on s'y arrêtât! Chaque appartement comptait au moins cinq fenêtres. En court-circuitant les entreprises professionnelles et en réclamant six dollars par fenêtre, George pouvait espérer gagner trente dollars par appartement. En outre, il savait qu'il pouvait laver cinq fenêtres en moins d'une heure. S'il lançait sa propre affaire, il gagnerait presque autant en une heure qu'en une journée de travail comme portier.

Après avoir obtenu l'autorisation du propriétaire, George fit imprimer des prospectus où il offrait ses services et annonçait ses tarifs réduits, et les glissa sous les portes de tous les appartements de l'immeuble. La réponse se fit un peu attendre, mais il parvint quand même en quinze jours à laver les fenêtres de quatre locataires. Le résultat était impeccable. Satisfaits, les locataires se chargèrent de lui faire de la publicité de bouche à oreille et les contrats se multiplièrent si rapidement que George dut abandonner son emploi de portier. Mais il ne s'en fit aucun souci. L'immeuble était vaste et comptait un nombre incroyable de vitres sales. Après avoir payé le détergent et les ustensiles servant au nettoyage, George se retrouvait avec un bénéfice net de plus de cinq cents dollars par semaine.

Encouragé par sa réussite, il fit imprimer d'autres prospectus et, contre rémunération, chargea ses camarades portiers de les distribuer dans leurs immeubles respectifs. Sa clientèle s'accrut, il embaucha deux aides. Finalement, il donna plus d'expansion à son entreprise en y ajoutant un service de peinture et de nettoyage général. Aujourd'hui, George emploie plus de cinquante personnes. Il a décroché un diplôme d'études secondaires et a suivi un cours en administration qui lui permet de diriger son affaire avec l'aide d'un comptable.

Ces deux anecdotes sont la preuve éclatante que les occasions sont partout et qu'il suffit de savoir les repérer. Analysez vos possibilités et regardez autour de vous. Quels talents n'exploitez-vous pas à fond? Prenez au sérieux tous vos dons. Une femme que je connaissais depuis des années possédait un goût très sûr en art et en décoration. Elle n'avait aucune formation en ce domaine, seule son intuition l'aidait à choisir le tableau qui s'harmoniserait avec tel ou tel décor. Au lieu de laisser ce don en veilleuse, elle le mit en valeur en suivant des cours et lança sa propre entreprise. Elle est devenue acheteuse d'oeuvres d'art pour des sociétés. Celles qu'elle a choisies décorent les murs de bon nombre de banques et de sociétés les plus prestigieuses du monde.

En tant qu'entrepreneur, vous devriez soupeser les possibilités de toute situation. C'est ce que Max Chenier m'a appris, le jour où il a suggéré que je serve de chauffeur à ce couple d'Anglais. Moi, je ne voyais que deux personnes mécontentes du tarif élevé de l'American Express. Lui y a vu une occasion de gagner un peu d'argent. Et le succès qu'a connu l'entreprise amorcée ce jour-là a affiné la réceptivité de mes antennes d'entrepreneur.

Si vous devez vous tenir constamment à l'affût des moindres possibilités, c'est, entre autres, parce que vous ne pouvez jamais savoir quand, ni sous quel déguisement, la chance surgira devant vous. Pour ma part, c'est lors d'un séjour en Europe que je me suis trouvé entraîné par le plus grand des hasards dans le commerce des bijoux.

Ellen et moi, nous nous sommes mariés en 1956. Cela n'avait rien d'une entreprise risquée, même s'il m'arrive de penser qu'Ellen regrette parfois de ne pas avoir établi son ratio Risque-Résultats avant de prononcer le «oui» fatidique. Au moment de notre mariage, je venais d'être promu directeur du marketing responsable des gaines et soutiens-gorge chez Playtex, après avoir été directeur régional des ventes. À cause de cette promotion, je n'avais pu me libérer qu'une seule semaine pour notre lune de miel. Ce n'était vraiment pas juste pour Ellen et, afin de me faire pardonner, je me suis arrangé pour pouvoir m'absenter durant tout le mois d'octobre, l'année suivant notre mariage. C'est ainsi que nous sommes allés quatre semaines en Europe.

Notre lune de miel tardive revêtait pour moi l'aspect d'un retour à la maison. J'avais encore des relations en Europe et je repris contact avec elles peu après notre arrivée. L'une d'elles était Roberto Cessini junior, dont le père était bijoutier. Roberto menait la grande vie et s'affichait toujours en compagnie de jeunes femmes d'un genre spécial. Il mesurait à peine plus d'un mètre cinquante et pesait près de cent kilos. Il trouvait néanmoins que sa corpulence lui donnait un petit air de famille avec Ali Khan; personnellement, j'estimais qu'il ressemblait bien plus à un ballon de plage. Il était très chatouilleux à propos de sa taille et c'est le seul homme que je connaisse qui portait des souliers de tennis à semelles compensées. Cela nuisait à son jeu, le rendait plus lent qu'une tortue et le faisait se déplacer d'un bout à l'autre du court avec la grâce d'un pachyderme.

Roberto sortait régulièrement avec des danseuses du cabaret Billy Rose's. Celles-ci mesuraient toutes au moins deux mètres, et on les surnommait les roses à longues tiges de Billy Rose. Cela donnait un couple pour le moins disproportionné. Chaque fois qu'il sortait avec l'une d'elles, Roberto la demandait en mariage dès le premier soir. Et que la fille accepte ou refuse n'avait absolument aucune importance, car Roberto avait l'habitude d'oublier sa demande presque aussitôt.

L'un des meilleurs amis de Roberto était l'acteur Errol Flynn. Je suis sorti avec eux à plusieurs reprises et je m'estime heureux d'être encore là pour le raconter. Flynn était un homme charmant et qui portait beau, mais c'était aussi un noceur toujours prêt à faire la fête. Quand il avait un peu trop levé le coude, il pouvait devenir une source d'ennuis. Un jour, pour une bagatelle, il a cassé le nez d'un de mes vieux copains et il essayait constamment de soulever aux autres leurs petites amies.

Je me souviens d'avoir été invité, avec Roberto, à une fête donnée pour le retour de Flynn à New York. Ce dernier venait de terminer, dans les Antilles, le tournage d'un quelconque film de catégorie Z, vaguement intitulé *La rebelle de Castro*, ou quelque chose d'aussi ahurissant. Cela se passait à la fin de la carrière de Flynn et je ne suis même pas certain que le film ait été projeté dans les salles de cinéma. Errol était donc de retour à New York avec un chèque fort substantiel en poche et il avait l'intention ferme d'arroser ça.

Roberto et moi avions décidé d'aller le chercher à l'aéroport. Flynn était fin soûl, mais il insista pour conduire l'automobile. À mon grand désespoir, Roberto lui tendit les clefs et Flynn s'installa au volant. Le retour en ville s'effectua sans trop de grabuge, mais en arrivant devant l'hôtel où devait avoir lieu la fête, Errol fit une manoeuvre maladroite. En essayant de stationner, il renversa une bouche d'incendie et en quelques instants toute l'avenue fut inondée. Inconscient de la catastrophe qu'il venait de causer, Flynn entra en tanguant dans l'hôtel, signa quelques autographes, puis gagna l'étage où on l'attendait. Là, il salua quelques amis et s'effondra. Pendant ce temps, restés en bas, nous faisions bravement face aux autorités...

C'était peut-être son allure crâne qui rendait Roberto si attachant. Quoi qu'il en soit, nous nous entendions fort bien, même si nous étions aussi différents que l'eau et le feu. Quand Ellen et moi lui avons téléphoné de Monte-Carlo, au cours de ce fameux mois d'octobre, il parut enchanté de nous entendre et nous avons projeté de nous retrouver à Rome.

Dès notre arrivée dans la Ville éternelle, Ellen et moi avons fait une première escale à la boutique Buccellati, qui appartenait à une famille dont le nom était depuis des siècles synonyme de joaillerie de grande classe. À New York, où Buccellati avait également pignon sur rue, nous avions vu une broche pour laquelle Ellen avait tout de suite eu le coup de foudre, mais qui était beaucoup trop chère pour nous. Elle coûtait plus de 350 $ et cela dépassait nettement mes moyens à l'époque. Toutefois, des amis nous avaient dit que nous pourrions peut-être l'obtenir à meilleur prix chez Buccellati, à Rome. Ce fut effectivement le cas. La broche, offerte pour 350 $ aux États-Unis, n'en valait plus que 165 $ en Italie. L'occasion était trop belle pour la laisser passer.

Plus tard dans la soirée, Ellen et moi avons rejoint Roberto chez son père, où nous étions invités à dîner. Durant le repas, Roberto senior ne cessa de complimenter Ellen pour sa broche. À sa demande, elle lui expliqua où elle l'avait dénichée et j'ajoutai:

— Et pour un prix incroyable! Nous avons vu le même modèle à New York, où il coûtait près du double.

Cette remarque piqua la curiosité de Cessini père:

— Cela vous dérangerait de me dire combien vous l'avez payée?

En entendant la réponse, il laissa échapper un petit rire poli:

— Je crains bien, mes chers amis, que vous ne vous soyez fait avoir. J'aurais pu vous obtenir cette même jolie petite chose pour une quarantaine de dollars.

Je lui demandai donc à quel endroit il pouvait espérer un pareil prix:

— Il y a une petite ville tout près de Milan où l'on fabrique tous ces bijoux.

J'étais sidéré!

— Si vous êtes capable d'acquérir ce genre de bijoux à ce prix, repris-je, nous pourrions faire des affaires fantastiques à notre retour aux États-Unis.

M. Cessini réfléchit environ une minute et répliqua:

— C'est d'accord. Nous nous lançons en affaires et nous partagerons moitié-moitié. Je m'occuperai d'acheter les bijoux et de vous les expédier en Amérique. Vous les vendrez dans diverses bijouteries et boutiques et vous vous chargerez de la clientèle.

L'idée me parut intéressante et je lui donnai mon accord.

Durant tout le reste de notre séjour à Rome, M. Cessini ne fit aucune allusion à son offre. Sauf le jour même de notre départ. Il me prit à part alors que nous nous apprêtions à partir pour l'aéroport et me dit:

— N'oubliez pas que nous partons en affaires. Vous aurez de mes nouvelles très bientôt.

Mais nous n'avons plus entendu parler de lui pendant près de deux mois. J'avais complètement oublié son offre et il semblait bien qu'il avait, lui aussi, perdu tout intérêt à cette entreprise.

Une semaine avant Noël, j'ai découvert qu'il n'en était rien. Vingt-cinq mille dollars de bijoux italiens venaient d'atterrir dans notre appartement de New York. Je n'en croyais pas mes yeux! Ellen et moi avons passé toutes les fêtes en compagnie des bijoux étalés un peu partout dans le salon, pendant que j'en relevais les prix et que je vérifiais les articles. Le tout était d'aussi bonne qualité que la broche que j'avais offerte à Ellen et les prix concordaient avec ce que le Signor Cessini nous avait dit. À la fin, je compris que nous avions là une affaire en or.

En compagnie d'Ellen, j'allai montrer les joyaux à l'un

de nos amis qui était directeur des produits chez Saks, dans la Cinquième Avenue. Il nous a passé notre première commande. En février 1958, Saks publiait une pleine page dans le *New York Times* pour annoncer l'arrivée de la collection de bijoux du comte de Cessini. Ce titre prestigieux fit des étincelles. Grâce au succès de cette publicité, notre nouvelle société eut droit à un lancement digne d'un monarque.

Ainsi qu'il est de règle chaque fois qu'on lance une affaire, nous devions réduire nos frais d'exploitation au minimum. *Lors des premiers pas d'une entreprise, l'argent liquide est roi.* Rien, en effet, n'est plus précieux. Respectueux de ce principe, nous avons donc décidé d'établir le siège social de notre société dans notre appartement et le studio fut aménagé en bureau de réception et d'expédition. Chaque soir, je revenais de Playtex vers dix-neuf heures trente et, aussitôt après le dîner, Ellen et moi passions le reste de la soirée à remplir les commandes, établir les factures et emballer la marchandise. C'était vraiment une industrie artisanale. Nos seuls employés étaient un vendeur qui visitait les clients durant le jour et une secrétaire d'origine italienne qui venait deux ou trois fois par semaine. Je lui dictais mes lettres en anglais et elle les traduisait en italien. Cette correspondance formait l'essentiel des rapports hebdomadaires qui tenaient le Signor Cessini au courant de la marche de nos affaires.

En dépit de ce mode de gestion, notre petite société installée dans notre appartement est devenue la deuxième entreprise d'importation de bijoux italiens en importance aux États-Unis. On n'aurait pu demander mieux. Un beau jour toutefois, le Signor Cessini nous a rendu visite et notre bel enthousiasme s'est dissipé, balayé par un ouragan.

Après s'être dit enchanté du succès que connaissait la société, Cessini avait ajouté que, malheureusement, il ne pouvait s'en réjouir complètement. La vie que menait son fils Roberto lui causait beaucoup de soucis. Il avait espéré que l'héritier du nom finirait par se ranger et par manifester un semblant d'ambition, mais la seule chose qui semblait passionner Roberto était de faire la bombe. Désireux d'amener son fils à un peu plus de sérieux, le Signor Cessini suggéra alors que je fasse venir ledit Roberto aux États-Unis où il pourrait m'aider à diriger la société. Je refusai aussitôt. J'aimais bien Roberto et je savais gré à Cessini père du rôle capital qu'il avait joué dans la fondation de la société, mais je dirigeais une entreprise, non une école d'initiation aux affaires pour les membres de l'aristocratie. Le Signor Cessini considéra brièvement mon point de vue avant de répondre:

— Lorsque je me suis engagé dans cette entreprise, c'était avec l'idée que ma famille pourrait en profiter. Je tiens à ce que les choses se passent de cette façon, mais si cela se révèle impossible, je pense alors que nous devrions mettre fin à notre association.

C'était un coup terrible. La société faisait bien des bénéfices, mais j'y avais réinvesti presque tout pour pouvoir engager d'autres vendeurs et couvrir les frais d'exploitation. J'avais tellement foi en cette affaire que j'avais même hypothéqué la moitié de notre appartement et m'étais servi de cette somme afin d'en accélérer l'expansion. Je ne disposais d'aucune liquidité. Cessini me coupait bras et jambes juste au moment où nous étions sur le point d'atteindre le but.

Cessini nous ayant laissé tomber, je me retrouvais donc avec un problème de financement. Nous n'avions pas besoin d'une somme énorme. Nous nous serions contentés de cinq mille dollars. Mais je n'ai pas tardé à apprendre qu'il est malaisé d'emprunter de l'argent lorsqu'on en a vraiment besoin. Cinq banques refusèrent de m'accorder un prêt. Et ce fut finalement sur un coup de dé, digne de tout entrepreneur qui se respecte, que je réussis à trouver la somme désirée. J'étais en Europe pour affaires et, grâce à un investissement de cent dollars sur le tapis vert d'un casino de Cannes, j'ai empoché quatre mille dollars. C'est l'une des rares fois où j'ai misé sur autre chose que sur mes propres aptitudes et je ne l'avais fait que pour passer le temps. D'ailleurs, si j'avais perdu les cent dollars, je n'aurais pas parié un sou de plus. Mais je gagnais sans arrêt et, à la fin de la soirée, j'avais suffisamment d'argent pour m'offrir un voyage en Italie à titre d'acheteur.

Remettre notre commerce de bijoux sur pied n'a pas été très difficile. C'était nous qui avions établi et entretenu le réseau de clients aux États-Unis. L'apport de Cessini avait résidé dans ses contacts avec les fournisseurs. La perte de ces derniers aurait eu des conséquences beaucoup plus graves que celle d'un appui financier. J'avais heureusement entretenu une correspondance avec la plupart des joailliers qui traitaient avec Cessini. Je savais qui ils étaient, même si je ne les avais jamais rencontrés. Je suis donc reparti pour l'Italie avec Ellen et nous avons conclu des accords avec eux. Ils nous ont vendu de la marchandise et, par le truchement de ce stock, j'ai pu obtenir des fonds de la Standard Financial, société américaine d'affacturage, qui consentit à me verser soixante-quinze cents par dollar, sur la base de mes effets à recevoir. De cette façon, nous avons été en mesure de financer le reste de notre entreprise.

Lors de nos discussions avec les détaillants, nous avons su que Cessini ne s'était pas comporté correctement avec nous. Il était censé nous fournir les bijoux au prix coûtant. Notre tâche consistait à les revendre et à partager les profits avec lui. Mais Ellen et moi avons découvert qu'il majorait la marchandise de quinze pour cent avant de nous l'expédier. Si une bague coûtait quatre-vingt-cinq dollars, il nous la vendait cent dollars, mais continuait d'empocher sa part de bénéfice après la vente à un client.

Cette découverte renforça ma détermination à relancer l'affaire telle qu'elle était à ses débuts. Tout d'abord, j'allai chercher le meilleur vendeur de Cessini avec qui j'avais eu l'occasion de travailler avant que son patron ne me laisse tomber. Ce vendeur ne portait pas Cessini dans son coeur, et quand je lui racontai comment celui-ci avait essayé de nous rouler, il décida de se joindre à nous. Deux semaines après mon retour d'Europe, nous étions prêts à fonctionner.

Le vendeur, Ellen et moi avons fait la tournée de tous nos clients. Comme ceux-ci connaissaient la qualité de notre marchandise et étaient impatients de voir ce que nous leur apportions, nous n'avons eu aucun mal à obtenir des rendez-vous avec les acheteurs. Pour les allécher plus encore, nous avons décidé de réduire nos prix. La majoration parasite de Cessini étant éliminée, nous étions, de ce fait, capables de baisser les prix sans toucher à notre marge de bénéfice. En peu de temps, la société redevint aussi prospère qu'avant.

J'ai continué de m'en occuper jusqu'à l'hiver de 1960. Les affaires avaient pris une telle ampleur que nous avons dû renoncer à utiliser notre appartement et nous installer dans la 46e Rue, près de Madison. Chaque nouvel acheteur accaparait un peu plus de mon temps. Aussi, quand Playtex me nomma président de Sarong Inc., je compris qu'il me faudrait abandonner notre commerce de bijoux. Le fardeau était devenu trop lourd. Ellen venait de donner naissance à notre fils, Tory, et j'étais sur le point d'accepter un poste qui m'aiderait à atteindre le but que je m'étais fixé dès mon entrée chez Playtex: la présidence de la compagnie. La tentation était beaucoup trop forte pour que j'y résiste. Je vendis donc la société à la Moba Jewelry Corporation, notre principal concurrent. Je ne faisais vraiment pas une mauvaise affaire. Outre un gain fort appréciable, compte tenu de ce que j'avais investi en temps et en argent, j'en conservai un sentiment de triomphe dû au fait que j'avais pu faire démarrer une entreprise, non pas une fois mais deux.

Ce n'étaient pas là les seuls avantages. J'avais appris énormément de choses en dirigeant ma propre affaire. Mon expérience avec Cessini m'avait enseigné qu'il ne faut jamais prendre un associé, sauf si c'est absolument nécessaire. L'association va presque à l'encontre de la philosophie de l'entrepreneur. Celui-ci ne doit pas plus chercher à partager ses responsabilités que sa mise de fonds.

Il existe pourtant trois exceptions à cette règle. Si vous ne disposez pas de fonds suffisants pour lancer une affaire et si vous ne pouvez vous en procurer davantage, vous serez peut-être forcé de céder des parts en échange du capital qui vous manque. L'inverse est également vrai lorsque vous n'avez rien d'autre que de l'argent. Vous voudriez bien tenter quelque chose de votre propre chef, mais il vous faudrait un projet commercialisable. Dans ce cas, faites équipe avec quelqu'un à l'esprit créatif qui cherche un bailleur de fonds.

L'inexpérience peut également vous obliger à vous associer. Un écrivain voulait lancer une maison d'édition. Après s'être livré aux études nécessaires, il avait constaté que point n'est besoin d'un gros capital pour commencer. Par exemple, il pourrait convertir en bureau une pièce rarement utilisée de son appartement. Les auteurs qu'il publierait seraient payés à commission et, au début, il se chargerait lui-même de la distribution. Cette étape de l'exploitation ne faisait donc pas problème. Toutefois, même s'il avait eu beaucoup de succès comme écrivain depuis une dizaine d'années, il ne savait pas grand-chose en matière d'édition. Il ignorait totalement comment éva-

175

luer le prix du papier, quelles étaient les différences entre les diverses grosseurs de caractères, dans quelle mesure le choix d'une couverture pouvait modifier les coûts, quels imprimeurs il devrait engager et quelles seraient les conséquences d'une centaine d'autres facteurs sur son entreprise.

Cet écrivain savait que, même s'il n'avait pas besoin de beaucoup de fonds pour le moment, il lui en faudrait certainement davantage par la suite, et il aurait peut-être du mal à en trouver. Les banques hésiteraient probablement à accorder un prêt à une entreprise dirigée par quelqu'un d'aussi inexpérimenté. Ainsi donc, conscient de ses lacunes, notre futur éditeur décida de s'adjoindre un courtier en imprimerie qui connaissait à fond les tenants et les aboutissants du métier. L'écrivain se chargerait du secteur de l'édition, créerait des collections, rédigerait des contrats, engagerait des écrivains et publierait leurs oeuvres. Le courtier ferait affaire avec les imprimeurs, les maquettistes, les ateliers de composition et les expéditeurs.

Les deux hommes s'occupaient ensemble de la distribution et ne perdaient pas de vue les résultats. Et, ainsi qu'il est de règle dans toute association fructueuse, il ne s'agissait pas là d'un arrangement où la main droite ignorait ce que faisait la main gauche. Le courtier enseignait à l'écrivain les rudiments de l'imprimerie et celui-ci, à son tour, lui dévoilait quelques-uns des mystères du processus de la création. Les deux hommes respectaient l'éthique professionnelle et, par leurs efforts, la maison prospéra. Leur association reposait sur des bases idéales: c'était un mariage de raison.

Mes rapports avec Cessini avaient été assez semblables à ceux du courtier et de l'écrivain. J'avais déposé l'idée dans la corbeille et Cessini y avait ajouté ses fournisseurs et son expérience. Mais j'avais été négligent: je m'étais tenu à l'écart de son secteur. Si j'avais été plus vigilant, il n'aurait jamais pu majorer les prix à mon insu. En tout cas, j'avais eu la chance de posséder la liste des fournisseurs avez qui il faisait affaire. Si vous acceptez de vous associer avec quelqu'un, exigez de savoir quelles sont vos sources d'approvisionnement et tâchez de prendre contact avec elles. Si quelque chose arrivait à votre associé ou encore si l'association était dissoute, vous ne perdriez pas de temps à rétablir des contacts d'importance vitale. Si je n'avais pas eu quelque idée de l'identité des fournisseurs de Cessini, il m'aurait été presque impossible de remettre notre entreprise sur pied.

J'ai affirmé, plus haut, qu'au moment de la création d'une entreprise, l'argent liquide est roi. Je voudrais revenir sur cet énoncé: *L'argent liquide est toujours roi.* Comme cela s'est avéré après le départ de Cessini, il est très difficile de trouver de l'argent lorsqu'on n'en possède pas. J'avais été incapable d'obtenir un prêt au moment où j'en avais besoin. Les banques ne voulaient rien savoir de moi. Je n'avais rien à offrir en garantie. Et même si cela avait été le cas, les banques m'auraient imposé des conditions qui auraient joué contre moi. Certains des responsables que j'ai rencontrés auraient peut-être hésité, pour aider le bourreau, à mettre la tête du créancier sur le billot, mais ils auraient été ravis d'aiguiser la hache.

Quand on veut fonder une entreprise, la meilleure chose à faire est de puiser dans ses économies. Il n'y a pas d'intérêt à payer et on demeure seul maître à bord. Mais combien d'entre nous peuvent se permettre d'agir ainsi? Si vous ne faites pas partie de ces rares élus, d'autres options s'offrent à vous. Celles auxquelles on pense spontanément sont les banques, les sociétés d'affacturage, les sociétés de placement dans les petites entreprises, le gouvernement et les bailleurs de capital-risque.

Les banques ne prêtent pas facilement aux petites entreprises. Il vous faudra présenter des garanties inattaquables et, là encore, les taux d'intérêt seront fatalement très élevés. Plus le risque est grand, plus ils grimperont. D'autre part, nombre de banques se fonderont sur la dimension de votre entreprise pour limiter votre marge de manoeuvre en vous imposant des conditions. Si vous choisissez de vous adresser à une banque, vous feriez bien d'en choisir une qui dispose d'une caisse pour le capital-risque. Elle sera probablement plus disposée à vous soutenir. En revanche, il se peut fort bien qu'elle exige de posséder des parts dans votre affaire.

Vous pouvez toujours, si le coeur vous en dit, demander un rendez-vous auprès de la banque de votre choix ou de tout autre prêteur éventuel, mais votre tâche sera plus aisée si vous connaissez quelqu'un qui soit susceptible de vous mettre directement en contact avec un haut responsable. Un pareil soutien est inestimable. En vous adressant à un employé ordinaire, vous ferez affaire avec un quidam dont le travail devra être vérifié et approuvé par le chef de service. Cette opération exige du temps; si la réponse est négative, vous devrez recommencer vos démarches auprès d'une autre banque. Tous ces ajournements retarderont d'autant la mise en oeuvre de votre projet.

En général, les sociétés d'affacturage constituent un deuxième choix acceptable. Pour traiter avec elles, vous devrez posséder soit des effets à recevoir, soit des stocks. Votre entreprise devra donc avoir largement dépassé le stade initial. Autre inconvénient: la société vous imposera un taux d'intérêt élevé.

Les conditions imposées par une société de placement risquent d'être encore plus lourdes. Le taux d'intérêt sera bien supérieur au taux préférentiel et vous devrez probablement fournir des garanties sous forme d'actions ou de titres. Comme vous pouvez le constater, une société de placement joue sur les deux tableaux et, à mon sens, on ne devrait recourir à elle qu'en dernier ressort.

Même si la Small Business Administration* a probablement été victime des dernières restrictions budgétaires, le gouvernement continue d'offrir diverses solutions d'aide aux entrepreneurs. Si vous appartenez à une minorité ou projetez d'implanter votre affaire dans un quartier peuplé par une minorité ethnique, plusieurs agences gouvernementales — fédérales ou locales — pourront vous aider à trouver des fonds. Les femmes sont également des clientes privilégiées pour ces agences. Pour en savoir plus long à ce sujet, vous pouvez prendre contact avec le ministère de l'Industrie et du Commerce, dans le cadre du programme de prêts aux petites entreprises.

Par ailleurs, si vous êtes capable de faire partager votre enthousiasme pour votre idée, votre produit ou votre service, les bailleurs de fonds spécialisés dans le capital-risque seront votre meilleure source de financement. Ces gens possèdent l'esprit d'entreprise et ne craignent pas de lancer les dés. Ils sont prêts à investir dans une entreprise à risque élevé s'ils sont convaincus d'en retirer des bénéfices substantiels.

Mais, et ceci est très important, ces investisseurs s'intéressent de fort près à l'entreprise qu'ils ont accepté de soutenir. Ils ne reprennent pas leur mise à la première difficulté rencontrée et, dans la mesure où ils continuent d'avoir confiance en vous et en votre affaire, ils pourront vous avancer d'autres fonds si vous êtes quelque peu à court. Pour obtenir une liste de noms, adressez-vous à la National Venture Capital Association, à Arlington, en Virginie, ou consultez celle qui est publiée en juin dans le magazine *Venture*. Si vous essuyez un refus de la part d'un bailleur de fonds, essayez de le convaincre de vous servir de guide. Bon nombre de ces financiers se limitent à une spécialité, et ce n'est pas parce que l'un d'eux aura

---

* Note du traducteur: Agence gouvernementale indépendante créée dans le but de venir en aide aux petites et moyennes entreprises.

refusé de vous aider qu'il n'appréciera pas la valeur de votre projet. Il se peut fort bien qu'il ne corresponde pas à ses intérêts. En ce cas, demandez-lui de vous conseiller quelqu'un qui soit plus susceptible de considérer votre affaire d'un oeil favorable.

Où que vous vous dirigiez, vous devrez convaincre quelqu'un du bien-fondé de votre idée. Et, pour ce faire, dressez un plan d'attaque extrêmement minutieux. Rien n'est plus important, à cet égard, qu'une étude sur le terrain. Tout ce que vous pourriez retirer de votre expérience ou de celle des autres est purement théorique et n'a pas guère de valeur.

Si, par exemple, vous envisagez d'ouvrir un kiosque de produits maraîchers, tâchez d'en apprendre le plus possible en ce domaine. Discutez avec d'autres marchands, renseignez-vous sur les coûts et les problèmes propres à ce secteur. Où pourrez-vous vous approvisionner? Quel type d'assurance devrez-vous contracter? Existe-t-il des revues spécialisées ou des documents qui puissent vous être utiles? Essayez d'obtenir des réponses à toutes les questions qui vous viennent à l'esprit.

Cette étude sur le terrain peut nécessiter des semaines d'observation soutenue. L'entrepreneur qui projette d'installer un kiosque doit d'abord choisir un emplacement. Il devra dresser la liste des endroits ad hoc et les visiter l'un après l'autre. À quelle distance de l'endroit choisi se trouve le concurrent le plus proche? Si un kiosque est déjà installé à proximité du terrain qui l'intéresse, l'entrepreneur devra déterminer si la demande est assez forte pour assurer la viabilité du deuxième commerce. S'il s'agit d'un supermarché, sera-t-il capable de soutenir une telle concurrence? Peut-être lui faudra-t-il vendre ses produits moins cher, ou encore offrir aux clients un choix plus large et un service plus attentif. Tous ces points, et bien d'autres, doivent être réglés avant que l'entrepreneur puisse songer à inaugurer son kiosque. En fin de compte, que vous songiez à vendre des fruits en plein air ou que vous vouliez lancer une société d'étude de marché, vous devrez d'abord identifier vos chances de succès. Et la recherche est la seule façon d'y parvenir.

Dès que vous aurez réuni tous les renseignements dont vous avez besoin, vous devrez concevoir deux scénarios, l'un versant dans l'optimisme, l'autre, dans le pessimisme. Après quoi, vous établirez les prévisions de trésorerie, afin de calculer votre budget. Celui-ci devrait s'appuyer sur le scénario pessimiste et refléter vos prévisions financières. Le budget vous permet d'évaluer vos liquidités futures. Il vous est loisible de le calculer sur une base hebdomadaire ou mensuelle, en additionnant le capital dont vous disposez et les éventuels effets à recevoir, puis en soustrayant les frais fixes prévus.

Cette étude exigera un temps assez long. Si vous avez un travail à temps plein, ne démissionnez pas de la firme qui vous emploie tant que vous n'aurez pas rassemblé toutes les données indispensables au lancement de votre affaire. Documentez-vous pendant vos loisirs. En coupant le cordon ombilical qui vous relie à un salaire hebdomadaire, vous vous infligerez des pressions inutiles, parce que vous serez forcé d'inaugurer votre entreprise sans plus attendre. Vous risqueriez ainsi de bâcler votre projet pour aller au plus pressé. En outre, vous devrez utiliser pour survivre les sommes réservées au capital de départ. Enfin, en conservant votre emploi et en consacrant vos moments de liberté à l'élaboration de votre stratégie, vous aurez un avant-goût de ce qu'est la vie d'un entrepreneur. Vous devrez consentir à tous les sacrifices. Cette période d'essai ne pourra être que bénéfique. Ainsi, vous pourrez passer tout un mois sans aller au cinéma ou sans dîner au restaurant. Et au lieu d'assister à un concert, vous passerez la soirée à lire des statistiques sur l'industrie ou à potasser des rapports d'entreprises. Si, au moment d'aller au lit, vous donnez libre cours à vos récriminations («Encore une soirée de perdue!») en frottant vos yeux larmoyants, vous feriez peut-être mieux de conserver votre emploi, car il se peut que vous n'ayez pas l'étoffe d'un chef d'entreprise. Par contre, si, à l'heure du coucher, vous débordez d'enthousiasme («Eh bien! j'en ai appris des choses ce soir. J'ai drôlement hâte de démarrer!») et si vous vous endormez le sourire aux lèvres, vous avez probablement assez d'énergie pour aller jusqu'au bout.

À présent que vous connaissez à fond tout ce que votre future entreprise peut vous réserver, voyez si vous irez ou non de l'avant en calculant votre ratio Risque-Résultats. Vos gains justifieront-ils le temps, l'énergie et l'argent que vous aurez consacrés à ce projet?

Il y a des années que Jack, mon coiffeur, me coupe les cheveux. Au début, ce n'était qu'un employé, mais au bout d'un certain temps il a décidé de se lancer à son compte. Quand il a ouvert sa boutique, il n'avait pas un cheveu blanc. Maintenant, ses tempes grisonnent et il a des poches sous les yeux. Il se tue au travail dans l'espoir de réussir. Vers la fin de la première année, il a connu des moments difficiles. Ses clients ont pris leurs vacances, et il a dû remettre le paiement de ses factures. Je me souviens d'un matin où, avant de me couper les cheveux, il m'a annoncé d'un air radieux qu'il venait de verser la dernière tranche de ce qu'il devait à son électricien. Cela lui avait pris un an, bien plus que ce qu'il avait prévu. Et il s'est trouvé des moments, pendant ces douze premiers mois, où il atteignait à peine le seuil de rentabilité. Jack aurait pu tout laisser tomber.

Mais il ne l'a pas fait. Jack n'a jamais abandonné. Il a eu suffisamment de courage pour tenir le coup et connaître finalement le succès, parce qu'il n'a jamais perdu de vue ce qui l'attendait au bout du parcours. Il avait conclu une entente avec la chaîne d'hôtels qui était propriétaire du local qu'il louait. S'il réussissait, il pourrait ouvrir un salon de coiffeur dans tous ses établissements hôteliers, partout au pays. Jack est en passe de réaliser son rêve. Il sera son propre patron et il profitera des fruits abondants de son travail. Le risque qu'il a pris était plus que justifié, en regard des avantages.

Mais supposons que ce n'ait pas été le cas? Imaginons un instant ce que Jack aurait fait si, en consultant la boule de cristal de son ratio Risque-Résultats, il avait découvert qu'au bout de ses efforts, il en serait toujours au même point. Même s'il avait réussi à gagner quelques dollars de plus, le jeu en aurait-il vraiment valu la chandelle? Probablement pas. Il aurait mieux valu pour lui de continuer à travailler pour quelqu'un d'autre, et s'éviter ainsi les migraines dues à tant de responsabilités. L'entrepreneur doit savoir évaluer ce que ses sacrifices lui rapporteront. Pareille aventure n'est valable que si elle améliore sensiblement votre situation.

Vous avez acquis la conviction que votre entreprise est promise au succès. Votre étude est terminée et ses conclusions vous donnent raison. Vous avez une idée assez nette du capital de base qui vous sera nécessaire. Vous pouvez donc vous adresser à l'une ou l'autre des sources de financement citées plus haut. Le moment est venu de mettre en jeu vos talents de vendeur afin de communiquer votre enthousiasme à vos bailleurs de fonds éventuels et de les convaincre de vous soutenir, vous et votre projet. Traitez les investisseurs comme un vendeur le ferait d'un client important. À l'aide de vos notes et de vos prévisions, vous pourrez leur montrer ce que votre entreprise leur apportera: un rendement intéressant, un risque minimal, un client heureux en affaires et qui ne demandera pas mieux que de continuer à traiter avec eux.

En calculant les fonds dont vous aurez besoin pour

démarrer, rappelez-vous toujours que le pire problème, pour la plupart des sociétés naissantes, est le manque de capitaux. Peut-être avez-vous conçu la meilleure idée du monde, sans doute êtes-vous prêt à travailler nuit et jour, mais si vous manquez de liquidités, vous risquez l'échec. Vos prévisions les plus sagaces ne vous serviront à rien. Cela ne fait pas l'ombre d'un doute. Il y a toujours un imprévu qui bouleversera tous vos plans. Les ventes que vous aviez envisagées seront inférieures à votre scénario pessimiste. Le circuit de réfrigération de votre chambre froide tombera en panne et vous devrez le remplacer. À cause d'une grève des camionneurs, vous ne pourrez vous réapprovisionner chez votre grossiste habituel et vous devrez payer le prix fort chez d'autres fournisseurs. Une grève de vos employés peut ralentir votre production ou vous obliger à fermer pendant des semaines et des semaines.

Pour faire face à ces éventualités, vous devez disposer d'une réserve de fonds. Prévenez vos investisseurs ou vos bailleurs de fonds:

— J'ai besoin de tant pour le moment, mais je voudrais également pouvoir compter sur des fonds supplémentaires, le cas échéant.

Quand je traite avec une banque, je préfère demander un prêt assorti d'une marge de crédit dans laquelle je peux puiser si la situation l'exige. Bien sûr, vous devrez payer des intérêts, mais cette marge de sécurité en vaut la peine. C'est une assurance contre la morte-saison. Par ailleurs, ces fonds supplémentaires vous permettront, si nécessaire, de remettre en marche les chaînes de montage, de concevoir une nouvelle campagne de publicité, d'améliorer votre service ou de procéder à tous les changements qui pourront augmenter le prestige de votre entreprise. Cette sécurité n'a pas de prix. N'attendez pas la dernière minute pour vous protéger.

Nous avons vu à quel point j'avais eu du mal à trouver des capitaux, au moment de l'affaire Cessini. Le cas n'est pas rare. J'ai entendu parler d'un homme d'affaires qui, voici deux ans, avait entrepris de créer une agence de base de données informatiques. Incapable de trouver un financement dans le secteur privé, il avait décidé de vendre des actions par un appel public à l'épargne. La firme chargée de l'émission avait recueilli quatre millions et demi de dollars. Notre informaticien avait toutes les raisons de croire que cette somme lui permettrait de tenir pendant deux ans, ce que confirmaient ses prévisions. Malheureusement, celles-ci étaient mal fondées. S'étant engagé à fournir des services à ses clients durant le dernier trimestre du premier exercice financier, il se vit forcé d'embaucher près de deux fois plus d'employés que prévu, afin de pouvoir respecter ses échéances. Par suite de failles dans un système qui n'avait pas encore fait ses preuves, son logiciel lui coûta, lui aussi, le double de ce qu'il avait envisagé. La masse d'informations qu'il fallait entrer dans la base de données se révéla beaucoup plus importante qu'on ne l'avait soupçonné. Il fallut embaucher d'autres employés et acheter d'autres ordinateurs pour pouvoir en venir à bout.

D'autres dépenses imprévues, aussi voraces qu'un banc de piranhas, finirent par dévorer le petit pécule de la société. Il s'agissait d'une entreprise novatrice dans un secteur engoncé dans les traditions et réfractaire aux idées nouvelles. Méfiants, les éventuels utilisateurs hésitaient à se prévaloir de ses services. Le nombre de clients que notre entrepreneur avait réussi à rallier était bien inférieur aux prévisions de son pire scénario. Moins d'un an après le battage publicitaire qui avait accompagné son appel d'offre publique, la caisse de la société était vide.

Cherchant désespérément à éviter le naufrage, notre informaticien fit des pieds et des mains pour trouver un mode de financement et il y réussit. Toutefois, les gens qui vinrent à sa rescousse n'ignoraient rien de sa situation critique. Le sang qui avait été sucé des veines de la société y coulait de nouveau, mais sous l'apparence de chiffres écarlates, en un troublant rappel de sa situation financière désespérée. Les investisseurs misaient sur le temps, pendant que les dettes de l'agence de base de données s'accumulaient. À la toute dernière minute, ils firent leur apparition et acquirent quatre-vingt pour cent de la société — à peine plus que pour une bouchée de pain.

Peu importe le prix versé, il correspondait exactement à ce qu'il en avait coûté pour mettre sur pied la base de données. Le fondateur avait payé son salut de ses rêves. La vente des actions ne l'avait pas enrichi. Les dettes personnelles qui s'étaient accumulées pendant qu'il tentait de maintenir son entreprise en vie avaient absorbé une forte proportion de ses gains. Le changement de main l'avait privé de toute participation dans la société. Il n'était plus qu'un cadre bien rémunéré. Mais son traitement était une récompense insuffisante. On lui avait arraché son bébé des bras et il ne lui restait plus qu'un vague droit de visite laissé à la discrétion des nouveaux parents. Toute cette histoire déplorable aurait pu être évitée si l'informaticien avait su voir plus loin et s'était arrangé pour obtenir davantage de fonds avant de sombrer dans une crise financière. L'argent est généralement moins cher lorsqu'on n'en a pas besoin.

Comme le démarrage d'une entreprise ne va pas toujours sans heurts, il faut une bonne dose de persévérance pour passer à travers. Ellen et moi avons vu notre ténacité mise à rude épreuve lorsque nous avons décidé de nous lancer dans le commerce de bijoux chinois.

Nous étions depuis longtemps attirés par l'art, la joaillerie et l'artisanat chinois. Nous passions notre temps à écumer les antiquaires et nous avions réussi à mettre la main sur des ouvrages sur l'art populaire chinois. La façon dont étaient utilisés le vermillon et le cloisonné ainsi que l'extraordinaire habileté dont témoignaient les entrelacs complexes des sculptures en ivoire nous fascinaient tout particulièrement.

Au cours des années 1960, bien avant l'engouement actuel pour le commerce avec la Chine, je m'étais dit qu'il serait intéressant d'acheter des biens de ce pays et d'y revendre des produits finis. Je connaissais un peu l'art et l'histoire de la Chine. Tout ce que j'avais pu voir de ce pays était captivant et je savais par ailleurs que la main-d'oeuvre y était très bon marché. En outre, avec une population de plus de deux milliards de clients, la Chine était un terrain d'exploration idéal pour un entrepreneur.

En 1970, j'ai écrit au ministre du Commerce extérieur de la République populaire de Chine pour lui faire part de mon désir d'acquérir des pièces d'artisanat et de joaillerie que j'avais l'intention de revendre aux États-Unis. Dix mois plus tard, je recevais enfin une réponse. Comme les États-Unis n'entretenaient pas de relations diplomatiques avec la Chine, la lettre m'avait été envoyée par l'entremise de l'ambassade chinoise à Ottawa. Elle était accompagnée d'un exemplaire des *Citations du président Mao*; on me remerciait pour l'intérêt que j'avais exprimé et on m'informait que rien n'était prévu, à ce jour, pour l'établissement de relations commerciales avec les sociétés installées aux États-Unis.

Je ne me suis pas laissé décourager. Chaque année, j'ai écrit la même lettre et j'ai reçu la même réponse. Enfin, en 1974, au lieu de l'habituel refus, j'ai vu arriver une lettre qui m'invitait à faire mon choix parmi les bijoux proposés dans un catalogue en noir et blanc accompagné d'une liste de prix. J'ai donc fait venir trois mille dollars de marchandises, mais sans savoir exactement ce que

187

j'avais commandé — les photos du catalogue étant d'une qualité médiocre.

Quand la commande est arrivée, j'ai découvert qu'elle se composait en grande partie de poissons délicatement sculptés et décorés d'émail laqué. J'ai pu en placer dans cinq ou six de nos magasins, juste à temps pour Noël. Ils n'ont pas eu un succès foudroyant, mais j'avais entrouvert la porte qui menait vers la Chine et j'étais déterminé à ne pas la laisser se refermer. Il m'importait peu, d'ailleurs, que les débuts soient fructueux ou non. En véritable entrepreneur, j'étais habitué à penser à long terme. J'avais confiance en la production de ce pays et je tenais à être l'un des premiers à participer à toute relation commerciale que les États-Unis parviendraient à établir avec la République populaire. Avec un tel objectif, je n'avais pas l'intention de continuer à commander par catalogue. Je voulais aller en Chine afin de me faire une idée exacte de ce qu'on y fabriquait. Je voulais également voir s'il me serait possible d'amener les Chinois à acheter quelques-uns de nos produits.

En janvier 1975, je m'adressais au gouvernement chinois pour obtenir l'autorisation de visiter son pays en compagnie de ma femme et de M. et Mme Harry Stokes. Le président Nixon avait noué des relations avec la République populaire au cours de l'année précédente et le Département d'État avait consenti à ce que je fasse cette requête. J'étais tout excité. Six semaines après avoir envoyé ma lettre, j'ai reçu un télégramme m'apprenant que nous étions invités tous les quatre à visiter la République populaire de Chine au moment qui nous conviendrait, entre le 1er septembre et le 30 novembre 1975.

Nous nous sommes envolés pour Pékin le 3 septembre. Au moment d'atterrir, nous avons d'abord été frappés par le fait qu'il n'y avait de lumière nulle part. Il était une heure du matin, heure locale, et Pékin était plongé dans l'obscurité. Seule la piste de l'aéroport était illuminée, ce qui nous a semblé singulièrement réconfortant. Apparemment, les lumières s'éteignaient à vingt et une heures, à Pékin, par mesure d'économie.

À notre descente de l'avion, nous avons été accueillis par quatre représentants de l'armée chinoise, fusil à l'épaule, qui nous ont conduits dans une pièce blanche, très dépouillée, qui était le quartier général de la douane et de l'immigration. Les responsables étaient courtois, mais leurs questions étaient si chargées de sous-entendus que nous avions l'impression de subir un interrogatoire. Ils voulaient que nous leur racontions notre vie. Il nous a fallu une heure et demie pour répondre à leurs questions, et encore! nous n'en avions pas fini. Chacun de nous a reçu un formulaire énumérant tout ce qu'il avait emporté. On nous a demandé de le signer, puis on nous a expliqué que cette liste serait vérifiée juste avant notre départ, afin de vérifier si nous n'avions vendu aucun de nos effets dans le pays même.

Au sortir de la douane, nous avons rencontré un représentant de la Société de joaillerie de Pékin, qui nous attendait. Il nous a amenés à l'Hôtel de Pékin où, en compagnie d'un interprète, il s'est assuré que rien ne manquait dans nos chambres. Les deux hommes sont revenus nous chercher, Harry et moi, le lendemain matin pour nous conduire au siège de la société. C'est là que j'ai découvert pour la première fois les subtilités inhérentes à la façon chinoise de faire des affaires.

Nous nous sommes tout de suite aperçus que leurs méthodes de commercialisation étaient vétustes. Nous étions censés être dans le bureau des ventes d'une agence gouvernementale, mais personne ne savait quelle marchandise allait arriver ni à quel moment elle serait là. Les objets étaient fabriqués dans diverses communes et les artisans utilisaient les matériaux disponibles ce mois-là. Le bureau des ventes ne savait donc jamais à l'avance ce qu'on allait lui expédier. Les représentants vidaient eux-mêmes les caisses de marchandises. Quand il n'y avait pas d'acheteurs pour la totalité de la production, le gouvernement était tenu d'acquérir tout ce qui restait du stock. L'un des responsables nous a confié que le gouvernement possédait ainsi pour plus de vingt millions de dollars de bijoux invendables, entassés dans un entrepôt.

La couleur était un autre problème. Si l'on désirait qu'un modèle donné soit produit en rouge et que, ce mois-là, les artisans n'avaient pas de quoi fabriquer cette teinte, toute la commande arrivait en bleu ou en vert. Par ailleurs, les Chinois étaient incapables de produire un article en grande quantité. Quand je leur ai demandé s'ils pourraient m'expédier cinq mille boucles d'oreille de même modèle et de la même couleur, ils ont failli tomber de leurs chaises. Ils ne pouvaient même pas produire le cinquième d'une telle commande. Plus je leur posais de questions et plus l'idée de commencer avec eux me semblait irréalisable.

Avant de quitter le bureau, l'un des vendeurs nous a proposé une visite de la salle d'exposition. La plupart des articles en montre étaient des pièces uniques en jade ou en ivoire, belles à couper le souffle. Harry Stokes estimait n'avoir jamais vu de bijoux aussi beaux. Nous avons demandé au vendeur s'ils étaient à vendre. Non seulement il a répondu affirmativement, mais il nous a énuméré des prix si bas que nous en sommes restés bouche bée. J'ai fait venir Ellen, qui était allée faire des emplettes en compagnie de la femme de Harry, pour qu'elle puisse voir les bijoux elle aussi. Envoûtée, elle se mit à acheter tout ce qu'elle voyait. Les représentants ont été si impressionnés par ses folles dépenses qu'ils nous ont proposé de les accompagner jusqu'à l'entrepôt gouvernemental où se trouvaient des tonnes de marchandises. Nous avons passé toute la semaine à examiner le stock, qui se composait de pièces d'une valeur inestimable, offertes à des prix dérisoires.

Ellen continuait à acheter. Un soir, je lui ai dit:

— Tu sais, chérie, nous ne saurons que faire de tous les bijoux que tu es en train d'acheter. Il y en a beaucoup trop.

— Ne t'en fais pas, nous offrirons à nos amis tout ce dont nous ne voulons pas.

Quelques jours plus tard, je suis revenu à la charge:

— Ellen, nous avons épuisé notre réserve d'amis. Il faut que nous cessions d'acheter des bijoux. Qu'allons-nous faire de tout cela?

— Je sais qu'il faut s'arrêter, mais ils sont tellement beaux!

J'ai aussitôt répliqué:

— S'ils sont si jolis, penses-tu que les Américains pourraient avoir envie de s'en procurer? Si c'est le cas, nous devrions en acheter encore plus et nous lancer en affaires.

Cette remarque nous a fait réfléchir un moment. Et après y avoir pensé pendant deux minutes, nous nous sommes demandé pourquoi cette idée ne nous était pas venue plus tôt.

Au cours des six semaines suivantes, nous avons dépensé vingt mille dollars en marchandises. Les tarifs douaniers chinois ont fait doubler cette somme, mais le jeu en valait la chandelle. Dès notre retour aux États-Unis, nous avons entrepris de lancer la Collection de l'amitié. Nous nous étions inspirés des boutiques de l'amitié qui existent en Chine et qui sont spécialement autorisées par le gouvernement à traiter exclusivement avec la clientèle étrangère.

Comme lors de nos débuts dans le commerce des bijoux italiens, nous avons fait de notre appartement le siège de cette collection. Nous exposions les pièces sur la table de ping-pong pour les montrer aux divers acheteurs. En février 1976, nous avons trouvé notre premier gros client: il avait nom Jordan Marsh, l'un des principaux grands magasins de Miami, en Floride. Ce client a lancé la collection en l'entourant d'un impressionnant battage publicitaire. Le magasin a publié des annonces pleine page dans les journaux locaux et loué du temps d'antenne à la radio. Ellen s'est rendue à Miami afin de participer à une émission télévisée. Elle a admirablement vendu la marchandise, mais elle n'a pu impressionner tout le monde. La station de télévision a reçu des appels téléphoniques anonymes provenant de particuliers qui disaient appartenir à la société John Birch et menaçaient de faire sauter le magasin et Ellen avec, si elle mentionnait une seule fois que les bijoux venaient de «la Chine rouge». Ellen a donc récité son petit boniment sans parler de l'origine des pièces; le magasin omettait discrètement ce petit détail dans ses annonces. Mais cela ne nous a causé aucun tort. Jordan Marsh a vendu la moitié de son stock en moins de deux semaines. Des magasins et des boutiques éparpillées dans tout le pays ont alors décidé de vendre eux aussi notre marchandise. La Collection de l'amitié venait de prendre son envol.

C'est lors de notre second voyage en Chine, en 1979, que notre persévérance en a pris un sérieux coup. Le commerce des bijoux prenait de plus en plus d'ampleur et nous voulions signer un accord qui nous permettrait d'importer davantage de marchandises, car c'était essentiel au maintien de notre taux de croissance.

Comme Ellen et moi devions participer à la foire commerciale de Francfort, en Allemagne, nous avions pris des dispositions pour nous envoler à destination de Pékin, depuis Paris. En arrivant à l'aéroport, nous avons appris que notre vol avait été annulé et que, sans qu'on nous en donnât la raison, aucun n'aurait lieu avant deux jours. Or, je mettais le point final à mes pourparlers avec Remington moins d'une semaine plus tard. Tenant compte de ce court délai, j'ai fait remarquer à Ellen qu'il était inutile d'aller en Chine. Nous n'aurions jamais le temps de conclure un accord. C'est alors que ma femme m'a donné une leçon sur l'esprit de persévérance dont devrait témoigner tout véritable entrepreneur:

— Dans ce cas, m'a-t-elle répondu, il nous faut trouver un autre moyen d'aller en Chine. Et tout de suite!

Je me demandais comment nous nous y prendrions. Je n'avais pas la moindre envie de retourner en Allemagne et de traverser la Russie dans un traîneau tiré par un attelage de chiens. Même un entrepreneur se doit de savoir quand mettre le holà. Ellen est allée au kiosque de renseignements où on lui a appris que nous pourrions gagner la Chine en passant par Moscou. Heureusement pour moi, cela pouvait se faire par avion. Il n'y avait qu'une liaison hebdomadaire entre Paris et Moscou, et l'avion décollait une heure plus tard. Nous avons aussitôt envoyé un câble à la Société de joaillerie de Pékin pour les informer de l'heure approximative de notre arrivée.

À l'aéroport de Moscou, nous avons dû attendre notre correspondance pendant huit heures. Je commençais à avoir les nerfs en boule, mais Ellen continuait d'afficher un sourire imperturbable. L'avion pour Pékin a décollé avec deux heures de retard. À l'atterrissage, personne n'était là pour nous recevoir. Nous devions apprendre par la suite que les bureaux de la Société étaient déjà fermés quand notre câble est arrivé. Il était six heures du matin et l'aéroport était froid et désert. Impossible de se rendre en ville. Me tournant vers Ellen, je lui ai dit:

— Eh bien! chérie, il ne nous reste plus qu'à nous emmitoufler et à prendre notre mal en patience en attendant que quelqu'un vienne nous secourir.

Cinq heures plus tard, nous avons vu apparaître un être humain, une interprète venue attendre un vol prévu pour une heure et demie plus tard. Elle ne parlait pas un mot d'anglais, mais elle connaissait le français. En utilisant des techniques de ventes qui faisaient appel à son grand coeur, j'ai réussi à la convaincre de nous conduire à notre hôtel.

Bien entendu, le gérant n'avait pas de réservation à notre nom. En apprenant l'annulation du premier vol, la Société de joaillerie de Pékin nous avait rayés de la liste. Et le gérant s'entêtait à nous répéter:

— Je n'ai pas de chambre pour vous. Vous devez partir. Vous pourrez peut-être revenir un peu plus tard.

J'étais beaucoup trop épuisé pour supporter un refus. Le fixant droit dans les yeux, je lui lançai:

— Vous dites que vous n'avez pas de chambre libre. Mais si Mao-Tsé-Tung se présentait ici, à l'instant, comme par magie, vous auriez bien une suite pour lui, non?

— Mao? Oui, oui, nous aurions chambre!

— Parfait! repris-je. Alors, j'ai une grande nouvelle pour vous. Mao ne viendra pas et nous prendrons sa suite.

Nous avons eu droit à une chambre, peut-être parce que l'humour est un langage universel. Nous nous sommes jetés sur nos lits sans même, je crois, prendre la peine de nous déshabiller, et nous nous sommes aussitôt endormis.

Le lendemain matin, nous avons téléphoné à la Société de joaillerie de Pékin. C'est notre interprète, M. Kuo, qui a répondu.

— M. Kiam, où êtes-vous?

Je lui ai répondu que nous étions à Pékin.

— Non, pas possible, pas possible. Avion annulé. Vous être encore à Paris, pas possible ailleurs.

Je lui ai expliqué que non, que nous avions réussi à prendre un autre avion.

— Où vous être descendus?

— À l'Hôtel de Pékin.

— Pas possible! Nous annuler réservation quand nous apprendre l'avion pas venir. Vous pas être là. Impossible. Vous me faire blague.

194

Mais je lui ai affirmé que je ne plaisantais absolument pas et que nous étions bel et bien à Pékin, en chair et en os. Il n'en revenait pas. Tout comme lui, ses collègues n'arrivaient pas à croire que nous avions réussi à gagner Pékin sans aide, surtout après l'annulation de notre vol. Ils étaient tellement impressionnés par notre persévérance (celle d'Ellen, en réalité) que M. Kuo m'a dit:

— Nous venir immédiatement vous chercher. Vous accompagner nous à notre bureau. Vous gens très bien. Nous faire affaire avec vous, garanti!

Sachant que j'étais pressé par le temps et en reconnaissance du mal que nous nous étions donné pour les rencontrer, les représentants de la Société de joaillerie de Pékin ont alors fait quelque chose d'extrêmement inhabituel dans cette partie du monde. Le dernier jour de notre visite, ils sont restés au bureau après l'heure de fermeture afin de régler les derniers détails du contrat. Ils ont fait venir des repas de l'extérieur et nous avons dîné tous ensemble dans leurs bureaux. À minuit, l'entente était conclue. Grâce à la ténacité de ma femme, nous sommes repartis avec toute la marchandise qu'il nous fallait et la Collection de l'amitié est devenue la plus importante société américaine d'importation d'antiquités et de bijoux chinois.

6

Savoir être perspicace ou l'art de la négociation

S I LES affaires sont un jeu, les négociations sont l'équivalent du poker. En qualité d'entrepreneur, vous devrez, au cours de votre carrière, négocier certains accords: une vente, un achat ou un contrat.

Je me souviens avec plaisir de ce cas particulier: il me fallait convaincre un employé fort talentueux de demeurer chez Remington. Il était venu me voir au bureau, un après-midi, pour m'annoncer qu'une autre firme lui faisait une offre alléchante, comprenant, entre autres, un salaire plus élevé que celui qu'il touchait chez nous, ainsi que divers avantages mineurs: carte de membre d'un club privé, auto fournie par la compagnie et séjour annuel à Puerto Rico lors des sessions hivernales des vendeurs. Ce genre d'avantages est inexistant chez nous; nous tentons de limiter les frais au maximum. Même s'il savait que nous ne pourrions lui accorder aucune de ces petites gâteries, l'employé tenait néanmoins à discuter de l'offre avec moi, afin d'accorder à Remington la possibilité de surenchérir.

Ensemble, nous avons examiné tous les détails de cette proposition. Le salaire proposé était généreux. À cet égard, Remington ne faisait pas le poids. Étant donné ses fonctions, le jeune homme ne valait tout simplement pas autant pour nous. Il m'était toutefois possible de lui accorder une légère augmentation.

Cette question une fois réglée, j'ai entrepris de lui démontrer que son poste actuel comportait de grandes chances d'avancement. Et je lui ai rappelé que chez Remington le mérite était toujours récompensé. S'il s'acquittait de sa tâche, les stimulants attachés à notre échelle des salaires lui permettraient d'augmenter considérablement son traitement annuel. Il était déjà parfaitement au courant de mes projets d'expansion pour Remington et savait que l'ancienneté n'intervenait pas automatiquement dans l'attribution des promotions. Chez nous, les employés progressaient en fonction des résultats obtenus et non de l'ancienneté.

Après lui avoir rappelé ce qui l'attendait chez Remington, je lui ai signalé un point dont il se doutait déjà: l'emploi qui l'intéressait n'offrait pour ainsi dire aucun débouché. Certes, j'admettais volontiers qu'il lui vaudrait quelques dollars de plus et je ne lui tiendrais nullement rigueur d'être séduit par cette perspective. Mais s'il l'acceptait, il était fort probable qu'il ne pourrait monter plus haut au sein de cette société. Il ne s'agissait pas là d'un jugement sur ses aptitudes; au contraire, je le trouvais particulièrement doué. C'était tout simplement que le poste envisagé ne laissait rien espérer en ce sens. Il allait se joindre à une entreprise familiale où tous les patrons étaient unis entre eux par les liens du sang ou du mariage. Il serait donc extrêmement ardu pour un étranger au clan de franchir les limites du cercle magique. En outre, la route qui menait au sommet ne passait pas par sa spécialité. Sa grande force était la vente, alors que cette entreprise se spécialisait dans une gamme de services financiers.

Quand j'eus fini d'attirer son attention sur ce point, j'enchaînai en insistant sur le fait que Remington, contrairement à la société qui tentait de nous l'enlever, n'imposerait aucune limite à son ascension. Il pourrait même, un jour se retrouver à ma place:

— Je crois sincèrement que vous devriez nourrir les mêmes ambitions que moi lorsque j'étais chez Playtex. Vous devriez envisager la possibilité de gravir tous les échelons chez nous, parce que vous avez tout ce qu'il faut pour cela.

J'ai alors passé en revue tout ce qu'il avait déjà accompli, puis me suis attardé à ce qui l'attendait. *Je peignais la perspective.* Ce jeune homme avait une grande confiance en lui-même et il savait que je ne lui promettais pas la lune. Tout ce que je lui disais était fondé. Il pouvait parvenir au sommet; il avait l'étoffe d'un fonceur.

Au moment de quitter mon bureau, l'employé me déclara que notre discussion lui donnait matière à réflexion et me demanda de pouvoir y réfléchir pendant vingt-quatre heures. J'ai accepté en ajoutant que cette décision pouvait fort bien être l'une des plus importantes qu'il ait jamais eu à prendre, parce qu'elle déciderait de l'orientation que prendrait le reste de sa vie. Je ne cherchais pas à être mélodramatique, je voulais tout simplement lui faire comprendre la gravité du moment. J'estimais que ce jeune homme avait un avenir extrêmement prometteur chez Remington et je ne tenais pas à ce qu'il y renonce pour quelques dollars de plus et divers avantages sans réelle importance. Quelques jours plus tard, l'employé est revenu me voir pour m'annoncer sa décision de rester avec nous. Je n'aurais pas été plus heureux s'il m'avait révélé que nos ventes avaient grimpé de trente pour cent.

La première fois qu'il était entré dans mon bureau, rien ne laissait supposer que j'arriverais à le retenir. Comment ai-je pu y parvenir sans lui offrir au moins autant que la firme rivale? Quelle est la carte maîtresse de cette négociation, comme de toute négociation fructueuse? *L'information!* Dans ce cas précis, j'avais bien des atouts en main. Je connaissais suffisamment le jeune homme pour pouvoir percer à jour ses intentions profondes.

Le fait de venir me parler de l'offre qu'il avait reçue signifiait qu'il espérait que je le persuade de rester. Sinon, pourquoi m'aurait-il donné tant de détails avant de me demander mon avis? Il savait très bien qu'il n'en aurait jamais autant chez Remington, et je suis certain qu'il ne voulait rien d'autre qu'une légère augmentation de salaire, et encore, à condition que j'y consente. Tout ce qu'il cherchait, en définitive, c'était un signe lui confirmant que son avenir était assuré avec nous, un signe qu'il était *apprécié*.

Je savais en outre que ce jeune homme se considérait plus ou moins comme un entrepreneur. C'était d'ailleurs l'une des raisons pour lesquelles je l'avais engagé. Il aurait été incompréhensible qu'il veuille se cantonner dans un emploi qui ne lui offrait ni défi à relever ni chance d'avancement. Il tenait à faire partie d'une entreprise qui favoriserait sa progression. Sachant tout cela, j'avais la partie belle. Il m'avait suffi de faire valoir tout ce qu'il gagnerait en restant chez Remington, en soulignant d'abord les points susceptibles de le séduire. C'était cette perspective qui l'avait convaincu. La petite augmentation de salaire avait également fait pencher la balance. Elle donnait un caractère tangible à sa contribution déjà considérable au sein de notre société. Mais l'argument massue était de lui avoir fait découvrir ses véritables besoins, tout en faisant miroiter l'avenir séduisant que Remington pouvait lui réserver.

Chaque fois que vous négociez, vous endossez le rôle d'un vendeur. Vous devez donc convaincre la personne qui est assise en face de vous d'accepter votre conception de la réalité. Mais dans ce genre de partie où l'enjeu est élevé, vous n'aurez pas toujours en main les bonnes cartes. Ne vous en souciez pas. Il n'est pas indispensable d'avoir une main pleine pour gagner. Tant que votre adversaire ne soupçonne pas la faiblesse de votre jeu, il vous est loisible de remporter la mise.

Je me suis trouvé naguère dans une situation où mon vis-à-vis tenait en main quatre as, alors que je n'avais même pas une seule paire de deux. Remington avait signé avec Charles of the Ritz une entente qui nous permettait de fabriquer l'Aroma Disc Player. Cette babiole permettait à son acheteur de parfumer toute la maison; il suffisait d'insérer un disque odoriférant dans un diffuseur électronique. En quelques minutes, un arôme agréable de rose, de maïs soufflé, de brise marine, ou de quoi que ce soit d'aussi agréable, s'échappait des orifices de l'appareil et embaumait l'air ambiant. J'avais été d'autant plus séduit par les possibilités de l'objet qu'il permettait de nettes économies — un disque durait plus longtemps qu'une grosse bougie parfumée — et qu'il offrait un vaste choix d'odeurs agréables. Pour tout dire, j'en étais si entiché que j'avais tenu à ce que le contrat nous accorde également le droit de vendre le diffuseur contre le versement de redevances à Charles of the Ritz.

Même si c'était un article sensationnel, il nous causa des ennuis dès le début. Le diffuseur était tellement différent des autres produits de Remington que nos vendeurs ne savaient trop comment s'en servir. Ils n'ont jamais réussi à le faire fonctionner correctement. Nous aurions pu, malgré tout, en tirer profit dès la première année, mais la livraison des disques parfumés avait immédiatement accusé un sérieux retard. Cette insouciance de la part de Charles of the Ritz nous a fait perdre énormément de terrain. En dépit de tous mes espoirs, le diffuseur n'a pas réussi à s'emparer du marché.

À mesure que les résultats des ventes me parvenaient, tels des oiseaux de mauvais augure, je décidai de scruter soigneusement notre participation dans cette histoire. Je constatai alors que ce n'était pas une affaire pour nous. Charles of the Ritz conservait l'exclusivité des disques parfumés et, de ce fait, toutes les ventes pour le remplacement de ceux-ci leur étaient acquises. C'était à ce niveau que se situait le marché à long terme et il m'était impossible de rivaliser avec eux sur ce terrain.

Comme il fallait nous retirer de cette affaire, je tenais à ce que cela se fasse avec le moins de pertes possible. Nous avions investi des fonds considérables dans cet article; sa liquidation risquait d'amincir passablement notre portefeuille.

En attendant de prendre une décision finale, j'ai donc résolu de faire croire à tout le monde que nous étions enchantés du produit. Je voulais amener Charles of the Ritz à penser que nous tenions le diffuseur pour la poule aux oeufs d'or. Pour donner l'illusion que nous nous apprêtions à pousser les ventes au maximum, j'adressai à tous nos clients une note les avisant que nous allions réduire le prix de l'appareil. De cette façon, ils en déduiraient que Remington allait tout faire pour s'emparer du marché.

Quand nos partenaires ont eu vent de la chose, ils n'ont pas été très contents. Et j'ai eu droit à une algarade, au téléphone, de leur représentant:

— Écoutez, nous n'avons pas conclu ce marché avec vous pour que vous deveniez notre concurrent. Votre baisse de prix va nous nuire considérablement. Nous n'avons par l'intention de nous livrer à une guerre du dollar avec vous, aussi est-il préférable que nous trouvions une solution pacifique à ce problème. Que diriez-vous si nous rachetions à Remington les droits de vente de l'Aroma Disc Player?

Ce gars l'ignorait, mais j'étais le général Custer à Little Big Horn et lui-même était John Wayne volant à ma rescousse, à la tête de la cavalerie. Bien entendu, il n'était pas question que je me montre reconnaissant. Je voulais certes me retirer du marché du diffuseur, mais dans les meilleures conditions possibles. Remington se devait de paraître en pleine ascension dans ce secteur de l'industrie et de s'imposer comme une menace pour Charles of the Ritz. Le représentant ne m'avait pas soumis la moitié de son offre que déjà je répliquais:

— Vous voulez rire? C'est une affaire tellement fantastique, pourquoi voudrions-nous la laisser tomber maintenant? Vous avez vu nos communiqués. Et ce n'est qu'un début. Je considère que cet article est promis à un brillant avenir. Songez aux marchés encore intacts en Europe et au Moyen-Orient. Je vous garantis que nous allons nous jeter dessus comme la misère sur le pauvre monde. Il n'est pas question que nous revendions nos droits!

Évidemment, ce n'était que du baratin. En réalité, dès l'instant où il m'avait fait son offre, il m'aurait fallu mettre des verres fumés pour dissimuler le pétillement de mon regard. Bien avant qu'il ne me téléphone, je savais que la seule façon de nous en sortir était d'amener Charles of the Ritz à vouloir nous évincer du marché.

La société nous a présenté une offre équitable et j'ai dit à son représentant que j'allais y réfléchir. J'ai attendu une semaine avant de le rappeler:

— J'hésite... Ça ne me plaît pas du tout de renoncer au diffuseur. Il va avoir un succès foudroyant. Mais je ne tiens pas à créer une situation antagoniste entre nos deux sociétés. Je suis certain que nous continuerons de faire des affaires ensemble. Alors, je vous propose ceci: si vous y tenez vraiment, nous allons vous rendre le diffuseur. Vous dirigerez toute l'affaire et Remington sera votre fabricant.

Après quoi, j'énumérai les avantages qu'il y avait à être l'unique distributeur du diffuseur. J'avais peint la perspective, j'avais utilisé les couleurs qu'il fallait. J'étais réellement convaincu que c'était un article fantastique, mais... pas pour nous!

Quels que soient les atouts que vous croyez avoir en main, vous ne pourrez pas remporter toutes les négociations. Certaines personnes demeurent intraitables et sont bien placées pour rejeter toutes les propositions qui ne conviennent pas à leurs exigences. En 1960, j'avais caressé l'idée d'acquérir Jantzen inc., un fabricant de maillots de bain et de chandails qui se trouvait à Portland, dans l'Oregon. Lorsque je travaillais pour Playtex, j'avais ouï-dire par nombre de détaillants que leur firme était à vendre. D'après les rumeurs, la famille qui l'avait fondée et qui possédait trente pour cent des actions n'était pas satisfaite de l'orientation que la société avait prise. Les fondateurs avaient été récemment écartés du conseil d'administration et, apparemment, tout le monde se tirait dans le dos. Pour prévenir un bain de sang d'où personne ne serait sorti vainqueur, la famille avait décidé de se débarrasser, à un prix ridiculement bas, d'un important paquet de ses actions.

J'ai pensé que ce serait une formidable acquisition pour Playtex. Jantzen inc. avait un passé plus qu'honorable et oeuvrait dans le même secteur que nous. Malheureusement, j'ai été incapable de convaincre en ce sens Al Peterson. À l'époque, il refusait que Playtex se lance dans ce type de production. En dépit de la fermeté de son opposition, il n'est pas parvenu à m'enlever de la tête l'idée que l'acquisition de Jantsen serait une bien bonne affaire. Aussi décidai-je de jouer pour mon propre compte.

J'ai fait savoir, par l'intermédiaire de financiers de mes amis, que je cherchais un bailleur de fonds pour une tentative d'achat. Un investisseur privé toujours à l'affût de ce genre d'entreprise manifesta son intérêt. Je lui transmis toutes les données financières que je possédais sur la société. Après les avoir étudiées, il examina mes projets et décida de se joindre à moi dans cette aventure. Il financerait l'acquisition; j'aurais droit à une participation dans l'entreprise et j'en serais également le grand patron.

L'entente conclue, il fallait encore décider du prix que nous voulions payer. Se fondant sur les pronostics financiers que j'avais établis, mon bailleur de fonds me recommanda de ne pas dépasser vingt et un dollars par action.

Je me suis donc envolé pour Portland afin de rencontrer le président de Jantzen ainsi que trois des membres du conseil d'administration. Après quelques réticences, ils m'ont confirmé leur intention de vendre. Ils avaient fixé leur prix à vingt-trois dollars l'action. Je connaissais mon plafond, mais je savais aussi qu'à ce prix-là nous ferions malgré tout une bonne affaire. Nonobstant, j'ai répondu que vingt-trois dollars excédait quelque peu la somme que nous étions prêts à payer. Mais avant même que je ne tente de les convaincre de baisser leur prix, le président m'a interrompu en souriant:

— C'est possible, mais c'est notre prix. Nous ne sommes pas obligés de vous vendre. Comme d'autres acheteurs sont sur les rangs, nous ne tenons pas à marchander. Nous ne vendrons pas pour vingt-deux cinquante, vingt-deux soixante-quinze ou même vingt-deux quatre-vingt-dix. Ce sera vingt-trois dollars l'action ou rien. Si vous acceptez nos conditions, vous venez d'acquérir une compagnie. Sinon, nous attendrons simplement de trouver un autre acheteur.

Je savais qu'il ne bluffait pas. Il était propriétaire dans un marché favorable aux vendeurs. C'était pour des raisons de politique interne, bien plus que pour tout autre motif, qu'il était forcé de vendre. Sa société était prospère. Je savais qu'il nous fallait hausser notre offre. J'ai donc demandé aux quatre dirigeants de m'excuser en ajoutant qu'il me fallait discuter avec mon associé avant de pouvoir leur donner une réponse.

J'ai téléphoné à mon financier d'un autre bureau et lui ai expliqué la situation. Avant de lui laisser le temps de trancher, j'ai énuméré les nombreux motifs qui faisaient que, même à un prix plus élevé, l'affaire demeurait très intéressante. Je lui ai peint la plus belle perspective qu'on puisse imaginer. Les couleurs s'harmonisaient parfaitement, donnant naissance à un paysage éclatant. J'aurais créé une autre Mona Lisa que les choses n'auraient pas été différentes: mon associé ne voulait rien entendre. Je suis retourné dans la salle de réunion et j'ai déclaré au président et aux administrateurs que vingt et un dollars l'action était notre première et notre dernière offre. Ils m'ont souhaité bon voyage tout en persistant dans leur attitude, mais ils ont accepté de me prévenir si jamais ils changaient d'avis. J'attends toujours leur coup de téléphone. Quatre mois plus tard, Jantzen a vendu la société à un autre acheteur pour vingt-huit dollars l'action.

Si j'avais échoué dans ce cas-ci, ce n'était nullement parce que je n'avais pas su mener la transaction. Aucun de mes arguments n'aurait réussi à modifier la décision prise par les gens de Jantzen, et ils auraient eu raison. D'ailleurs, l'offre supérieure qu'ils ont acceptée par la suite a confirmé le bien-fondé de leur attitude. L'échec que j'avais subi découlait de mon incapacité à convaincre mon bailleur de fonds de hausser la mise. J'avais été handicapé par un manque d'information. Je m'étais documenté sur Jantzen; j'avais étudié l'entreprise sur toutes les coutures. C'est donc pourquoi j'étais persuadé que leur refus n'était pas une tactique pour nous amener à offrir davantage. Je ne m'étais pourtant pas donné la peine de découvrir ce qui aurait pu convaincre mon propre associé. Je n'avais pas la moindre idée de ce qui aurait pu lui rendre l'entreprise plus séduisante qu'elle ne l'était déjà. Rien, peut-être? Mais si une raison valable avait existé — et en supposant que je l'aie sue — , peut-être aurais-je pu le persuader de délier les cordons de sa bourse pour deux dollars de plus par action. La leçon à tirer de cela, c'est que dans toute négociation vous devez connaître les *deux* parties, celle de votre adversaire et la vôtre.

Trop de transactions avortent par le fait de la cupidité ou de l'égocentrisme. En tant que négociateur, vous pouvez nuire considérablement à vous-même si vous accordez trop de poids aux éléments qui vous permettraient d'emporter le morceau. Sachez mettre la pédale douce, vous en êtes déjà tout près. Si vous vous êtes bien documenté, vous savez jusqu'où vous pouvez plier et vous êtes en mesure de reconnaître instantanément si un marché est inacceptable. Ce qu'il vous faut apprendre, c'est ce que votre interlocuteur cherche à obtenir. Pour qu'une négociation soit fructueuse, un entrepreneur doit, dès le début, tenter d'envisager la situation à la fois selon le point de vue de son interlocuteur et selon le sien propre.

J'ai connu semblable mésaventure le jour où j'ai tenté de convaincre un certain cadre de se joindre à Remington. Il avait toujours travaillé pour la même société aussi conformiste qu'importante, et n'était guère emballé par ma proposition. J'avais énuméré tous les avantages qu'il pourrait en retirer et lui avais fait miroiter les richesses que recelait notre entreprise. Après avoir exposé ce que Remington pourrait faire pour lui, je m'étais étendu sur ce qu'il était en mesure, lui, de nous apporter. Ma «perspective» était on ne peut plus colorée. C'était en vain. Cet employé en puissance n'aimait pas la façon dont nous fonctionnions. Ayant travaillé vingt-cinq ans pour la même société, il était atteint du syndrôme de son entreprise. Son salaire était stable. Toutes les décisions relatives à sa division étaient prises en comité. Il assumait peu de responsabilités et courait encore moins de risques. Au sein de notre société, les salaires étaient fonction des objectifs atteints.

Par ailleurs, s'il se joignait à nous, il gagnerait vingt pour cent de moins. En revanche, il occuperait une position qui lui permettrait de donner toute sa mesure. Et s'il réussissait — ce dont je ne doutais pas un seul instant — il obtiendrait près du double de ce qu'il touchait actuellement. Évidemment, s'il se révélait improductif, il serait rémunéré en conséquence.

Il était fait pour le poste que nous lui offrions. J'en étais convaincu et je le lui dis. Je sentais qu'il était attiré par ce défi. Il n'avait besoin que d'un coup de pouce. Je l'avais presque convaincu d'accepter quand sa femme a tout fait rater.

Deux ans avant ma première entrevue avec lui, il avait été muté. Sa femme avait toujours vécu dans une grande ville et en aimait la vie agitée. Par suite de son déplacement, ils avaient dû s'installer en banlieue. Au début, elle rejetait ce mode de vie peu conforme à ses goûts et il lui avait fallu une éternité pour s'y créer de nouvelles relations. Elle commençait tout juste à s'habituer à sa nouvelle existence. Si l'embauche de son mari par une autre entreprise ne signifiait pas un retour à la vie citadine qui lui plaisait, elle ne voulait pas en entendre parler. Aussi, à la perspective de devoir déménager au Connecticut, elle avait apposé un refus catégorique. Elle s'imaginait qu'ils allaient à nouveau vivre dans un coin perdu, et qu'à nouveau il lui faudrait deux ans pour s'y habituer. Partagé entre l'attitude de sa femme et ses propres hésitations, le mari déclina mon offre.

J'avais raté mon coup. Jamais il ne m'était venu à l'idée de m'attarder aux objections de sa femme. Je vivais dans le Connecticut, comme la plupart de mes directeurs, et nous nous y plaisions beaucoup. Comment aurais-je pu soupçonner que quelqu'un puisse refuser d'y vivre? Si j'avais su d'où venait le problème, nous aurions pu tenter de le résoudre. Nous aurions invité sa femme afin de l'initier au style de vie du Connecticut et aurions tout fait pour qu'elle s'y sente chez elle en lui démontrant qu'elle n'aurait aucune peine à s'y faire des amis. Mais je n'y avais pas songé. Cet oubli m'a valu de perdre un bon employé. Je n'avais pas réussi à me mettre dans la peau de l'autre.

On ne découvre pas nécessairement ce que l'autre désire dès la première séance de négociations. Il faut savoir prendre le temps de nouer une relation. Faites connaissance avec l'autre partie. Invitez-la au restaurant ou à un match de base-ball. Et tout le temps que vous passez ensemble, soyez attentif aux moindres indices. *Un négociateur doit avoir l'oeil à tout. Il doit tenir à la fois de Sherlock Holmes et de Sigmund Freud.*

Cela ne va pas toujours sans peine. Il m'est déjà arrivé d'avoir à transiger avec un homme aussi étourdi qu'une linotte. Il ne pouvait passer trois minutes à discuter d'un sujet sans faire une digression ou raconter l'une de ses quatre blagues favorites. Je ne sais combien de fois j'ai dû supporter les mêmes anecdotes insignifiantes. C'était à s'en arracher les cheveux. Mais je ne l'ai jamais interrompu. Lorsque j'étais en sa compagnie, il devenait la personne la plus importante de la terre et je voulais qu'il se sente traité comme un roi.

Une fois, alors que nous avions fini de négocier pour la journée, nous sommes allés dans un restaurant voisin pour continuer à discuter de choses et d'autres. Je devais être rentré chez moi à vingt et une heures pour un autre rendez-vous. La conversation s'éternisait et il commençait à se faire tard, mais mon interlocuteur s'ouvrait peu à peu et je sentais que nous faisions des progrès. Je n'ai fait aucune mention de l'heure; toute mon attention était rivée sur lui. Finalement, alors que nous étions sur le point de partir, je lui ai demandé l'heure. Il était 20 h 45. Nous étions arrivés à 18 h pour un échange qui ne devait pas dépasser une demi-heure. J'avais maintenant un problème sur les bras, mais je n'y ai pas fait la moindre allusion. Je voulais qu'il sache que je lui étais tout dévoué et que rien d'autre n'avait d'importance à mes yeux. Si vous vous trouvez dans une situation semblable, évitez de consulter votre montre, sauf si vous pouvez le faire à la dérobée. Si vous constatez que vous arriverez en retard à un rendez-vous, excusez-vous en prétextant que vous devez téléphoner à votre bureau. C'est un mensonge bien innocent. Appelez la personne que vous devez rencontrer, dites-lui que vous êtes désolé de ce contretemps et revenez à table. Les affaires se déroulent à l'endroit même où vous vous trouvez et vous ne devez jamais laisser passer la moindre chance de recueillir de précieuses informations.

Lorsque j'ai négocié l'acquisition de Sarong par Playtex, il m'a également fallu incarner Holmes et Freud. Je m'étais trouvé engagé dans cette affaire de façon indirecte.

Un soir, mon ami Roberto — éternel bon vivant! — m'avait téléphoné pour nous inviter Ellen et moi, à dîner dans un restaurant italien au centre de New York. À notre arrivée, Roberto était déjà passablement éméché. Il se pendit à moi en disant:

— Viens, tu ne tarderas pas à me remercier pour ce que je vais faire.

Il me guida vers le bar et me présenta à Dave Henley. Tout en lui donnant une tape dans le dos, il reprit:

— Dave, voilà l'homme dont je t'ai parlé toute la soirée. Je te présente Victor Kiam. Je crois que vous allez avoir une foule de choses à discuter, puisque vous êtes l'un et l'autre dans le commerce des gaines.

David était le principal actionnaire de Sarong inc. Il avait raconté à Roberto qu'il cherchait à se retirer de l'affaire et ce dernier avait rétorqué que Playtex serait peut-être tentée d'acquérir sa société. Roberto m'avait donc fait venir pour voir si je pouvais m'occuper de la transaction.

J'en ai parlé à Harry Stokes, chez Playtex. Celui-ci connaissait bien la société Sarong et a aussitôt reconnu qu'il pourrait s'agir d'une merveilleuse acquisition pour nous. Il m'a chargé d'en négocier les conditions. Il était entendu que si je réussissais cette transaction, Sarong serait intégrée à International Latex et j'en deviendrais le directeur général faisant fonction de président.

C'était plus qu'il n'en fallait pour m'inciter à jouer le grand jeu. Mais j'ai eu beau m'escrimer pour tenter d'amener David à signer, j'ai été incapable de progresser durant la première semaine. Je faisais une offre et c'est tout juste si David réagissait. C'était vraiment bizarre. Il ne rejetait aucune de mes propositions, mais il ne les acceptait pas non plus. Je ne savais plus comment m'y prendre. Tous mes efforts se butaient à un mur d'indifférence. Au début, j'ai cru qu'il s'agissait d'une tactique de la part de David, mais plus le temps passait, plus j'avais la conviction qu'il y avait anguille sous roche. Il ne jouait pas au base-ball. Le fait de ne jamais me présenter de contre-proposition prouvait qu'il ne jouait à aucun jeu. De toute évidence, je n'avais pas encore trouvé ce que Dave Henley voulait et, tant que je l'ignorerais, il serait vain de poursuivre les négociations.

J'ai donc entrepris de découvrir ce qui pourrait ébranler Dave Henley. Je connaissais son histoire; il avait hérité d'une fortune et l'avait mise à profit pour se tailler une certaine réputation comme producteur de second plan à Hollywood. Il avait pris part à certains des derniers films d'Errol Flynn, à qui il devait d'avoir fait la connaissance de Roberto. Même s'il était marié, on le considérait comme un play-boy. Je n'insinue pas qu'il passait son temps à flirter dans tous les coins ou qu'il essayait d'imiter les excentricités de Flynn. Mais il aimait les feux des projecteurs et les soirées à tout casser.

Dans un effort pour mieux le connaître, j'ai commencé à l'inviter à dîner, même quand nous n'avions pas l'intention de parler affaires. C'est alors que j'ai découvert que le David Henley officiel portait un masque. Il existait un autre David qui mourait d'envie de se faire connaître. Conscient du fait, je l'ai sondé avec tact en l'interrogeant délicatement sur sa vie. Plus je lui manifestais d'intérêt, plus il s'ouvrait. Il s'est révélé un homme prévenant et sérieux, qui ne demandait pas mieux que de se montrer sous son vrai jour. Son besoin de s'épancher me confirma ce que j'avais soupçonné: David Henley était un homme seul. Il n'avait personne à qui se confier. Il avait tenté de combler la vide de son existence en fréquentant les clubs de nuit et de purs étrangers, se réfugiant dans la conviction qu'ils ne pourraient jamais lui donner l'affection qu'il craignait et réclamait à la fois.

David avait quinze ans de plus que moi, mais je l'ai adopté comme s'il avait été mon fils. Je lui téléphonais tous les soirs pour avoir de ses nouvelles. Ellen et moi l'invitions à dîner à la maison. Je lui témoignais l'intérêt que jamais personne ne lui avait accordé. Si vous vous intéressez à votre interlocuteur pendant une négociation, vous gagnerez sa confiance. Il saura que vous ferez tout pour éviter qu'il ne soit lésé dans la transaction. Je n'avais eu aucun mal à nouer cette relation avec David. C'était un homme extrêmement sympathique et j'étais tellement touché par son besoin d'amitié que je me suis réellement soucié de son bien-être. Nous sommes devenus des amis très proches. Quand est venu le moment de mettre au point un accord, les négociations se déroulèrent dans l'entente la plus cordiale. Le marché a été conclu et Sarong est devenue partie intégrante de International Latex. Si je n'avais pas pris le temps de déchiffrer David Henley et de répondre aux signaux qu'il m'envoyait, nous n'aurions peut-être pas pu acquérir la société.

Apprendre à connaître la personne avec qui l'on traite est une stratégie qui oblige souvent à recourir à ses employés, à ses collègues, à ses associés et à sa famille. Ici encore, *l'information est la meilleure arme du négociateur.* Mais il faut parfois faire des pieds et des mains pour l'obtenir.

Au cours d'une récente négociation — une acquisition, en l'occurrence — le propriétaire de l'entreprise m'a donné énormément de fil à retordre. Chaque fois que nous paraissions avoir fait quelque progrès, il soulevait quelque point mineur et nous reculions à la case de départ. Je ne savais par quel bout prendre mon homme et je commençais à trouver cela agaçant.

J'ai donc pris une certaine distance afin d'analyser la situation. Aurait-il brandi un drapeau rouge sans que je m'en aperçoive? Durant nos entretiens, il mentionnait souvent qu'il n'avait eu que bien peu de loisirs au cours des trente dernières années. «Je ne me souviens même pas de la dernière fois où j'ai pris des vacances» était son leitmotiv. Il répétait constamment qu'il avait peu de temps à lui et qu'il avait oublié ce que signifiait prendre du bon temps. De toute évidence, ces doléances dissimulaient autre chose. Quelles que soient les clauses du contrat, j'avais la certitude qu'il ne voudrait absolument plus entendre parler de son entreprise après la vente. Je ne pouvais donc pas peindre une perspective à son intention à propos d'une éventuelle collaboration. Je devais découvrir ce qu'il avait l'intention de faire après avoir quitté la compagnie.

J'abordai le sujet avec quelques-uns de ses directeurs et certains membres de sa famille. Il n'y avait rien de machiavélique là-dedans. Nous bavardions simplement, comme ça. À un moment ou à un autre pendant la conversation, je lançais avec nonchalance:

— Ouais... on dirait parfois que Charley est au bout de son rouleau. Je pense qu'il a besoin d'un peu de repos. Peut-être vaudrait-il mieux interrompre ces négociations et le laisser souffler quelque temps.

Je mettais en plein dans le mille! Deux des personnes avec qui je m'étais entretenu m'ont confié:

— Ne vous en faites pas pour Charley. Il a besoin de vacances, et de longues vacances. Il le sait. C'est d'ailleurs pourquoi il vend la société.

Avec un tel indice, je n'ai pas mis longtemps à découvrir de quoi il retournait. Charley rêvait de se retirer, non seulement de sa société, mais également du monde des affaires. Il en avait assez de travailler et il se moquait bien de savoir à qui il vendrait son entreprise, du moment qu'il pourrait en retirer un million de dollars après impôts. Cette somme confortable lui permettrait de passer le reste de ses jours à compter les coquillages sur une plage des Antilles ou à se consacrer à son passe-temps favori. J'ai élaboré mon offre en fonction de ses besoins. Sachant que cela n'avait aucun intérêt pour lui, je n'avais plus à me soucier des stimulants que je lui aurais normalement proposés si sa société était florissante.

J'étais fin prêt. Au cours de la séance suivante, je lui ai clairement fait savoir que la seule façon d'atteindre son but était de vendre son affaire, à moi ou à quelqu'un d'autre. J'avais étudié l'encaisse, l'état des résultats et le bilan. Il avait encore en souffrance une bonne partie d'un prêt considérable. Son entreprise lui rapportait un revenu net de six chiffres. J'avais une assez bonne notion de ce que lui coûtait son train de vie, parce que j'avais pris la peine de visiter sa maison et de l'observer dans l'intimité. Je lui ai prouvé que, même en mettant les choses au mieux, il n'aurait pas assez du reste de sa vie pour rembourser cet emprunt. À moins d'une hausse spectaculaire de son chiffre d'affaires, il ne réussirait jamais à s'offrir la retraite dorée dont il rêvait tant.

Quand je lui ai fait remarquer ce point, il m'a demandé pourquoi j'étais prêt à prendre le contrôle de sa société et à me charger de sa dette. J'ai joué franc-jeu avec lui. À mon sens, son entreprise constituait un investissement qui en valait la peine. Elle rapportait gros et s'intégrerait parfaitement à quelques-uns des secteurs d'activité de Remington. Cette possibilité lui donnait encore plus de valeur. J'ai affirmé à Charley qu'il avait bâti une entreprise formidable et que je serais fier de lui conserver son rang dans l'industrie. Je lui annonçais de bonnes nouvelles. Je n'avais aucune raison de tirer sur lui ou sur son entreprise à bout portant. Il avait fait du bon travail. Mais, même dans le cas contraire, je n'aurais pas tenté de le rabaisser. On ne doit jamais se mettre l'autre partie à dos quand on négocie, sauf si l'on a envie de mettre un point final aux pourparlers.

Je lui ai ensuite énuméré quelques-uns des motifs qui nous incitaient à vouloir conclure l'achat. Comme sa société couvrait un champ connexe au nôtre, nous pourrions assumer certaines des sommes qu'elle devait défrayer, sans qu'il nous en coûte quoi que ce soit. Ainsi, comme les deux entreprises traitaient, pour une bonne part, avec les mêmes clients, nous ne devrions pas engager de vendeurs supplémentaires. Les finances de sa société étaient administrées par un imposant service comptable. Le nôtre était déjà en place. Ce n'était là qu'une partie des secteurs où nous pourrions réduire les coûts d'exploitation. Les économies réalisées par le truchement de la fusion permettraient d'accroître plus que jamais la rentabilité de sa société (sans qu'il faille même y ajouter un seul nouveau client) et de rembourser l'emprunt très rapidement. Cette question étant réglée, et ayant l'assurance de pouvoir réaliser son rêve, Charley conclut rapidement les négociations, à notre double satisfaction. Il avait son magot, j'avais la compagnie.

Quand vous faites appel aux dirigeants d'une entreprise dont vous négociez la prise de contrôle, vous devez leur démontrer qu'ils ont tout à gagner à faciliter l'opération. Faites en sorte que ce point soit très clair pour eux. Il n'y a rien de louche là-dedans. Agissez toujours ouvertement. Dites par exemple au propriétaire:

— Écoutez, il faut que je parle à vos employés. Si j'acquiers votre entreprise et que vos principaux cadres démissionnent, je vais me retrouver dans de beaux draps! Je veux savoir ce qu'ils pensent de la transaction et faire tout en mon pouvoir pour les inciter à rester.

Lors de ces entretiens, commencez à peindre la perspective. Confiez aux intéressés quels sont vos projets pour l'entreprise et vos attentes face au rôle important que vous leur réservez. Découvrez par vous-même ce qu'ils comptent retirer de cette nouvelle relation. Ce serait une excellente politique de demander à la direction actuelle quels objectifs elle envisagerait d'atteindre. En d'autres termes, tâchez de connaître la perspective qu'ils ont brossée pour eux-mêmes, afin de l'incorporer à la vôtre. Suscitez l'enthousiasme à un point tel que les directeurs, aussi bien que le personnel, n'auront plus qu'une envie: vous voir conclure la transaction. Ils vous tiendront lieu de vendeurs auprès du propriétaire.

Lorsque des démarcheurs ou d'autres intermédiaires interviennent dans les négociations, assurez-vous de pouvoir compter sur eux pour mener celles-ci à bonne fin. Ils ont aussi quelque chose à gagner; veillez à ce qu'on leur verse leurs honoraires ou leur commission.

Un banquier m'avait téléphoné, un après-midi, pour me parler d'un jeune homme qui voulait vendre sa manufacture de vêtements. Il l'avait fondée lui-même et l'affaire avait prospéré, mais il avait connu des déboires financiers, tout comme dans la plupart de ses autres entreprises. Il se trouvait alors devant une alternative pénible: vendre ou faire faillite.

Le directeur de sa banque, qui me connaissait, avait supposé que cela m'intéresserait de racheter l'affaire. Il a organisé une rencontre entre le propriétaire et moi-même. Toutefois, avant la réunion, j'ai rassemblé toutes les données possibles sur ce secteur de l'industrie en général et sur ladite entreprise en particulier.

Le propriétaire — nommons-le George — est venu me rencontrer chez moi, à New York. À peine avait-il franchi le seuil de la porte qu'il m'a lancé:

— J'ai les nerfs à fleur de peau. Pourrais-je boire quelque chose?

D'emblée, je savais qu'il allait essayer de me tordre le bras. S'il avait été réellement nerveux, il se serait bien gardé de l'admettre et aurait tout fait pour paraître calme. George avait l'air d'un adolescent — il devait avoir trente ans au moins, mais en paraissait à peine vingt — et il tentait de me donner l'innocente image d'un bébé qui vient de naître. Deux minutes après son arrivée, il a laissé tomber sa nervosité feinte et a entrepris de me vanter les mérites de son entreprise. J'étais censé croire que cela lui fendait le coeur de se débarrasser de cette affaire en or. Il va de soi que si tout avait marché aussi bien qu'il l'affirmait, notre rencontre n'aurait pas eu lieu. Pressentant que cette idée pouvait m'avoir effleuré l'esprit, George m'a expliqué que la seule raison qui le poussait à vendre était qu'il venait de ce lancer dans le domaine de la fiscalité et que cela le fascinait tellement qu'il voulait pouvoir s'y consacrer corps et âme. J'avais un mal fou à m'empêcher de rire. Après cela, il s'est mis à dire pourquoi, selon lui, j'aurais tout à gagner en me lançant dans l'industrie du vêtement. Ce n'était plus une perspective que cet hurluberlu était en train de peindre, mais la chapelle Sixtine tout entière!

Pour couronner le tout, il m'a assuré que je pourrais acquérir son entreprise pour deux millions de dollars, et que si le prix ne me convenait pas, il connaissait quantité d'acheteurs qui s'empresseraient de sauter sur une pareille occasion. Et, en guise d'ultimatum, il m'a répété:

— Je ne tiens pas vraiment à tout lâcher, mais je pense qu'il est temps pour moi de changer de style de vie.

Tout en l'écoutant débiter ses balivernes, je regardais son bilan du coin de l'oeil en pensant: «Ce gosse est vraiment dans de sales draps. Son affaire est en train de sombrer sous mes yeux.» Durant toute la réunion, je l'avais laissé parler, ne l'interrompant que rarement pour lui poser une question. Quand il eut fini son numéro, je lui dis:

— C'est très impressionnant, en effet. Laissez-moi le temps d'y réfléchir et je vous donne de mes nouvelles dans quelques jours.

J'aurais pu démolir sa présentation sans attendre, mais je ne tenais pas à jouer le rôle du gros méchant dans cette affaire. Je disposais d'un allié qui allait s'en charger: la banque. La compagnie de George lui devait des sommes impressionnantes et, si elle faisait faillite, cela leur coûterait très cher. Avec un pareil enjeu, c'était elle qui allait le ramener à la raison.

J'ai donc appelé le banquier qui avait joué à l'entremetteur:

— C'est un drôle de numéro que vous m'avez envoyé. Vous m'avez prié de le rencontrer, je l'ai fait. Vous et moi savons qu'il est presque au bord de la faillite. Cela lui pend au nez. Honnêtement, combien vaut son entreprise, à votre avis?

Le banquier reconnut n'en avoir aucune idée. J'insistai:

— Vaut-elle un million et demi?

— Grand Dieu! Est-ce là ce que vous lui avez offert? Ce serait une somme faramineuse pour cette compagnie.

— Vaut-elle un million et demi? répétai-je.

— Absolument pas!

— Et, repris-je, vaudrait-elle deux millions de dollars?

Le banquier se mit à rire: «Bien sûr que non!» Du coup, je ripostai:

— Eh bien! c'est exactement ce qu'il espère en obtenir: deux millions de dollars.

Mon interlocuteur faillit s'étouffer:

— Vous n'êtes pas sérieux? C'est ridicule! Comment peut-il avoir le culot de réclamer une somme pareille?

Le banquier venait de passer dans mon camp. J'annonçai alors mes couleurs:

— Je pense qu'il y a moyen de tirer quelque chose de cette manufacture, mais nous savons tous les deux qu'il faudra travailler d'arrache-pied et la refinancer. Je ne compte pas aplanir la chaussée devant vous. Dans son état actuel, l'affaire vaut un demi-million et pas un sou de plus. C'est là mon offre. Mais je ne crois pas réussir à le convaincre d'accepter ce prix. Il vous faudra m'aider. Discutez-en avec lui. Si son entreprise fait faillite, votre banque perdra gros.

Le banquier admit que mon offre était équitable et il ajouta qu'il ferait tout son possible pour convaincre George de s'en contenter. Il doutait de pouvoir trouver un autre acheteur aussi généreux. En exposant mon cas clairement, je m'étais débarrassé du fardeau de la preuve et j'avais obligé le banquier à défendre mon point de vue. Le directeur a donc convoqué George à son bureau et l'a tancé vertement en précisant sans équivoque ce qui risquait de se passer par suite de ses exigences déplacées. Lors de notre seconde rencontre, la discussion s'est déroulée de façon un peu plus réaliste. Chaque fois que George essayait de jouer au plus fin avec moi, je téléphonais au banquier et je les laissais s'arranger entre eux. Finalement, alors que je n'avais jamais réellement négocié avec lui, nous en sommes venus à un accord beaucoup plus rapidement que je ne l'aurais cru au début de cette transaction.

Prévenez le démarcheur ou l'intermédiaire chaque fois que l'autre partie fait montre de prétentions exorbitantes ou chaque fois que vous découvrez quelque point négatif à propos de l'entreprise. Il est dans leur intérêt de faire progresser les négociations. Les démarcheurs ne peuvent toucher leur commission tant que le marché n'a pas été conclu. N'hésitez pas à soutirer des informations à l'intermédiaire. Laissez-le amener la partie adverse dans la direction que vous avez choisie. Il ramènera le vendeur à la réalité en lui rappelant que les éléments négatifs dont vous lui avez fait part influent sur la valeur de son entreprise. Ne lui permettez pas de tenir d'autre rôle que celui d'allié. Vous le payez; mettez-le à contribution.

Contrairement à l'attitude du propriétaire de la manufacture de vêtements, vous devez toujours savoir si vous êtes en position ou non de formuler des exigences dans le cadre d'une négociation. Après l'achat de Remington, je m'étais rendu dans le Michigan pour voir K Mart, notre plus gros client. En étudiant les dossiers, j'avais constaté que notre position par rapport à eux était plutôt précaire. Nous constituions environ un huitième de leurs ventes de rasoirs, Norelco avait quelque six huitièmes et le reste revenait à Sunbeam. Je savais que nous ne comptions pas beaucoup pour K Mart, mais j'espérais pouvoir renverser la vapeur grâce à une commercialisation dynamique.

Mon entrevue avec l'acheteur de K Mart porta essentiellement sur de futurs accords. Tout se passait très bien, l'acheteur se montrait amical et avait approuvé certaines de mes idées pour la mise en marché du rasoir. Juste au moment où nous allions clore l'entretien, le directeur des produits a fait son entrée et m'a lancé:

— Je suis bien content de vous voir, parce que K

Mart et Remington ont un problème. En réalité, c'est davantage le vôtre que le nôtre et j'aimerais savoir comment vous entendez le régler.

Je ne m'attendais pas à de mauvaises nouvelles et lui ai demandé de quoi il s'agissait.

— Votre compagnie, me dit-il, nous a vendu une importante quantité de nouveaux rasoirs. Au moment de l'achat, Sperry (l'ancien propriétaire de Remington) nous avait assuré que le produit serait soutenu par une gigantesque campagne publicitaire. Nous avons donc acheté les rasoirs parce que nous espérions profiter d'une campagne de publicité à la radio et à la télévision. Nous nous attendions également à autre chose que les classiques annonces dans les journaux. Si nous avions su qu'il en serait autrement, nous n'aurions pas passé une telle commande. Et maintenant, je viens d'apprendre que vous n'avez pas l'intention de faire la moindre campagne qui ressemblerait un tant soit peu à ce que Sperry nous avait promis!

C'était vrai. Je n'avais pas réellement renoncé à cette campagne, mais j'avais dû modifier mes plans à cause de la Federal Trade Commission. Lorsque Sperry l'avait préparée, il l'avait soumise à l'approbation de la Food and Drug Administration. La FDA avait contesté l'affirmation voulant que le rasoir aide à prévenir les irritations dues au fil de la lame; Sperry avait répliqué en soutenant que le rasoir n'était pas un article médical et que l'objet échappait donc à la juridiction de la FDA. Celle-ci avait reconnu le bien-fondé de l'argument, mais juste au moment où la campagne allait démarrer, la FTC s'était emparée du dossier. Elle avait statué que le rasoir *était bel et bien* un article médical et que toute assertion sur sa capacité de prévenir les irritations devrait être fondée sur des preuves médicales qui seraient, en outre, vérifiées par la FDA.

C'était au milieu de cette controverse que j'avais pris

la direction de Remington. Après étude, je m'étais dit qu'il en coûterait beaucoup trop cher pour soumettre le rasoir à des tests médicaux poussés et que cela nous ferait également perdre trop de temps. Sûr de moi, j'avais décidé d'annuler complètement la campagne. Pour les dirigeants de K Mart, cette décision équivalait à une violation de l'entente passée avec Remington et ils n'appréciaient guère mon geste. Ils étaient encombrés de trente mille rasoirs qui leur avaient coûté trente-six dollars pièce.

Je ne voyais à cela aucune solution immédiate; par contre, le directeur des produits, lui, savait clairement ce qu'il voulait et me le fit sentir:

— Je veux que vous repreniez ces rasoirs immédiatement.

S'il m'avait appris qu'on venait de me jeter à la porte de chez moi, je ne me serais pas senti plus mal. J'étais chez Remington depuis trois semaines et j'essayais de lui redonner un souffle de vie. À ce stade fragile de son existence, le plus petit rhume pouvait lui être fatal. Et l'exigence de K Mart n'avait rien à voir avec un nez qui coule; elle tenait bien plus de la peste bubonique.

Le mouvement de fonds, chez Remington, était basé sur des ventes et non sur des retours. Je savais que si j'acceptais de reprendre les rasoirs, l'emprunt que nous venions de contracter risquait d'être compromis. Mais, dans le cas contraire, je pourrais faire un trait sur nos relations commerciales avec K Mart. Le choix était clair: perdre une importante source de financement ou voir disparaître plus gros client éventuel.

J'étais assis dans le bureau de l'acheteur et je sentais des filets de sueur couler le long de mon dos. Indifférent à la situation dramatique dans laquelle il venait de me plonger, le directeur des produits revint à la charge:

— Alors, vous allez les reprendre ou non?

Que pouvais-je faire? Je finirais toujours par conclure

un arrangement avec la banque; je savais qu'il y aurait d'autres négociations avec K Mart. C'est pourquoi j'ai pris la seule décision possible dans les circonstances: j'ai accepté de reprendre les rasoirs.

À peine la réunion avait-elle pris fin que je me suis précipité vers le téléphone le plus proche pour rejoindre le directeur des finances chez Remington:

— Don, tu ferais mieux de vérifier les clauses de notre emprunt et ensuite d'examiner nos prévisions concernant nos rentrées. Je viens de reprendre pour plus d'un million de dollars en rasoirs, chez K Mart.

Silence. J'ai cru que Don avait rendu l'âme. Finalement, il a retrouvé juste assez de force pour murmurer «Oh! mon Dieu!» et a lâché le téléphone pour filer vers ses dossiers.

Pour conclure, ce problème s'est réglé mieux que je ne l'avais escompté. J'avais accepté de reprendre les fameux rasoirs en mars. L'échange de paperasses aidant, K Mart n'a pas été prêt à nous les renvoyer avant la fin de juin. Et encore, il leur a fallu deux mois de plus pour compléter. Après quoi, nous disposions encore d'une trentaine de jours pour les rembourser. À ce moment-là, nous avions considérablement repris du poil de la bête, notre caisse était saine et nous avons pu absorber cette perte sans trop en souffrir.

Trois ans plus tard, notre affaire était en pleine expansion. Nous détenions cinquante pour cent du marché des rasoirs chez K Mart au lieu des douze pour cent initiaux. Le directeur des produits, qui avait pris du galon, était devenu mon ami. Un jour que nous déjeunions ensemble, je lui ai dit:

— Tu n'en as sans doute pas eu conscience à l'époque, mais quant tu m'as enjoint de reprendre tous ces rasoirs, tu m'as réellement passé la corde au cou. Cela aurait pu me ruiner.

Je lui ai alors décrit notre situation précaire et j'ai ajouté:

— Mais je ne pouvais pas me permettre de vous perdre et j'ai pensé qu'il serait plus sage d'obtempérer.

— Tu as bien fait, a-t-il approuvé en souriant.

Cette affirmation a été corroborée peu après la fin de mes problèmes avec ces rasoirs.

L'un de nos principaux concurrents avait connu une situation analogue avec un autre gros client. Il venait de lancer une trousse de beauté qui comprenait une vingtaine d'articles ainsi qu'un rasoir pour dame. Même offerte à 34,95 $, la trousse ne se vendait pas. Le client avait donc voulu retourner son stock, mais notre rival avait eu moins de jugeote que je n'en avais fait preuve dans l'affaire K Mart. Comme son chiffre d'affaires était très élevé, il s'était cru assez fort pour refuser. Il se disait: «Vous les avez achetées, gardez-les.» C'était là un manque désolant de perspicacité, car son entreprise faisait d'importantes affaires avec ce client. Leur marque de rasoir pour dame et la nôtre étaient les deux seules que vendait cette chaîne et, en outre, c'est mon compétiteur qui détenait la plus grosse part du gâteau. Il aurait valu la peine pour lui d'en arriver à un compromis avec son client le plus important.

En décembre 1981, j'avais rendez-vous avec ce même client. Avant de me rendre au siège social, j'avais fait un tour dans plusieurs de leurs magasins. Dans chacun, j'avais vu une affiche des plus intrigantes. Le rasoir pour dame de mon rival se vendait 19,95 $, mais la trousse de beauté, qui comprenait ce même rasoir, était offerte à 14,95 $. J'ai fait signe à un vendeur:

— Pardonnez-moi, mais n'y aurait-il pas une erreur? Vous vendez la trousse 14,95 $ alors que le rasoir tout seul coûte 5 $ de plus. Comment une trousse avec rasoir peut-elle valoir moins cher que le rasoir seul?

Le vendeur m'a assuré qu'il s'agissait bien des bons

prix. Je me demandais: «Qu'est-ce qui se passe ici? Le client a-t-il obtenu un prix spécial ou mon concurrent a-t-il décidé de réduire ses prix?» J'ai filé tout droit au bureau de l'acheteur, en quête d'une explication.

Lorsque je lui ai posé la question, l'acheteur m'a répondu:

— Non, nous n'avons pas fait d'achat spécial, et ils ne coupent pas leurs prix. Nous cessons tout simplement de faire des affaires avec eux et nous voulons nous débarrasser de ce stock. Une fois la trousse et le rasoir épuisés, vous serez notre unique fournisseur de rasoirs pour dame.

Je n'arrivais pas à le croire! Je lui ai dit:

— Mais quelle est la raison de ce changement?

— Ne posez pas de questions. Contentez-vous de remercier le ciel de cette manne, m'a répondu l'acheteur.

Remington venait d'être récompensée pour le soin qu'elle avait toujours pris de ses clients, sans se soucier de ce qu'il pouvait lui en coûter. Par contre, notre concurrent avait payé la note, parce qu'il avait fait passer ses propres intérêts avant ceux de ses clients. À moins d'être un négociateur incompétent, vous n'aurez rien à craindre si vous vous préoccupez de votre vis-à-vis.

Il peut tout de même arriver qu'il n'ait nullement besoin qu'on le ménage. Il sait exactement ce qu'il veut et, quoi que vous fassiez, vous n'arriverez pas à le faire changer d'idée. En mars 1976, alors que j'étais lié à la société Benrus, j'avais conclu avec un club sportif du Koweit une entente portant sur la vente de montres à affichage numérique. À l'époque, cette ville baignait dans la fièvre du soccer. Elle venait de remporter le championnat panarabe et, pour célébrer cet exploit, avait fait construire six stades réservés à ce sport. Preuve éclatante de l'engouement des Koweitiens pour ce jeu, chacun des stades avait une capacité de cinquante mille spectateurs environ. Or la population de Koweit dépassait à peine cent mille habitants.»

Les richissimes supporters de l'équipe nationale avaient inondé leurs joueurs de preuves tangibles de leur admiration. Et ce club tenait justement à acheter des montres à affichage numérique pour les athlètes ainsi que pour tous ses membres.

À notre arrivée au Koweit, Ellen et moi avons été accueillis par deux Arabes en djellaba aux pans flottants, au volant d'une Cadillac décapotable. Ils ont déposé Ellen à l'hôtel et ont continué jusqu'au club avec moi.

En entrant, j'ai aperçu une petite armée de membres qui s'exerçaient à divers arts martiaux. Dans une autre salle, d'autres adeptes se livraient des duels, armés de cimeterre et de dague dont les lames étaient protégées. Finalement, j'ai pénétré dans une grande pièce meublée d'une table en acajou entourée d'élégants fauteuils de cuir et d'une énorme chaîne stéréophonique qui dominait le tout.

Un Arabe, élégamment vêtu et aux doigts chargés de bagues, était assis au bout de la table. C'était le président du club. Il fumait le narguilé, tout en sirotant un épais café turc. D'autres membres du club avaient pris place autour de la table et écoutaient la chaîne stéréo. J'ai su qu'ils attendaient la retransmission du premier match de l'année inscrit dans le cadre d'un championnat européen, qu'allait disputer l'équipe nationale de soccer. Celle-ci affrontait une équipe allemande et tous ses supporters attendaient impatiemment le coup d'envoi. Je me suis assis à côté du président et j'ai entamé d'emblée les négociations. Il m'a déclaré qu'il voulait acheter six mille montres, et je me suis dit: «Parfait. C'est une belle commande, surtout pour un modèle que Benrus est sur le point d'abandonner.» Nous nous apprêtions, en effet, à lancer un nouveau style de montre qui, d'après moi, allait connaître un vif succès. Je savais que les Koweitiens voulaient les montres et, compte tenu du fanatisme qu'ils manifestaient à l'égard de tout ce qui concernait leur équipe de soccer, je ne croyais pas qu'ils marchanderaient beaucoup si mon prix était honnête. J'avais l'intention de leur laisser les articles pour un peu plus que le prix coûtant et je ne doutais pas un instant que l'affaire était dans le sac. Après réflexion, j'avais donc décidé d'amorcer la discussion à trente dinars (vingt-deux dollars) et de clôturer à vingt dinars.

Toutefois, je n'avais pas encore mentionné de prix que le président du club après m'avoir dit que les montres étaient fort jolies, m'a annoncé que le maximum qu'il était prêt à payer serait l'équivalent de quarante-huit mille dollars pour tout le bazar. Huit dollars par montre! Avec un tel écart, la discussion promettait d'être animée. Nous avons négocié quatre heures et demie durant. Il m'a fallu suivre tout le match et nous ne pouvions échanger de commentaires que pendant les temps morts. Je me défendais si mal qu'un des participants m'a suggéré de m'exercer au maniement du cimeterre, sous prétexte que cela m'aiderait à devenir un meilleur négociateur. Même si j'avais effectivement besoin d'aide, j'ai décliné sa proposition. Cela valait mieux, d'ailleurs. Je n'avais pas du tout envie de me faire étriper uniquement pour apprendre à négocier, et je l'ai prouvé en sortant de cette séance épuisante avec un léger gain: j'avais convaincu le président du club de hausser son offre... de vingt-cinq cents l'unité. J'étais heureux de m'en tirer à ce prix. À peine l'entente était-elle signée que je suis remonté dans la Cadillac pour me faire conduire à mon hôtel. Lorsque j'ai pénétré dans la chambre, Ellen m'a demandé comment cela s'était passé:

— Pas trop mal, lui ai-je répondu, mais laisse-moi te dire que je ne reviendrai jamais négocier dans ce pays sans avoir d'abord appris le maniement d'un cimeterre et d'une dague. Ces types jouent continuellement avec ces armes. Ça doit sûrement les endurcir. Quand ils négocient, c'est une véritable guerre ouverte, et ils ne semblent pas enclins à faire des prisonniers.

J'avais été affligé d'un handicap insurmontable durant ces négociations. Comme je l'ai appris par la suite, les Koweitiens savaient que je cherchais à me débarrasser des montres à n'importe quel prix. Ils avaient appris que nous allions abandonner ce modèle — c'était un secret de polichinelle — et s'étaient dit qu'ils pourraient en profiter. Ils étaient également au courant du temps et de l'argent que j'avais investis dans cette transaction, et en avaient conclu avec raison que je ne voudrais quitter le Koweit les mains vides. Et pour couronner le tout, le président du club s'était servi du match de soccer et de ses temps morts pour fixer le rythme de la transaction. À la lumière de tous ces faits, je m'estimais heureux d'avoir conclu ce marché sans devoir à les payer pour qu'ils acceptent les montres. Heureusement pour moi, mon ami koweitien souhaitait en venir à une entente, même s'il n'avait pas l'intention de me faire de cadeau. Il vous arrivera, de temps en temps, de tomber sur quelqu'un qui ne tient pas vraiment à vendre. Dès lors vous feriez bien de commencer à creuser une tranchée, parce que vous vous trouverez engagé dans une guerre d'usure.

En pareil cas, votre interlocuteur est généralement celui qui a fondé l'entreprise, et c'est grâce à lui si elle est devenue viable. Comme il l'a couvée pendant tant d'années, il répugne à s'en défaire. J'ai déjà vécu semblable situation. Il y a quelques années, j'ai négocié l'acquisition d'une fabrique de petits appareils électroménagers. Son propriétaire, qui l'avait mise sur pied en 1941, était un sexagénaire avancé. Les négociations s'étaient déroulées normalement et nous avions rapidement réglé toute les questions de détail. Mais au moment de signer, il n'avait pu se résoudre à apposer son nom au bas du document. Il s'était mis à tergiverser, à inventer mille et un prétextes pour retarder la conclusion du marché. Tous les points sur lesquels nous étions tombés d'accord devaient maintenant être revus par un bataillon d'avocats et de comptables. Dès le début de ce petit jeu, j'avais compris que les carottes étaient cuites. Les liens affectifs qui l'unissaient à son entreprise étaient beaucoup trop forts pour qu'il puisse se résigner à la rupture, même si c'était lui qui était à l'origine de la transaction.

Un après-midi, donc, je m'étais installé avec lui et lui avais déclaré:

— Vous ne voulez vraiment pas laisser aller votre société, et l'argent n'a rien à voir avec ça. Il y a une offre on ne peut plus raisonnable sur la table et vous le savez. Je n'essaierai pas de vous faire accepter quelque chose à votre corps défendant. Oublions le marché pour le moment. Si, plus tard, vous décidez de vendre, donnez-moi un coup de fil. J'y porterai autant d'intérêt que maintenant. Vous connaissez mon offre. Je ne reviendrai dessus et je doute que quelqu'un puisse vous offrir davantage. Je tiens également à vous dire que, si vous changez d'avis et si vous me téléphonez, rien n'empêche que vous demeuriez au sein de l'entreprise à un titre ou à un autre. En fait, j'aimerais que vous restiez. Votre connaissance de son fonctionnement nous serait d'une aide inestimable, surtout durant la période de transition.

Ce disant, je faisais d'une pierre deux coups. J'amenais d'abord les transactions à terme (sauf si le vendeur revenait sur sa décision, toute discussion supplémentaire serait une perte de temps pour les deux parties). J'avais également aplani le seul obstacle à l'aboutissement des négociations. En offrant au propriétaire de rester, j'estimais avoir exaucé son voeu. Quand j'y repense, je constate qu'il avait parlé à mots couverts pendant toute la durée des négociations, mais j'étais tellement certain d'enlever l'affaire que je n'y avais guère prêté attention. C'étaient ses atermoiements qui m'avaient forcé à examiner de plus près ce qu'il tentait de me dire. Il m'avait fallu découvrir pourquoi il semblait vouloir empêcher la conclusion du marché en ergotant sur des détails. Après une analyse de la situation, la solution était évidente. Je lui avais donc offert de rester, puis j'avais plié bagages et j'étais parti. C'était la seule chose à faire. Le vieux monsieur ne m'a toujours pas donné signe de vie, mais il n'a pas non plus tenté de vendre sa fabrique à quelqu'un d'autre. Je doute fort qu'il finisse jamais par la quitter.

Ce genre de problème survient rarement lorsqu'on traite avec une société plutôt qu'avec un propriétaire unique. Dans le premier cas, le conseil d'administration a vraisemblablement chargé ses représentants de procéder à la liquidation de l'entreprise ou d'une filiale, et un comité peut avoir été formé dans ce but. Il est peu probable que l'un ou l'autre de ses membres ait quelque lien avec l'entreprise ou la filiale mise en vente. Le facteur émotionnel ne joue pas ici; c'est uniquement une question de gros sous. Si le conseil a donné ordre au négociateur en chef de vendre pour dix millions, celui-ci consacrera tous ses efforts à s'y conformer. Mais, en cas d'échec, il peut revenir devant le conseil pour l'en informer: «J'ai fait de mon mieux, mais je n'ai pas réussi à obtenir une offre supérieure à huit millions.» Le conseil lui donnera probablement carte blanche pour conclure l'affaire. Les administrateurs ne tiennent pas à jouer les durs à cuire, ils veulent tout bonnement se débarrasser d'une excroissance indésirable. Celui qui négocie en leur nom n'aura pas perdu la face s'il n'arrive pas à vendre pour la somme fixée à l'origine. Il n'est pas responsable de la dévaluation de l'entreprise puisqu'il ne lui est pas associé. D'ailleurs, le conseil d'administration pourra fort bien se réjouir de cette mauvaise nouvelle apparente. Il se félicitera d'avoir liquidé une entreprise qu'il estimait à dix millions alors qu'elle n'en valait plus que huit, et de s'y être pris à temps car qui sait si sa valeur n'aurait pas encore baissé après un ou deux mois? La filiale ou l'entreprise sont probablement déjà rayées de l'organigramme de la société et personne ne les regrettera.

Par contre, si vous traitez avec un propriétaire qui évalue sa société à dix millions et que vous ne lui en offrez que huit, vous risquez d'avoir du mal à le convaincre. Bien souvent, c'est sa dernière entreprise et, par conséquent, son ultime chance de toucher une grosse somme; il marchandera donc jusqu'au dernier sou. Chaque fois que vous traitez des affaires avec un individu, les obstacles risquent d'être infiniment plus complexes que si vous le faites avec une société.

Tout comme pour la vente, j'aime appliquer la stratégie de la bonne nouvelle quand je négocie un achat, mais j'évite d'en abuser. Toute transaction a un rythme qui lui est propre. Au début, vous ne devez pas critiquer l'entreprise de votre interlocuteur dans le seul but de l'inciter à baisser son prix. Vous le rebuterez inutilement. Félicitez-le, au contraire, pour ce qu'il a réussi à en faire, en insistant sur votre désir d'en faire l'acquisition. Si, après la vente, le propriétaire conserve un poste dans l'entreprise, tracez-lui un portrait flatteur de tout ce que vous pourrez accomplir ensemble. Faites en sorte qu'il se sente fier de lui-même et de sa société. Vous pouvez même reconnaître que s'il n'avait pas mené son affaire au succès, vous vous en désintéresseriez. Ce n'est que s'il vous donne du fil à retordre au moment où vous commencerez à discuter du prix que vous pourrez décider de jouer serré.

En premier lieu, amenez votre vis-à-vis à prendre certains engagements. Demandez-lui, par exemple, quels bénéfices il compte réaliser dans l'année. Comme il tient à ce que vous achetiez, il citera probablement un chiffre élevé, car il n'a aucun intérêt à sous-estimer les résultats éventuels. Quelqu'un à qui je posais cette question m'avait alors répondu:

— Notre chiffre d'affaires sera de quatre millions cette année, soit un profit net de quatre cent mille dollars.

Ce disant, il venait de me fournir un point de repère et j'avais pu répliquer:

— C'est fantastique, mais que se passera-t-il si vous n'y arrivez pas? Quelle est votre protection? Je ne doute pas que vous y parveniez, puisque vous me l'affirmez. Après tout, vous dirigez une entreprise hors pair. Mais son prix est fonction de votre évaluation. Vous connaissez mieux que moi les éléments qui pourraient contrecarrer vos projets. Aussi, si vous n'atteignez pas cet objectif, seriez-vous d'accord pour réduire le prix?

Du moment qu'il avait avancé un chiffre, je pouvais m'en prévaloir. C'était le premier pas vers l'obtention d'importantes concessions sur le plan financier. De votre côté, essayez de vous engager le moins possible. Moins vous en direz, plus votre adversaire se montrera loquace et plus vous aurez la possibilité de l'emporter haut la main.

Quand vous aurez à faire état d'éléments négatifs, parlez-en avec un tact extrême. Vos remarques sont celles d'un homme d'affaires. Si vous mentionnez ces éléments, c'est uniquement pour ramener la valeur de l'entreprise à un niveau plus réaliste. D'ailleurs, vous pouvez charger quelqu'un d'autre de franchir cette étape. Déléguez l'un de vos collaborateurs, un comptable, par exemple, pour être le porteur de ces mauvaises nouvelles.

À un moment donné, pendant que je négociais avec celui qui affirmait que son entreprise ferait un profit de quatre cent mille dollars pour l'année en cours, il m'avait fallu refréner son optimisme:

— Harry, mon comptable aimerait vous montrer quelque chose. Il voudrait attirer votre attention sur un point que vous connaissez déjà, j'en suis certain. Il nous faudra probablement prévoir une provision d'environ un demi-million de dollars pour les comptes à recevoir. Je ne suis pas certain que cela soit nécessaire, mais mon comptable insiste. C'est une saine mesure, étant donné la situation de votre entreprise. Mais cela pourrait en diminuer la valeur nette et il serait préférable que nous examinions de plus près le prix que vous en demandez.

Il se peut même que vous soyez forcé d'adopter une attitude encore plus ferme. C'est généralement ce qui se passe lorsque vous traitez avec un individu qui perd toute notion de la réalité dès que la valeur marchande de son entreprise est en cause. Au cours des négociations citées plus haut, mes comptables avaient découvert que les prévisions de Harry n'étaient que du vent. Il avait donc fallu lui mettre les points sur les i sans ménagement:

— Harry, j'étais tenté d'acheter votre entreprise, mais voilà que mes comptables m'apprennent qu'elle pourrait fort bien se retrouver en pleine déconfiture. Vous affirmez qu'elle rapportera quatre cent mille dollars l'année prochaine. Eux soutiennent que ce sera moins de la moitié. Il se pourrait même que les bénéfices nets soient inférieurs au seuil de rentabilité. J'ai peine à le croire, mais si c'est exact, il faudra reprendre les négociations sur d'autres bases. Votre entreprise m'intéresse toujours, mais pas au prix que vous demandez.

En passant à l'offensive sur la base de faits précis, j'avais forcé Harry à considérer son affaire d'un oeil moins farfelu. Et, au moment de conclure le marché, nous nous étions entendus sur un prix beaucoup plus conforme à la réalité.

Bien que des négociations sont, en soi, un jeu impitoyable, vous ne devriez jamais vous permettre les coups bas. Dès que vous êtes arrivé à un accord, ne revenez pas sur votre parole, sauf si l'autre partie ne respecte pas sa part du contrat. Votre poignée de mains a, en quelque sorte, force de loi. Pour ma part, j'y accorde plus de poids qu'à une signature au bas d'un contrat. Pour un entrepreneur, une réputation d'intégrité est l'atout le plus précieux. Si vous essayez de rouler quelqu'un, cela se retournera contre vous un jour ou l'autre.

J'avais signé une entente avec un distributeur européen pour le compte de Remington. Nous nous étions engagés à dépenser un million et demi de dollars dans son pays pour une campagne de publicité qui devait durer une année entière et le distributeur acceptait d'y participer dans un proportion de vingt pour cent. Quatre mois après le début de la campagne, je suis allé rendre visite au distributeur pour voir comment il s'en tirait. Le directeur général de Remington pour toute l'Europe assistait à la réunion, de même que le directeur commercial du distributeur et son directeur des finances. Nous étions en train d'examiner les résultats de la campagne — même s'il était encore trop tôt pour en avoir la certitude, cela ne semblait pas aller trop mal — et nous avons commencé à discuter du paiement des sommes dues. J'ai averti le distributeur qu'il allait recevoir une facture correspondant à vingt pour cent des dépenses engagées. Du coup, il a pris un air grave pour me répondre:

— Je ne peux pas dépenser un sou de plus. Notre gouvernement nous a imposé des restrictions et cela nous a nui considérablement. Je ne suis plus en mesure de verser la part qui avait été convenue pour la campagne.

Je n'en croyais pas mes oreilles! Quand j'ai sorti le contrat pour lui montrer la clause en question, il a feint de ne rien voir. Je ne savais comment réagir. J'aurais pu m'abaisser à le traiter de tous les noms, mais cela n'aurait servi qu'à me soulager sans donner de résultats concrets. J'aurais pu aussi le menacer de poursuites judiciaires, mais j'avais quelque peu les mains liées. Si vous poursuivez votre distributeur, celui qui vend vos produits, pour combien croyez-vous qu'il vous en vendra? Je ne pouvais strictement rien faire, si ce n'est ravaler

234

ma fierté et proposer un compromis, même si j'étais convaincu que ce salaud me montait un bateau. Il fallait trouver une solution; je ne voulais pas perdre ce qu'il me devait déjà. Finalement, je lui ai dit:

— Nous avions conclu un marché, mais je comprends votre situation. Alors, voici ce que je vous propose: vous me payez ce que vous me devez, plus vingt pour cent de ce que vous auriez dû me verser à titre de compensation, et nous oublions toute l'affaire.

Il a accepté et nous avons échangé une poignée de mains.

Après son départ, tout le monde semblait content, même moi. Mais je me suis débarrassé du bonhomme à la première occasion et je n'ai plus jamais fait d'affaires avec lui. S'il m'avait dit: «Je suis désolé. Je sais que nous sommes liés par contrat, mais la situation économique est précaire et les restrictions gouvernementales me mettent des bâtons dans les roues. Je vais vous payer ce que je vous dois, mais je voudrais que vous m'accordiez un délai pour le reste», j'aurais compris et je n'aurais pas demandé mieux que de consentir à un arrangement. Il s'agissait de mon distributeur et je voulais qu'il soit heureux. J'aurais probablement assumé tous les coûts de la campagne et il m'aurait remboursé par la suite. Mais la façon dont il avait enfreint notre accord sans même un mot d'excuse m'avait fait voir rouge. C'est pour cela que je n'ai plus jamais traité avec lui. Et il est le seul à porter le blâme. Un entrepreneur devrait toujours se rappeler que s'il marche sur trop de pieds en jouant un double jeu ou en ne respectant pas ses engagements, il y aura, tôt ou tard, quelqu'un pour lui retourner la monnaie de sa pièce.

7

L'histoire d'un renflouement: Remington

À L'OCCASION d'un renflouement, l'entrepreneur se retrouve dans la peau d'un pompier; il se précipite dans un immeuble en flammes au moment où tout le monde en sort. Mais pas plus qu'un pompier digne de ce nom ne se précipitera dans l'immeuble pour arroser le feu au petit bonheur, l'entrepreneur n'opérera de renflouement sans une stratégie adroite. Si je n'avais pas conçu de plan précis lorsque je me suis porté acquéreur de Remington, jamais on n'aurait vu à la télé cette annonce où un entrepreneur raconte qu'après avoir essayé un rasoir électrique, il l'avait apprécié au point d'acheter la compagnie.

C'est en 1976 que, pour la première fois, j'ai eu vent de la possibilité de racheter Remington. Dewey Roberts, chargé du compte Wells Benrus chez Young & Rubicam, m'avait signalé que sa société comptait parmi ses clients la compagnie Remington, dont le groupe Sperry-Rand cherchait à se défaire. Dewey me demanda si l'affaire m'intéressait. Je ne connaissais rien à la vente des rasoirs, et Wells Benrus accaparait tout mon temps. Je lui répondis donc qu'il n'en était pas question.

Deux ans après cette conversation avec Dewey Roberts, un samedi matin, je sacrifiais à un rite hebdomadaire: la lecture du *Business Week*. Ce numéro-là contenait un entretien avec le président de Sperry, J. P. Lyet, qui déclarait préférer vendre un seul système d'ordinateurs plutôt que mille rasoirs Remington. Cela me parut curieux, puisque Sperry commercialisait les deux produits. Pour quelle raison Lyet se mettait-il ainsi à dénigrer ses rasoirs? De toute évidence, rien n'avait changé depuis ma conversation avec Roberts, si ce n'est que Sperry appuyait maintenant sur le signal d'alarme. Remington l'inquiétait visiblement, et ses dirigeants étaient sans doute de plus en plus désireux de vendre la société. De mon côté, j'avais quitté Wells Benrus pour des raisons sur lesquelles je reviendrai plus loin et j'étais en quête d'une nouvelle affaire à reprendre. J'étais à la veille de racheter une société du nom de Maui Divers, spécialisée dans la fabrication de jolis bijoux de corail. Son siège social était à Hawaï et elle disposait d'un permis d'exploitation d'un sous-marin biplace destiné à explorer le fond de l'océan. Une fois le récif de corail atteint, les corailleurs le découpaient à l'aide d'outils semblables à d'énormes pinces de crabe. Les prises déposées dans un panier fixé au sous-marin étaient ensuite acheminées vers les ateliers pour y être transformées en bijoux délicats.

Cette entreprise avait, entre autres avantages, deux particularités qui auraient séduit n'importe quel entrepreneur. D'abord, elle fabriquait des bijoux de première qualité que Friendship pourrait facilement intégrer. Ensuite, elle détenait l'exclusivité des droits sur l'exploitation du corail. Nul autre établissement n'était autorisé à glaner dans les océans ces ravissantes concrétions calcaires. Des trois ou quatre possibilités d'achat que j'avais devant moi, c'était vraiment la plus intéressante. Au moment où je m'apprêtais à faire une offre, les deux investisseurs qui devaient financer l'affaire avec moi ne s'entendirent plus et se retirèrent. J'avais finalement réussi à trouver une solution de rechange quand le rachat possible de Remington se présenta.

Dans le premier chapitre de cet ouvrage, j'insiste sur le fait qu'un entrepreneur doit savoir prendre des décisions et se tenir prêt à saisir les occasions. *L'hésitation tue la chance.* Je devais donc, sans plus attendre, examiner la situation financière de Remington. J'avais lu l'article du *Business Week* le samedi; le lundi matin, à la première heure, j'appelais J. P. Lyet. Il confirma que Remington était à vendre et me passa le directeur financier de Sperry, Ty Garcia, chargé de la cession de l'entreprise. Celui-ci m'apprit que des particuliers et des groupes l'avaient approché à propos de Remington, sans toutefois assortir leurs demandes de propositions fermes. Une fois convaincu que l'affaire m'intéressait réellement, il proposa de mettre les registres et les livres de Remington à ma disposition. Je n'en souhaitais pas davantage. Il me demanda quand je voulais passer les prendre. Je perçus son étonnement lorsque je lui répondis que je serais à son bureau dans une heure.

— Holà! me dit-il, je vois que vous ne plaisantez pas! Mais cela ne vous ennuie pas de venir ici aussi rapidement?

Je l'assurai que la chose ne me dérangeait aucunement. La chance m'invitait à faire un tour de valse avec elle. Il ne fallait pas lui laisser le temps de changer d'avis et de trouver un autre partenaire.

J'ai sauté dans un taxi qui m'amena à fond de train aux bureaux de Sperry, et j'ai traîné livres et registres jusque chez moi. Là, en vingt-six volumes et d'innombrables papiers couverts de chiffres et de données, se trouvait condensée l'histoire de Remington et de ses activités aux États-Unis et à l'étranger. Il me fallut une heure et demie pour classer cette documentation et l'étaler sur la table de la salle à manger.

En examinant les livres, je m'aperçus fort vite que

Remington n'était pas uniquement une affaire de rasoirs. Elle comptait des sociétés activement engagées dans la fabrication et la distribution d'une vaste gamme d'articles: montres au Mexique, fers à repasser à vapeur en Italie, horloges en Allemagne, produits capillaires en France. Je cherchais en vain une ligne directrice dans tout cela. Le seul article que ces pays avaient en commun était le rasoir. Constatant qu'il serait ridicule de vouloir m'occuper de tant de produits différents répartis dans autant d'endroits, je décidai de négliger les ramifications secondaires et de limiter mon étude au rasoir seul.

J'ai donc regroupé les documents ad hoc, ce qui me prit encore une demi-heure. J'allais commencer à défricher le tout lorsque ma femme rentra. Elle manifesta peu d'enthousiasme à la vue du véritable champ de bataille qu'était devenue la salle à manger. Elle me pria de libérer la table pour le dîner.

— Mais ça m'a pris tellement de temps pour tout étaler, dis-je d'un ton piteux. Ne pourrait-on pas manger dans la cuisine?

Ma suggestion ne plut guère à Ellen et je me suis mis à déblayer la table en jetant les livres par terre au fur et à mesure. Attirée par le vacarme, elle me demanda:

— Mais qu'es-tu en train de faire?

Je lui expliquai que j'examinais la possibilité de me rendre acquéreur de Remington.

— Remington! dit-elle, n'est-ce pas un fabricant de rasoirs? Comment peux-tu songer à acheter cette compagnie? Tu ne t'es jamais servi d'un rasoir électrique de ta vie!

C'était bien vrai. Je lui rappelai cependant que j'avais été dans les soutiens-gorge pendant treize ans sans en avoir jamais porté un seul.

Le lendemain soir, Ellen me rapporta un présent: un rasoir Remington. Je courus à la salle de bains et, pour la première fois de ma vie, je me fis la barbe avec un rasoir électrique. Et alors, qu'est-ce que j'en pensais? Eh bien! comme je l'ai dit plus d'une fois, ça m'a tellement plu que j'ai acheté la compagnie! Je n'avais jamais été si bien rasé, et j'ai pu m'asperger de lotion sans ressentir de brûlure. Les adeptes du rasoir ordinaire, à qui leur eau de toilette favorite cause ce genre de torture, comprendront la joie sans bornes que j'ai ressenti!

Le jour suivant, j'ai décidé d'effectuer moi-même une étude de marché. Je me suis procuré le meilleur modèle de chacune des plus grandes marques de rasoirs. Et chaque matin, je procédais à un test. Par exemple, je me rasais la moitié du visage avec un Norelco, et l'autre moitié avec le Remington. Le jour suivant, je comparais le Remington avec un Schick ou un Sunbeam. À la fin de la semaine, j'avais acquis la certitude que le Remington était le meilleur rasoir électrique sur le marché et qu'il rasait d'aussi près que n'importe quelle lame.

Mes recherches ne se limitèrent pas là. Lorsqu'un entrepreneur étudie une possibilité de rachat, il ne doit négliger aucun moyen de se renseigner. Parmi les détaillants qui vendaient les montres Benrus, plusieurs avaient aussi des rasoirs en magasin. J'en ai appelé quelques-uns et les ai priés de me dire tout ce qu'ils savaient sur le commerce du rasoir. Je m'abstins soigneusement de faire mention de Remington et du rôle éventuel que j'allais y jouer.

J'obtins de chacun d'eux la même réponse: Norelco dominait le marché. Sunbeam survivait grâce à ses bas prix. Ronson était mort et Schick agonisait. Bien que Norelco fût en tête de liste, tous s'accordaient pour voir en Remington le meilleur produit. Malheureusement, la compagnie n'avait pas l'air de savoir comment vendre son rasoir. Cela laissait le champ libre à Norelco, qui accaparait soixante-dix pour cent du marché intérieur.

Après avoir fait le tour de la question, j'ai décidé de

conclure l'affaire. La société avait perdu plus de trente millions au cours des quatre années précédentes, mais je n'en avais cure. Je savais que je tenais un produit capable de remporter la palme. Avec une bonne gestion et une commercialisation soigneusement orchestrée l'entreprise prendrait un nouvel essor. Les revendeurs espéraient qu'un concurrent donnerait un peu de fil à retordre à Norelco. Dans le commerce de détail, on n'apprécie guère qu'un seul fabricant monopolise à lui seul le marché. Il hérite ainsi d'une sorte de pouvoir autocratique et les détaillants n'osent rien lui refuser. Ces derniers avaient donc tout intérêt à ce qu'une autre marque dispute la première place à Norelco.

Malgré mon enthousiasme, j'entrevoyais les difficultés que le rachat de Remington allait faire naître. À commencer par le prix que réclamait Sperry: la bagatelle de vingt-cinq millions! Je ne possédais pas cette somme. J'avais quitté Wells Benrus parce que le conseil d'administration de la société avait résolu d'abandonner les produits de consommation pour s'orienter vers l'industrie où le marché, selon la compagnie, offrait davantage de stabilité. Dans ces conditions, je ne pouvais rester. J'avais cependant consenti à participer, à titre de consultant, et contre des honoraires équivalents à mon salaire pendant trente mois, aux opérations de dessaisissement de la société. Cela me laissait de quoi vivre confortablement. Mais le reste de mes avoirs se trouvait immobilisé chez Wells Benrus sous forme d'actions. Ces actions, auxquelles la Commission des valeurs mobilières des États-Unis attribue le nom technique d'actions à négociabilité restreinte, ne peuvent être vendues que tous les six mois, et en quantité limitée. J'en détenais trois cent mille environ, alors que les capitaux permanents de la société se chiffraient à deux millions d'actions. Je ne pouvais donc en céder que vingt mille à la fois — l'équivalent à l'époque de soixante mille dollars environ —

242

tous les six mois. Tout en possédant près d'un million de dollars en investissements, il m'était impossible de réaliser cette somme. La seule solution, si je voulais me défaire de mes actions, aurait été de les redistribuer dans le public, ce dont le conseil d'administration ne voulait pas entendre parler.

J'avais aussi quelques tableaux à vendre, mais ne pouvais pas organiser de vente aux enchères avant l'automne 1978. C'eût été trop tard, de toute manière. En étudiant les chiffres, je me demandais comment j'arriverais à me procurer les capitaux nécessaires. Je n'avais que peu de chances d'inciter des investisseurs à fournir le gros de la somme, pensais-je. Qui, en effet, accepterait de vider son portefeuille pour racheter une affaire qui périclitait depuis tant d'années? Où trouver quelqu'un d'aussi extravagant que ce fou de Kiam? Impossible. Manifestement, l'opération n'aboutirait que si j'en finançais l'essentiel à coups d'emprunts.

À l'époque, opérer un rachat par endettement n'était pas monnaie courante. Les avantages potentiels du procédé résidaient, je le savais, dans le mécanisme même de l'emprunt. Après discussion avec quelques amis et relations bien informés, je conclus que ce serait probablement pour moi le meilleur parti à prendre.

Pour simplifier les choses, disons que le rachat par endettement repose sur trois données. En premier lieu, la possibilité qu'a l'acheteur d'emprunter au maximum sur l'achat de la société. En deuxième lieu, la quantité d'effets que le vendeur accepte de reprendre en règlement partiel du prix d'achat. Et en troisième lieu, les capitaux qu'apporte l'acheteur. Dans la plupart des cas, le vendeur assume la responsabilité du passif de l'entreprise. En définitive, la réussite ou l'échec d'une telle transaction tient aux prévisions de trésorerie. S'il est clair que la société sera en mesure de verser les intérêts de la dette ainsi contractée, et de rembourser l'emprunt à échéance, le pronostic est favorable.

À mes yeux, Remington se prêtait admirablement à un rachat de ce type. Il me restait à dénicher l'institution qui accepterait de financer mon emprunt. J'en avais quelques-unes en vue, mais avant d'entrer en contact avec elles, il me fallait obtenir l'avis d'un expert. Un mois auparavant, j'avais fait la connaissance d'Oliver Mendahl, l'un des grands vice-présidents de la Chemical Bank. Il était l'ami de mon avocat-conseil, Arthur Emil. Oliver m'avait beaucoup plu. Au cours de notre bref entretien, il s'était révélé un homme plein d'entrain, courtois et de grande expérience. À ma demande, Arthur organisa un déjeuner pour nous trois.

Je récapitulai toute l'affaire en présence d'Oliver. Il me proposa de l'accompagner à sa banque pour y rencontrer Michael O'Connell, affecté au service du financement des entreprises. J'avais apporté tous les documents concernant Remington et les plaçai sur le bureau de Michael. Je voulais, lui dis-je, savoir deux choses: combien je pouvais emprunter, en particulier sur les créances et sur l'inventaire, et quelle institution serait en mesure de m'accorder ce prêt.

Une semaine plus tard, Michael me fit savoir que si Sperry approuvait un certain nombre de modalités se rapportant à l'emprunt, et si nous obtenions un prêt sur les immeubles et l'équipement, il nous faudrait probablement réunir de trois à cinq millions de capitaux.

Je savais que la vente de mes tableaux m'apporterait environ un million et demi de dollars. Cela me laissait encore une somme considérable à rassembler. Ce ne serait pas facile. Personne ne voulait prendre de risques tant que le reste du financement n'aurait pas été réglé. Je trouvai un homme d'affaires disposé à investir deux millions de dollars, mais en retour il voulait les deux tiers de l'entreprise. Je n'avais rien, a priori, contre le fait d'en céder une aussi grande partie. Mais même en considérant cette possibilité, il s'en fallait encore de beaucoup pour réunir la totalité des fonds nécessaires.

Michael approuvait mon point de vue. Selon lui, je devais pouvoir trouver l'argent tout en gardant la main sur un tiers de la société. Je lui fis l'offre suivante: je retiendrais les services de sa banque pour m'aider à trouver des capitaux. Les banques rendent habituellement ce service moyennant une somme rondelette: cinquante mille dollars non remboursables et cinquante mille dollars de plus si l'opération réussissait — cela dépassait — mes moyens. Je lui présentai plutôt une contre-proposition digne d'un véritable entrepreneur. Je verserais cinq mille dollars à la banque. Si tout allait bien et si j'acquérais Remington, la banque recevrait deux cent mille dollars. Après quelques hésitations, Michael accepta.

Il a dû s'en repentir plus d'une fois. C'est par la Chemical Bank que commencèrent nos démarches. Michael me présenta aux responsables du service des prêts sur actif. Leurs représentants, après une visite à l'usine Remington, parurent en retirer une assez bonne impression. C'est alors qu'après avoir vanté les côtés positifs de l'affaire, je lançai cette brillante remarque:

— Ce qui fait ma force, en l'occurrence, c'est d'avoir découvert que je connais ce genre d'affaire mieux que je ne l'imaginais. C'est exactement comme vendre des montres.

Ce à quoi l'un des représentants de la banque répliqua:

— Exactement comme vendre des montres! Ne comptez plus sur nous, mon vieux! Nous avons déjà perdu pas mal de plumes quand les montres Gruen ont fait faillite!

Pour une «réaction chimique», c'en était une! À cause de cette observation innocente, je venais de voir s'évanouir tout espoir de financement par la Chemical Bank.

Sans nous décourager, Michael et moi, nous nous sommes attaqués aux autres institutions. Nous allions bientôt découvrir que la plupart des grandes banques étaient associées à d'autres commettants intéressés par Remington. La liste des acheteurs potentiels s'allongeait. Cela nous força à prendre contact avec des banques de moindre importance; elles n'avaient cependant pas les reins assez solides pour supporter une aussi grande transaction.

Alors nous avons eu recours aux organismes gouvernementaux. La défunte administration du développement économique subventionnée par le fédéral, qui prêtait des fonds sur les actifs à court terme, semblait disposée à garantir un emprunt de treize millions de dollars. Nous avions l'assurance de pouvoir obtenir trois millions supplémentaires de l'administration du développement du Connecticut qui, elle, ne prêterait que sur l'actif fixe de Remington. Nous disposerions ainsi de seize millions de dollars. À Sperry, nous ferions une offre de trois millions en effets à recevoir en nous efforçant de l'inciter à nous accorder un rabais de trois millions sur le prix d'achat. Il ne nous fallait plus que trois millions. Sperry m'avait consenti sept semaines pour réunir les fonds. Le temps pressait, mais on m'avait promis de ne laisser personne d'autre enlever le marché, durant ce délai. À moins que ne surgisse une offre absolument irrésistible et, dans ce cas, j'en serais informé et pourrais présenter une contre-proposition.

Une semaine avant la date fatidique, le financement n'était toujours pas assuré. Et ce, en dépit de nos efforts inlassables, des promesses chuchotées des deux organismes gouvernementaux et de divers autres éléments. Convaincu pourtant de la réussite, je convoquai Ty Garcia, Rick Green et Mike Stanton, du groupe Sperry, à une réunion où je me rendis accompagné de Michael O'Connell et d'Arthur Emil.

Devant les participants, j'exposai le résultat de nos démarches et l'offre que nous espérions pouvoir faire. En y ajoutant les prêts gouvernementaux à venir, les effets et les trois millions de capitaux qui restaient à réunir, nous atteignions la somme de vingt-deux millions de dollars. Ty Garcia hocha la tête:

— C'est très joli, tout ça, mais notre prix est fixé à vingt-cinq millions. Il n'est pas question de le baisser. Nous pouvons nous entendre sur les taux d'intérêt et les échéances, mais nous ne laisserons pas aller Remington à moins de sa valeur comptable.

La situation semblait se gâter. Pourtant tout n'allait pas si mal qu'on aurait pu le croire. Nous l'ignorions alors, mais il nous restait encore un atout. Sperry avait à coeur le sort de ses employés, même une fois l'entreprise vendue. Et j'étais le seul acheteur qui avait consenti à conserver l'usine Remington à Bridgeport pendant cinq ans au moins. J'étais également le seul à avoir conçu un projet de commercialisation prévoyant une baisse des ventes — et non un accroissement — au cours de la première année. C'était une façon de m'assurer que nous accuserions un profit même si nos ventes chutaient pendant la période de transition. Le réalisme de mes prévisions parut impressionner M. Garcia.

— Je veux jouer franc-jeu avec vous, dit-il. De tous ceux avec qui nous avons discuté, nous croyons que c'est vous qui êtes le plus apte à diriger Remington.

Je failli tomber à la renverse. Dès lors, dans mon for intérieur, je sus que d'une façon ou d'une autre nous en arriverions à un accord.

— Nous avons, poursuivit Garcia, quelques petites idées à nous en ce qui a trait au financement. Si vous voulez bien suivre M. Green dans son bureau, il vous expliquera ce que nous avons en tête.

Green nous dit alors que Sperry était disposé à nous consentir une hypothèque de quatre millions de dollars sur l'usine Remington et les biens-fonds. Je ne m'attendais absolument pas à cela. Mais, même après avoir incorporé ce nouvel élément à nos calculs, nous n'arrivions toujours pas au chiffre voulu. Puis Green lança:

— Nos activités en Europe sont estimées à six millions, soit près du quart de la transaction. Retardons-en le paiement. Nous vous ferons un prêt sur cette somme, sans intérêt pour le premier semestre et à un taux préférentiel pour le second. Vous devrez l'avoir remboursé en un an.

Cette somme, jetée dans la balance, nous permit de présenter une offre ferme. Green scruta celle-ci attentivement et se chargea de la soumettre à M. Garcia.

Notre réunion avait lieu le mercredi précédant la fête de l'Action de grâces. Green m'assura qu'il allait appeler Garcia à son domicile, lui exposer mon offre, et me donner réponse dès que possible.

Au sortir de la réunion, je ne me tenais plus de joie. Une seule phrase me venait à l'esprit: «Je la tiens, cette affaire, je la tiens!» Le jeudi, le vendredi, le samedi et le dimanche se passèrent sans nouvelles de Green. La dépression me guettait. Je ne crois pas avoir dormi plus de deux heures dans la nuit du dimanche au lundi. Sans arrêt, je repassais mentalement tous les éléments de ma proposition, me demandant comment diable l'affaire avait bien pu me glisser entre les doigts. À six heures et demie, le lundi matin, la sonnerie du téléphone me tira du léger sommeil où j'avais fini par sombrer. C'était Rick Green. Il n'avait pas réussi à rejoindre Garcia au cours du week-end, mais il en avait profité pour retravailler l'offre. Il me fixa rendez-vous pour sept heures quarante-cinq, le matin même, aux bureaux de Sperry, afin de passer en revue les modifications qu'il y avait apportées.

Green proposait de reprendre pour trois millions et demi de dollars en effets, payables au cours des quinze prochaines années, ce qui faciliterait la réalisation de notre projet. J'étais fort surpris que Sperry voulût courir ce risque.

— Le jeu n'est pas aussi hasardeux qu'il y paraît, m'expliqua Green. Nous vous accordons une hypothèque de quatre millions. Rien de très risqué en soi. L'usine et les biens-fonds valent cela au bas mot. Nous avons en outre l'équipement de l'usine, dont la valeur de liquidation va chercher autour de neuf cent mille dollars. Cela dit, nous ne risquons guère que deux millions et demi de plus. Si ces conditions vous conviennent, je recommanderai à M. Garcia d'accepter votre proposition.

Je n'en croyais pas mes oreilles. Les trois millions et demi d'effets à recevoir remplaceraient les trois millions de capitaux dont j'avais besoin. Je n'allais pas devenir propriétaire de vingt-cinq ou de trente pour cent de Remington, mais bien de la compagnie tout entière! Après s'être ouvert de son projet, Rick me demanda qui s'occuperait du financement. Je lui répondis que j'étais encore en pourparlers à propos de taux d'intérêt, mais que la décision n'allait pas tarder.

Nous n'étions cependant pas aussi près du but que nous l'aurions souhaité. Garcia donnait son accord, à une condition cependant. Je devrais remettre à Sperry une lettre d'intention signée et accompagnée d'un chèque de deux cent cinquante mille dollars, ainsi qu'un autre chèque d'une somme identique trente jours après la signature. Comme la vente aux enchères de mes toiles me rapporterait un demi-million de dollars, j'aurais les fonds nécessaires. Si cependant le financement devait échouer, je perdais l'affaire — et un quart de million. J'étais pris à la gorge; pourtant il n'y avait pas d'autre moyen. Cette somme représentait la moitié de mes liquidités. Advenant un échec, je me retrouverais lessivé, financièrement et moralement. Je pourrais sûrement l'investir ailleurs à un risque moindre. On se souviendra qu'à l'époque je n'étais pas tout à fait certain du financement. J'espérais l'obtenir, mais entre-temps je danserais sur un volcan. Devant ce tableau de la situation, j'ai fait ce que ferait tout entrepreneur digne de ce nom.

J'ai accepté.

L'accord fut conclu le 30 novembre 1978 et, moins d'une semaine plus tard, ma lettre d'intention se trouvait rédigée. La signature eut lieu le 6 décembre. Le lendemain — jour de mon anniversaire — paraissait dans le *Wall Street Journal* un entrefilet annonçant que le Groupe Sperry avait cédé sa filiale Remington à une société mise sur pied par Victor Kiam.

J'ai l'habitude de dire que le succès repose sur soixante-dix pour cent de travail acharné, vingt pour cent de talent et d'ingéniosité, et dix pour cent de chance. Le travail, Michael O'Connell, ses associés, Arthur Emil et moi l'avions fourni. L'ingéniosité, Rick Green nous l'avait apportée en se joignant à nous. Quant à la chance, elle venait de se manifester sous la forme de cet entrefilet du *Wall Street Journal*.

Trois jours après, un ami qui l'avait lu me téléphona pour me féliciter. Il me dit en outre qu'une de ses relations, Freddy Nichols, avait préparé, à titre de consultant pour un autre candidat, une offre qui avait été déclinée, mais dont la Chase Manhattan Bank devait assurer le financement. Puisque le projet de Freddy ne servirait à rien, disait mon ami, je devrais peut-être y jeter un coup d'oeil pour voir s'il avait plus de poids que le mien. *Un entrepreneur doit garder toute sa sérénité.* Mon coeur battait la chamade, mais je répondis d'un ton désinvolte:

— Je me demande... Enfin, je présume que rien ne s'oppose à ce que nous vous rencontrions.

Freddy vint me voir pour que nous examinions tous deux son projet. Le financement était au point. Rien n'y manquait, sauf d'avoir conclu le marché. Une fois les chiffres passés en revue, il me demanda:

— Que pensez-vous de mon projet par rapport au vôtre?

— Difficile à dire, fis-je en haussant les épaules. Dans un sens je le trouve meilleur. Et moins bon dans un autre.

C'était la vérité. Son projet était meilleur parce qu'il avait réussi à le financer. Et il était moins bon parce que ce n'était pas *mon* projet.

Après une dernière vérification, je lui dis que son projet méritait, selon moi, d'être pris en considération.

— Très bien, répondit-il. Je ne connais pas le vôtre, mais je trouve que le mien n'est pas mauvais. S'il vous intéresse, je vous le cède, moyennant cinquante mille dollars à titre de rémunération pour le travail de préparation.

Puisque mon financement était assuré, je devrais comme convenu verser cinquante mille dollars à Sperry et deux cent mille à la Chemical Bank. À quoi bon alors chicaner sur cinquante mille de plus, d'autant que le montant exigé me paraissait tout à fait honnête.

Le lendemain, je fis savoir à Freddy que j'étais d'accord. Il me mit en rapport avec la Chase Manhattan et l'affaire fut aussitôt conclue. Cela se passait pendant la dernière semaine de février. J'avais vendu mes toiles et contracté un emprunt supplémentaire pour régler les honoraires. Pour la somme globale de sept cent cinquante mille dollars, c'est-à-dire les versements faits à Sperry, à la Chemical Bank et à Freddy Nichols, je venais de m'offrir une société valant vingt-cinq millions de dollars.

Six semaines s'écoulèrent avant que nous puissions mettre la dernière main à l'accord entre Sperry, la Chase Manhattan et nous. Pendant ce temps, je ne restai pas inactif. J'avais pressenti mon ancien patron, Al Peterson, de se joindre à l'équipe qui remettrait Remington sur pied. Comme les négociations allaient bon train, Sperry nous avait autorisés à passer quelque temps à l'usine en compagnie des travailleurs. De la sorte, nous aurions le loisir de concevoir un plan d'attaque efficace qui serait appliqué dès la passation des pouvoirs. Ces six semaines furent d'une importance capitale dans l'élaboration de notre stratégie. Lorsqu'on veut renflouer une affaire, rien n'est plus précieux — ni plus impitoyable — que le temps. Lorsqu'on reprend une entreprise déjà florissante, on peut se permettre de temporiser, car on a tout loisir, puisque l'affaire est solidement implantée, d'introduire à son gré les changements souhaités.

Pour le candidat au renflouement, c'est une tout autre histoire. Comme je l'évoquais au début de ce chapitre, on a devant soi un immeuble en flammes. Avant de s'y précipiter, il faut avoir une bonne idée de la façon dont l'incendie a pris naissance, des parties de la structure à sauver et de celles à sacrifier. Une fois le sinistre circonscrit, il faut chercher attentivement toute trace de tison susceptible de déclencher une nouvelle catastrophe.

Il n'est pas interdit de se faire aider, mais il faut se charger soi-même des recherches. J'avais déjà essuyé un fameux revers — qui m'a servi de leçon — en investissant dans les montres Benrus. Au moment de l'achat, on m'avait assuré que la société possédait un actif de neuf millions de dollars, chiffre confirmé par les vérificateurs que j'avais engagés. Cette somme comprenait quatre millions de dollars en boîtiers et en pièces détachées entreposés à l'usine, en Suisse. Malheureusement pour moi, mes vérificateurs ne connaissaient rien à la fabrication des montres. Dès qu'on m'eut placé les rênes de l'entreprise en main, je me rendis en Suisse. Je constatai immédiatement que si boîtiers et pièces existaient bel et bien, ils étaient par contre démodés et les mouvements d'horlogerie qui leur étaient destinés ne se fabriquaient plus.

La moitié de la valeur comptable de la société n'était que du vent.

J'appelai mon avocat et lui décrivis la situation. Sérénité ou non, j'avais la rage au coeur et ne pensais qu'à poursuivre en justice ceux qui m'avaient vendu leurs actions.

Mon avocat me mit en garde:

— Vous pouvez poursuivre les mandants. N'empêche qu'ils ont votre argent et qu'une affaire de ce genre risque de traîner pendant quatre ou cinq ans. Vous avez des arguments de poids, mais ils chercheront à gagner du temps par des manoeuvres dilatoires. Du reste, ils pourront toujours s'abriter derrière le rapport des vérificateurs. Même si vous êtes dans votre droit, vous courez au désastre. Inutile d'ajouter des frais aux pertes que vous avez subies. Au lieu de gaspiller temps et argent, essayez plutôt de régler le problème de l'intérieur et de remettre l'entreprise sur ses rails.

Ce n'était pas exactement ce que j'aurais souhaité entendre. Mais je devais reconnaître que la logique parlait par la bouche de mon éminent conseiller. Suivant ses recommandations, j'explorai le secteur à la recherche d'une entreprise qui puisse fabriquer les mouvements dont j'avais besoin. J'en découvris une, mais le directeur me les proposait à dix-sept dollars pièce. Dix-sept dollars! Quatre fois le prix moyen! À ce compte-là, le produit fini ne se vendrait jamais. Je compris alors que j'aurais vraiment de la veine si j'arrivais à tirer quoi que ce soit du stock. Il ne me restait qu'une possibilité de récupérer quelque argent: fondre les boîtiers afin de récupérer l'or. Cette opération ne permit cependant à l'entreprise de recouvrer que dix cents par dollar. J'étais seul responsable de ce fiasco. L'expérience m'a néanmoins appris à ne plus jamais acheter chat en poche.

Au moment où je reprenais Remington, bien des gens se demandaient comment le dénommé Kiam espérait pouvoir rentabiliser une entreprise qu'un géant comme Sperry n'avait pu faire prospérer. Une enquête que Al Peterson et moi avions menée avant le rachat devait nous fournir quelques éclaircissements.

Les chiffres concernant l'entreprise avaient été vérifiés, ils ne mentaient pas. Mais alors où était la faille? Nous allions tout d'abord constater que depuis quelque temps, et en dépit de son envergure et de sa réputation largement mérités, Sperry ne se sentait guère à l'aise dans le secteur du rasoir. Le groupe avait racheté Remington vers la fin des années 1940 et maintenu son fondateur à la présidence. Au cours de ses années de mandat, l'entreprise continua de prospérer, sans intervention notable de Sperry dans le train-train quotidien. Mais lorsque l'ancien propriétaire prit sa retraite en 1967, le groupe Sperry, axé sur les produits de haute technologie, désigna un ingénieur comme remplaçant, alors qu'un spécialiste en marketing eût bien mieux convenu à ce poste. Personne parmi les responsables n'avait l'expérience du secteur des produits de consommation. Les spécialistes issus de Sperry ou d'une autre source n'avaient apparemment jamais eu à s'occuper de ce genre d'affaire. C'étaient de braves gens, très compétents au demeurant, mais qui ignoraient tout du marché des rasoirs.

Pour illustrer cela, je ne vois pas de meilleur exemple que l'importance exagérée qu'accordait la direction à l'esthétique. Il ne se passait pas six mois sans que l'on sorte un nouveau modèle de rasoir. Les ingénieurs s'en donnaient à coeur joie. Parfois les changements apportés se révélaient si minimes qu'on pouvait à peine les déceler. En soi, il n'y avait rien de mal à cela. Mais à chaque nouvelle cannelure, on laissait tomber le modèle précédent.

Cela ne plaisait guère aux détaillants. Du jour au lendemain, des rasoirs datant de six mois se démodaient. Les ingénieurs, tout à l'ivresse de céder à leurs élans

254

créateurs, faisaient perdre la tête aux commerçants. Craignant de ne pouvoir écouler leurs stocks de Remington, acheteurs et propriétaires déploraient d'avoir à en emmagasiner autant. L'entreprise souffrait grandement de cette situation. D'après notre enquête, les rasoirs Norelco — dont les modèles changeaient rarement — se vendaient près de quatre fois plus que les Remington. Et les magasins en stockaient dix fois plus, préférant s'en tenir à un produit stable. Le consommateur en quête d'un rasoir électrique risquait fort de découvrir que le marchand n'avait pas de Remington en réserve. Attendrait-il six semaines le réapprovisionnement? Certes non! Il achèterait un Norelco ou un rasoir d'une autre marque.

On devait aussi se pencher sur la question du prix. À chaque augmentation imposée par un concurrent, Remington emboîtait le pas. Cela manquait de logique. Pour l'un des responsables de la commercialisation, étant donné le nombre limité de rasoirs différents en vente aux États-Unis, le fin du fin consistait à vendre le plus de Remington possible au prix le plus élevé possible. Cette politique allait devoir changer dès que nous reprendrions l'affaire.

Assisté de Peterson, je m'employai en outre à rationaliser le système de gestion, en particulier dans les zones non reliées à la production. Comme je l'avais constaté en étudiant les livres, Remington exerçait des activités extrêmement diversifiées. Dorénavant nous n'aurions qu'un seul produit, le rasoir. Le personnel de l'entreprise comptait cinq directeurs de production. C'était quatre de trop. Le service du marketing avait, lui aussi, besoin d'être élagué. En mettant notre expérience en commun, Al et moi pourrions en assumer le plus gros. Quant à la prolifération des modèles, la question fut résolue par le départ des ingénieurs qui perdaient leur temps à des broutilles.

Ce ne fut pas facile de les licencier. Mais quand un bateau est sur le point de couler, il faut bien l'alléger et jeter un passager par-dessus bord. Je pris la décision de me débarrasser de ceux qui ne savaient pas ramer. C'était mon devoir. Le sort du personnel ouvrier de l'usine, astreint à un dur labeur et clef de voûte de l'entreprise, en dépendait. Le jour de mon entrée chez Remington, j'ai demandé à tous les directeurs, même à ceux que j'allais congédier, d'évaluer le rendement de leurs employés. Nous garderions le dessus du panier pour nous aider à remettre le vaisseau à flot. Quatre jours plus tard, soixante-dix cadres étaient révoqués. Ils ne partaient pas les mains vides, cependant. Chacun d'eux reçut une indemnité équivalant à deux semaines de traitement par année de service. De plus, quelques-uns se retrouvèrent engagés chez Sperry. Ainsi, d'un seul coup, j'avais réussi à épargner à l'entreprise plus de deux millions de dollars en salaires sans toucher à la main-d'oeuvre.

Le lendemain, un journal de Bridgeport annonçait en manchette le massacre survenu chez Remington. Cela ne manquerait pas de semer l'inquiétude parmi les employés restants. Nombre d'entre eux se demandaient sûrement s'ils ne feraient pas partie de la prochaine fournée. Mais j'étais prêt. Le lundi suivant, je descendis à l'étage de l'usine et convoquai le personnel.

— Vendredi passé, dis-je, il m'a fallu donner suite à une décision pénible. Vous avez sans doute appris les licenciements qui se sont produits ce jour-là. J'estime toutefois que l'entreprise n'en imposera pas d'autres. Aucune menace ne pèse sur votre emploi.

Je leur fis connaître ensuite nos intentions à l'égard de ceux qui allaient rester — c'est-à-dire eux-mêmes — et qui formeraient l'équipe appelée à faire marcher Remington. De toute évidence, mon petit discours était le bienvenu. L'atmosphère ainsi éclaircie, nous allions pouvoir nous atteler à la tâche et ressusciter Remington.

C'est en tout cas ce que je pensais.

256

Pourtant, au moment même où je m'apprêtais à faire marcher le nouveau mécanisme simplifié que j'avais monté, certains rouages commencèrent à lâcher. Par grappes, des employés compétents, occupant des postes clés, démissionnaient. Au service de l'entreprise depuis de nombreuses années, ceux-là me croyaient incapable de la renflouer. Sperry disposait d'un capital de cinq milliards. Pour ma part, j'avais englouti toutes mes économies dans une affaire en pleine débâcle. Autrefois, lorsque Remington manquait de fonds, elle les prenait dans la poche quasi inépuisable de l'oncle Sperry. Mais l'oncle Victor, lui, n'avait pas de poches à son pantalon. C'était déjà fort beau qu'il en ait un! Si l'argent faisait défaut maintenant, Remington passerait à l'histoire.

La plupart des cadres démissionnaires avaient entre quarante-cinq et cinquante-cinq ans, des hypothèques à rembourser et des enfants au collège. Lorsque j'évoquais devant eux la réussite éclatante que j'escomptais, ils se disaient: «Ou bien ce type est un as, ou bien il n'a pas toutes les cartes en main. S'il a raison, c'est fantastique. Mais je ne peux pas risquer qu'il se trompe.» Mais le comble, ce fut le départ de notre ingénieur en chef. Quelle catastrophe! Personne ne connaissait les outils et l'équipement mieux que lui. Quand il m'annonça qu'il avait trouvé un autre emploi, je tentai l'impossible pour le convaincre de rester, et lui brossai de la situation un tableau aux couleurs rutilantes. Prières, exhortations, rien n'y fit. J'eus le fin mot de l'histoire lorsqu'il me dit:

— Je vous souhaite toute la chance du monde. Il se peut que vous arriviez à vos fins. Mais je dois d'abord penser à ma famille.

Une partie de mes soucis venait d'une note de Sperry adressée aux employés et annonçant que l'entreprise leur conférait des droits pleinement acquis au régime de retraite. À l'origine, cet avantage prenait effet au bout de vingt ans. Si après seize années de service dans l'entreprise un employé démissionnait, il voyait ses revenus amputés d'un montant appréciable. La lettre changeait tout. L'employé pouvait quitter prématurément la compagnie en conservant tous ses droits à la retraite. Cette disposition ne figurait pas dans l'accord conclu avec Sperry, mais j'avais les mains liées. Je me refusais à contester cette décision, sachant que Sperry se sentait responsable de son personnel. Je n'ignorais pas non plus qu'une poursuite pourrait durer quatre ans et entraîner des frais considérables. Je devais consacrer tout mon temps à l'entreprise sans me laisser distraire par des tracasseries d'ordre juridique. Du reste, la publicité qui s'ensuivrait ne pourrait qu'avoir des conséquences néfastes pour tout le monde, et j'étais en train de négocier ma participation dans les filiales d'outre-mer. Les gens de Sperry auraient pu, s'ils l'avaient voulu, me créer des difficultés insurmontables. Mais, pire encore, je risquais de m'aliéner les employés tout heureux de ces nouvelles dispositions.

Je me creusai la cervelle pour trouver le moyen de stopper l'exode des cadres. Je n'avais rien de tangible à leur offrir, je ne possédais pas les capitaux nécessaires. Il fallait les amener à croire en Remington et à ce que je tentais de réaliser. Je devais trouver le moyen de leur dire ceci: «D'accord, trouvez-vous une autre situation. Ce sera facile, vous êtes tous des gens capables, sinon je ne vous aurais pas gardés. Mais où que vous alliez, ce ne sera jamais qu'un emploi comme un autre. Tandis qu'ici, vous aurez la chance de vivre une aventure. Vous collaborerez aux efforts de toute l'équipe. Il y a un tas de gens qui ne croient pas au renflouement de l'entreprise. Pensez au plaisir que vous éprouverez à les détromper — et aussi aux avantages financiers dont vous bénéficierez si nous réussissons.»

Pour que ce message atteigne son but, je devais rétablir un minimum de cohésion au sein de la société. J'ai donc convoqué à nouveau le personnel. Il faut savoir qu'avant mon arrivée, un fossé séparait employés de bureau et ouvriers. À dater de ce jour, ces inégalités seraient supprimées:

— Plus personne ici, leur ai-je annoncé, ne sera étiqueté comme ouvrier, ou comme employé, ou comme cadre. À l'avenir, tous porteront la même étiquette, celle de Remington.

Puis j'ai donné la liste des changements qui allaient être effectués. D'abord, plus de toilettes réservées à la direction. Le même régime d'assurance-santé et la même grille de rémunération s'appliqueraient à tous et chacun. On instaurerait un programme de participation aux bénéfices auquel tous les employés seraient inscrits et dont ils seraient titulaires à part entière au bout de six ans. Nous mettrions aussi sur pied un régime d'intéressement accessible à tous. Ainsi, l'un des directeurs devait, à la suite d'une augmentation générale des salaires fixée à six pour cent, se voir octroyer un supplément de trois mille dollars. Je l'entrepris en ces termes:

— Écoutez, votre augmentation, vous pouvez l'avoir. Mais je voudrais vous proposer autre chose. Nous allons nous en sortir. Vous ne me croyez peut-être pas, pourtant c'est vrai. Si vous renoncez à votre augmentation cette fois-ci, et que nous fassions le profit prévu, je vous accorde un boni équivalent à la moitié de votre salaire. C'est-à-dire vingt-cinq mille dollars.

Je fis des offres analogues aux autres cadres supérieurs. Je leur proposai un objectif tangible vers lequel tendre. Les autres services de Remington auraient également leur propre programme d'intéressement. Par exemple, les ouvriers des chaînes de montage recevraient une prime de rendement, tout comme les responsables de la publicité, si ceux-ci parvenaient à faire hausser les ventes sans augmenter les frais. Partout, le talent et la réussite seraient récompensés.

Mes promesses aux employés n'étaient pas uniquement destinées à leur dorer la pilule. Elles leur proposaient un défi et j'étais persuadé qu'ils y réagiraient de façon positive.

J'ai continué à renverser les barrières qui existaient au sein de l'entreprise. Dans mon esprit, nous formions un ensemble et nous étions tous sous la bannière de Remington. J'envoyai valser les privilèges. Plus de voitures de louage. Fini les abonnements à des clubs de loisirs: arrivés à échéance, ils ne seraient pas renouvelés. Remington avait en outre souscrit auprès de certains clubs vingt-sept abonnements-déjeuner. J'en annulai vingt-six. J'avertis tout le monde que nous ne garderions qu'une carte portant le nom d'un seul titulaire. Quiconque désirerait une réservation pourrait la faire par son intermédiaire. De toute façon, le club ne refuserait l'argent de personne.

Lorsque j'ai annoncé que désormais aucun employé ne voyagerait en première classe sans payer la différence, sauf pour des vols de plus de huit heures, il y eut des pleurs et des grincements de dents. Tant pis! Ce serait la classe touriste pour tous. À ceux qui récriminaient, j'ai répliqué qu'à ma connaissance l'arrière d'un avion se pose en même temps que l'avant. Ces mesures n'étaient pas justifiées par les économies — bien faibles — qu'elles permettaient de réaliser. Non. Elles servaient tout bonnement à démontrer que nous faisions tous partie de la même équipe, sans distinction de salaire ou de fonction.

Dans le même ordre d'idées, j'invitai les directeurs à établir des contacts avec les employés. Je voulais qu'ils puissent les appeler par leur prénom et avoir une idée de la façon dont ils vivaient en dehors de l'usine. Nous allions constituer une véritable famille. Il fallait donc nous soucier les uns des autres. De petites sessions seraient organisées tous les vendredis matin, au cours desquelles une dizaine d'employés et quelques directeurs se réuniraient devant un café et des brioches pour discuter de l'entreprise. Là, toute question, suggestion ou critique serait entendue. Une fois par mois, pendant un quart d'heure, les activités seraient suspendues et je ferais aux employés mon «discours sur l'état de l'entreprise». Les directeurs de certaines autres sociétés me trouvaient peu raisonnable de montrer autant de franchise envers les employés. Ce n'était pas mon avis. Cette entreprise, c'était *la leur*. Quelles que soient mes qualités, je ne pouvais rien faire sans eux. Et ils avaient le droit de savoir où nous en étions. En outre, j'étais convaincu de pouvoir leur donner sous peu de bonnes nouvelles. Je sentais que cela les réconforterait. L'entreprise avait passé de mauvais quarts d'heure, et le moral des troupes s'en ressentait. Des années durant, les travailleurs avaient vécu dans la crainte d'un renvoi ou d'une fermeture définitive. Tout ce qui permettrait de les rasséréner et de leur donner du coeur à l'ouvrage serait comme un pas en avant.

Rien de tout cela cependant ne réussirait si je ne faisais pas ma part — et davantage. Pour bien des entreprises, le principe fondamental reste celui de la hiérarchie: tel rang, tels privilèges. Dans le fief d'un véritable entrepreneur, il n'y a pas de place pour ces subtilités. Je voulais que mes directeurs soient proches de leurs employés? J'allais donner l'exemple.

Je les invitai également à cesser d'avoir l'oeil sur la pendule. Leur journée de travail se terminerait quand le travail de la journée serait accompli, pas avant. Il ne faut pas s'attendre à ce que les choses se fassent toutes seules. Je passais moi-même plus de temps au bureau qu'à l'époque où, représentant de commerce, je bûchais douze heures par jour et six jours par semaine. Il n'en fallait pas plus pour que les autres emboîtent le pas. Par contre, lors d'un voyage d'affaires, si l'un de mes associés faisait mine de vouloir porter mes bagages, je les lui arrachais des mains. Je tenais à ce que l'on sache que je n'exigerais de personne des sacrifices que je n'aurais pas moi-même consenti à faire.

Pourtant, l'atmosphère ainsi créée ne résolvait qu'à demi nos difficultés. En réduisant les dépenses de deux millions, nous avions gommé le déficit. Mais, pour devenir rentable, Remington devait vendre. Sans rentrées d'argent, nous demeurions vulnérables. Nous avions des prêts à rembourser, des contrats à respecter, sans compter les résultats concrets qu'attendait le personnel de ce récent changement de direction. Chacun de nous ferait sa part pour le bien commun, mais le salut de l'entreprise dépendait finalement du rasoir.

Nous avions le meilleur produit sur le marché, mais son revêtement chromé et ses petits détails recherchés en augmentaient indûment le prix et n'ajoutaient rien à son efficacité. À un moment donné, Remington avait sorti un modèle rechargeable, muni d'un petit cadran latéral. Ce cadran avait pour fonction de compter le nombre de rasages et d'avertir ainsi l'utilisateur qu'il devrait bientôt le recharger. Les ingénieurs comptaient en moyenne dix rasages par recharge. Ce système aurait été idéal si tous les hommes avaient mis autant de temps pour se raser. Mais la même recharge servait évidemment deux fois plus longtemps à quelqu'un qui se rasait en une minute qu'à celui qui en prenait deux. Alors, à quoi bon un compteur?

D'autre part, le boîtier métallique renfermant le mécanisme nous coûtait deux dollars cinquante et pesait une tonne. Les performances du rasoir s'en trouvaient-elles améliorées? Non. Cela le rendait-il peu maniable et lourd à transporter? Oui. Le boîtier irait donc au rebut. En supprimant tout le chrome superflu, nous économiserions quatre-vingt-dix cents par rasoir. Nous allions offrir au consommateur, non du clinquant pour l'étourdir, mais de la qualité pour l'éblouir. Le choix n'était pas difficile.

Après tout, avec son moteur ultra-puissant, on ne pouvait trouver mieux sur le marché en fait de rasoir.

Malgré la réflexion du directeur commercial sur la nécessité de vendre le plus de rasoirs possible au prix le plus élevé possible, j'étais d'avis que Remington aurait intérêt à fabriquer un rasoir à bas prix, tout en élargissant son marché. Nous avons alors mis au point un modèle, une petite merveille, dont le prix de détail fut fixé à 19,95 $. Au moment de son lancement, le Remington le moins cher se détaillait à 34,95 $.

Le nouveau modèle n'était pas rechargeable. C'était un rasoir qui se branchait sur le secteur et qui se caractérisait par ses trois têtes coupantes. On l'appela donc le rasoir Triple Head. Et s'il manquait d'élégance, il offrait en revanche un rasage tout en douceur. Du reste, lorsqu'il fut testé sur le marché, il obtint un succès foudroyant.

L'enthousiasme manifesté par les détaillants n'était pas étranger à cette vague de popularité. Alors que naguère la moindre modification les faisait sourciller, le nouveau modèle que nous proposions répondait à leurs attentes. En ce temps de récession, le lancement d'un appareil à prix modique ne pouvait pas tomber mieux. *Même en période de crise, un entrepreneur qui lance des concepts et des produits novateurs peut connaître de grands succès.* Des articles vieillis, des idées usées cessent de se vendre. Aussi les marchands sont-ils à l'affût de tout ce qui est susceptible de stimuler le commerce.

La fermeture de nos usines à l'étranger, qui s'inscrivait dans la centralisation prévue de toutes les opérations de Remington à Bridgeport, allait permettre de réduire encore les frais d'exploitation. Nous avions de grands projets en ce qui concerne la commercialisation et les campagnes publicitaires; j'y reviendrai dans le chapitre suivant. En passant, je tiens à rappeler ici que, dans ces domaines, l'expérience acquise chez Playtex et Lever Brothers m'a largement servi.

La plupart des structures destinées à renflouer l'entreprise et à la rentabiliser se trouvaient désormais en place: un produit exceptionnel, une équipe vaillante (le nouvel esprit de corps instauré dans l'entreprise avait presque totalement freiné les défections), des dépenses comprimées, une gestion rationalisée et des campagnes de commercialisation et de publicité plus efficaces. La dernière étape? Améliorer la distribution. C'était vital, car si un produit de cette qualité ne parvenait pas jusqu'au consommateur, à quoi bon faire tant d'efforts?

Aux États-Unis, un grand nombre de marchands ne vendaient que le rasoir Norelco. Cette marque, disposant d'un énorme budget de publicité, inondait le marché. Le Remington, par contre, était introuvable chez certains détaillants et, comme je l'ai souligné plus haut, ceux qui le vendaient étaient souvent en rupture de stock. Il était temps que cela change. Aussi sommes-nous allés frapper à toutes les portes d'un bout à l'autre des États-Unis. Avec force détails, nous décrivions tous les projets que la nouvelle direction avait en tête. Nous nous engagions à fournir aux commerçants un produit stable, régulièrement renouvelé, et à remplir leurs commandes dans les vingt-quatre heures.

Le nouveau rasoir à bas prix leur plut énormément. Les premiers essais sur le marché avaient eu lieu en 1979, un peu avant la Fête des pères. L'engouement fut total. Nous devions, cette année-là, en vendre plus d'un demi-million. Les premiers résultats positifs qui nous arrivaient chaque jour commencèrent à convaincre le personnel de l'entreprise que, tout compte fait, cet original de Kiam n'était peut-être pas aussi fou qu'on l'aurait cru. Le moral remontait en flèche, le bilan reprenait des couleurs, Remington était sur le point de retrouver sa place.

264

C'est alors qu'on nous intenta un procès.

Les bruits en provenance de Bridgeport n'avaient sans doute pas eu l'heur de plaire à Norelco. Six semaines après l'arrivée du nouveau modèle sur le marché, Norelco nous attaquait pour usurpation de marque de commerce: notre appareil portait le nom de Triple Head Shaver et Norelco dénommait le sien Tripleheader.

Norelco, cependant, n'avait pas déposé sa marque; par contre, dans les années 1940, Remington avait déjà fabriqué un Triple Head Shaver. Je n'allais pas lâcher pied à la seule vue d'une assignation. Je savais que nous avions la loi pour nous. Malheureusement, Sperry et les banques prenaient les choses avec moins de flegme que moi. On ne pouvait leur en tenir rigueur. En effet, à la demande de la chaîne K Mart, nous avions récemment dû reprendre un grand nombre de rasoirs. Incident fâcheux, provoqué cependant par les seules décisions de l'administration précédente. Sperry avait donc avalé la pilule. Mais les licenciements massifs que j'avais opérés peu après mon arrivée avaient eu l'effet d'une bombe et Sperry s'en remettait à peine. Quant à moi, je n'avais trouvé rien de mieux à faire que de fabriquer un article tellement bon marché qu'il fallait en vendre le double pour recueillir les mêmes profits qu'avec n'importe quel autre modèle. Et voilà que je récoltais un procès par-dessus le marché! Dès lors, Ty Garcia devait se poser bon nombre de questions sur mes capacités de gestionnaire!

Pourtant, j'en étais sûr. Norelco brandissait ses menaces à l'instar d'un épouvantail. Perdre aurait signifié pour nous la ruine. Contrairement à l'affaire des boîtiers Benrus, le litige actuel ne pouvait se régler que devant les tribunaux. Je le savais. Nous devions contre-attaquer, en accusant Norelco d'avoir engagé sous de faux prétextes des poursuites qui entravaient le fonctionnement de mon entreprise, et en arguant du tort ainsi causé.

Nous tenions de cette façon Norelco en échec. Pendant que les avocats joueraient aux mousquetaires, nous allions tranquillement continuer à vendre nos rasoirs Triple Head. Finalement, en 1982, l'affaire se réglait à notre entière satisfaction.

Le différend avait donc duré trois ans, mais la tempête qui avait secoué l'entreprise s'était vite apaisée. Et, depuis, le Triple Head avait été pour nous une véritable manne. Grâce au bénéfice brut supplémentaire, proche de quatre millions de dollars, qu'il nous avait fait réaliser, nous étions prêts à honorer nos obligations financières. Nous avions dépassé toutes nos prévisions annuelles. Le rasoir Triple Head était un parfait exemple du coup d'audace qu'un entrepreneur doit tenter pour réussir un renflouement.

Outre les poursuites, le moral en baisse et l'affaire K Mart, d'autres difficultés nous attendaient au cours de la première année. Elles étaient liées, notamment, aux négociations pour l'achat des filiales d'outre-mer qui prenaient une bonne partie de mon temps et m'entraînaient en de nombreux voyages d'inspection.

Les négociations, menées le plus souvent par Rick Green, nous mettaient parfois à rude épreuve. Un jour, nous nous sommes battus pour la malheureuse somme de deux mille dollars. La discussion portait sur la réserve que Sperry créerait pour couvrir les réparations de séchoirs à cheveux en Nouvelle-Zélande. Non, je ne plaisante pas! Selon moi, elle devait s'élever à cinq mille dollars; Rick Green, lui, en offrait trois mille. Nous nous sommes acharnés là-dessus deux jours durant. C'était devenu pour nous une question de principe. J'ai eu le dessous — sans trop m'en affliger cependant. Avec Rick, négocier n'était pas chose facile. Mais il était honnête et se conduisait en gentilhomme.

L'Angleterre nous donna du fil à retordre. Avant mon

arrivée, Remington avait rappelé un certain nombre de rasoirs en Europe. Dans ce secteur d'activité, rappeler un produit équivaut à provoquer une catastrophe. Car cela signifie que le produit comporte des défauts dans le mécanisme ou dans le moteur, dont le consommateur risque de pâtir. L'entreprise se trouve doublement lésée: l'opération est coûteuse et c'est une atteinte à la réputation du produit.

C'est en 1978 que les ennuis commencèrent. Sperry avait choisi le mois de juillet pour annoncer la fermeture de son usine en France. Quelques-uns des travailleurs, bouleversés par la soudaineté de cette décision, sabotèrent la production entière d'une chaîne de M-3 — la version européenne du modèle haut de gamme Microscreen — en introduisant de la limaille de fer dans le moteur. Cela n'aurait tué personne, cependant, afin d'éviter la mauvaise publicité due aux plaintes de clients victimes d'une faible décharge électrique, Sperry ordonna un rappel.

Remington alerta tous ses détaillants en Europe et leur demanda de retourner les invendus. En même temps, les journaux de tous les pays publiaient une annonce avertissant ceux qui s'étaient procuré un M-3 au cours des trois mois précédents de le retourner chez Remington pour remboursement.

Sperry ne m'avait rien caché de cet incident. Au moment de signer ma lettre d'intention, j'avais été mis au courant de tous les détails, et du fait que Sperry prendrait à sa charge les réparations et les remboursements. La proposition m'avait paru honnête et semblait devoir aplanir les difficultés qu'occasionnerait un rappel.

Dès mon arrivée en Angleterre, cependant, je vis que ce n'était pas le cas. L'entente avec Sperry réglait l'aspect financier de l'opération, mais ne tenait pas compte de l'émotion soulevée par l'affaire. En Europe, le M-3 ne s'en relèverait jamais. Les détaillants refusaient de le garder en inventaire, les consommateurs le fuyaient comme la peste. Avant de le voir reparaître sur le marché, il fallut lui donner le nom du modèle américain, Microscreen. Il fallut également lancer une nouvelle campagne publicitaire pour arriver à dissocier les deux rasoirs dans l'esprit du public. Malgré tous nos efforts, les ventes ne reprirent pas de sitôt.

En ce qui avait trait à la commercialisation du rasoir, je n'étais pas au bout de mes peines. Tous les moteurs des M-3 retournés se trouvaient entreposés dans notre usine en Angleterre. Les rasoirs eux-mêmes, rajeunis, avaient été équipés d'un nouveau moteur absolument sûr. Mais en consultant l'inventaire pour savoir combien de moteurs hors d'usage il nous restait, je fis une découverte. Un coup de la Suisse, encore une fois! Il y avait, à notre usine d'Angleterre, 150 000 moteurs provenant de modèles retirés du marché. Autrement dit, six cent mille dollars de moteurs périmés! Ils ne pouvaient servir qu'à réparer les anciens appareils.

— N'en conservez-vous pas un peu trop, de ces vieux moteurs? ai-je demandé au directeur.

Non, il ne le pensait pas:

— Nous allons les utiliser, me dit-il. Vous n'avez pas idée du nombre de modèles anciens qu'on nous fait réparer. Je vous assure que dans trois ans d'ici, il n'en restera plus un seul.

À mon sens, l'énormité du stock aurait dû entraîner une diminution du prix de l'usine. Mais le directeur n'en démordait pas. Il lui fallait tous ces moteurs. Tout en me faisant tirer l'oreille, je dus céder sur ce point — contre compensation.

Un an plus tard, je découvrais par le truchement de l'inventaire que l'usine d'Angleterre avait effectivement utilisé ses vieux moteurs — dix mille, en tout et pour tout! J'appelai le directeur:

— Mais qu'est-ce qui se passe? Vous m'aviez affirmé

que vous pourriez liquider ce tas d'antiquités en trois ans. Et voilà qu'au bout d'un an, il vous en reste encore quatre-vingt-dix pour cent!

— Eh bien! me répondit-il, je pensais que nous aurions davantage de réparations!

Je dus faire appel à tout mon sang-froid pour ne pas mordre à pleines dents dans le combiné. Je me mis à hurler:

— Savez-vous bien ce que nous avons sur les bras? Plus d'un million de dollars de marchandises sans valeur!

À la fin du compte, on en utilisa quarante mille. Et il fallut se débarrasser du reste.

En dépit de tout cela, et malgré d'autres petits déboires, Remington prospérait. En moins de douze mois — neuf ans avant l'échéance — nous avions remboursé nos emprunts et devancé le paiement des effets dus à Sperry. En ce qui me concerne, notre plus grand exploit était d'avoir pu tenir les promesses faites aux employés. Les licenciements du «vendredi soir» avaient été les derniers. Et, même pendant la crise, nous avons créé plus de quatre cents nouveaux emplois.

Parallèlement à la croissance de l'entreprise, nous faisions tout pour conserver sur le marché un article de premier choix. Nous avions pour cela établi à Bridgeport un contrôle de qualité extrêmement rigoureux. Encore de nos jours, pas un seul rasoir ne quitte l'usine sans avoir été inspecté avec le plus grand soin.

En guise de conclusion, il faut se souvenir qu'à l'origine du renflouement il y a le produit. J'aurais été l'enchanteur Merlin en personne que jamais je n'aurais pu ressusciter Remington sans un bon rasoir.

Ensuite, il fallait s'ingénier à accélérer les rentrées. De nouveaux tarifs appliqués à tous les rasoirs, la mise au point d'un appareil révolutionnaire et le tout assorti de mesures de restriction nous ont permis d'atteindre cet objectif. En réorganisant les réseaux de distribution, et en renouvelant nos stratégies en matière de publicité et de marketing, nous avons réussi à mettre notre produit à la disposition du consommateur. Et puis, bien entendu, il y a eu le facteur humain, le personnel de Remington. Ce n'est pas moi qui ai remporté la victoire. C'est nous. Ce sont les employés de l'entreprise, fidèles et laborieux, unis à leur chef, avec qui nous avons pu déjouer les prévisions des experts. Combinaison heureuse, grâce à laquelle notre entreprise, presque inexistante au début, est devenue prépondérante sur le marché du rasoir. Cela prouve la justesse d'une phrase que j'ai lue un jour: «S'il y a vraiment un rapport entre le risque et la récompense, racheter une faillite peut rapporter gros.»

... En y mettant peu de capital et en empruntant le reste.

8

Le téléphone de brousse ou les bases de la publicité et du marketing

J' AI ENTENDU, un jour, un publicitaire dont le nom m'échappe affirmer sans vergogne: «Avec une bonne publicité et une campagne bien orchestrée, nous pourrions vendre du crottin de cheval sous cellophane.» Je m'en veux de dissiper les illusions de ce familier de Madison Avenue, mais je m'inscris en faux contre cette allégation. Oh! bien sûr, on peut toujours obtenir un bref succès en maquillant n'importe quelle camelote ou même une nouveauté plus ou moins utile. Mais pour qu'un service ou un produit gagnent la faveur du public et, surtout, la conservent longtemps, il faut qu'ils soient marqués au coin de la qualité. *Le produit ou le service constituent l'argument de vente.*

Un ami m'a parlé récemment d'un magasin de spiritueux situé près de chez lui, dans l'extrême ouest de Manhattan. Ce commerce faisait d'assez bonnes affaires jusqu'au jour où deux gros concurrents — dont l'un était une succursale d'un concessionnaire local et l'autre faisait partie d'une chaîne d'envergure nationale — ont ouvert leurs portes à deux coins de rue de distance, de part et d'autre de son emplacement. Les deux géants ont eu vite fait de réduire la clientèle du premier à l'état de symbole.

Certes, les deux magasins attiraient l'attention. Ils pouvaient tenir un important stock de vins et de spiritueux en raison de leurs locaux spacieux. Et comme ils achetaient par grosses quantités, ils pouvaient offrir leurs produits à bien meilleur prix. Le propriétaire du petit magasin, faute de place, n'était pas en mesure d'entreposer une semblable quantité de marchandises. Ses prix ne pouvaient s'aligner sur ceux de ses concurrents et, s'il s'y était risqué, sa faible marge de profit n'aurait même pas suffi à couvrir les frais d'exploitation.

Beaucoup auraient aussitôt songé à déménager. Mais pas notre homme. C'était un entrepreneur. Et il est allé faire un tour chez ses deux rivaux afin de voir si leur cuirasse ne comporterait pas quelque défaut dont il pourrait tirer parti.

Effectivement, il y avait des lacunes. Tout d'abord, le peu de compétence des employés dans l'un et l'autre des magasins. Les caissiers mettaient trop de temps à enregistrer les ventes et il n'y avait pas de caisse express pour ceux qui payaient comptant, même si le chiffre d'affaires pouvait amplement le permettre. Cela avait pour résultat de longues files de clients exaspérés. Ensuite, les commis affichaient un air maussade et ne semblaient pas bien connaître le stock. Ils étaient semblables à des robots qui accomplissaient leur tâche mécaniquement et dont la seule raison d'être était le chèque de salaire hebdomadaire.

Mais il y avait d'autres failles. Même si les deux géants disposaient d'une grande variété de spiritueux, aucun n'avait en réserve des alcools rares ou de grands crus. Enfin, tous deux fermaient leurs portes à vingt et une heures et ni l'un ni l'autre ne livrait à domicile pour des commandes inférieures à vingt dollars.

Quelques jours après sa mission de reconnaissance, le petit propriétaire est passé à l'offensive. Il a décoré ses vitrines de grandes affiches en couleur montrant des lutteurs en pleine action, avec, en légende: NE LUTTEZ PLUS CONTRE LES FILES D'ATTENTE OU UN SERVICE MÉDIOCRE. ENTREZ ET VOUS SEREZ TRAITÉS COMME DES CHAMPIONS.

C'était une publicité astucieuse qui répondait à deux objectifs. Les affiches, d'un style peu banal pour un magasin de spiritueux, attiraient l'attention des passants tout en livrant le message du propriétaire. Toutefois, malgré leur style accrocheur, elles n'auraient pas eu beaucoup d'effet sur le chiffre d'affaires si notre entrepreneur n'avait pas tenu ses promesses. Il adopta donc les mesures suivantes:

a) il offrait un service gratuit de livraison à domicile dans tout le quartier et sans limite de prix;
b) son magasin restait ouvert jusqu'à minuit;
c) ses employés devaient toujours avoir le sourire; en outre, des ouvrages de référence sur les vins et les spiritueux étaient placés sous le comptoir et si un préposé ne pouvait répondre aux questions des clients, il savait au moins où trouver les réponses;
d) il avait sous la main des listes de vins et d'alcools rares qu'il pouvait faire venir sur commande; ces listes comportaient des talons détachables ou les clients pouvaient noter leurs suggestions;
e) des feuillets explicatifs sur le choix du vin en fonction du menu étaient mis à la disposition des clients;
f) il offrait, sur feuillets photocopiés, une «recette de la semaine» qui changeait tous les lundis et dont l'ingrédient de base était un vin ou un alcool.

Les fruits de cette campagne n'ont pas été visibles du jour au lendemain. Mais après un certain temps, et la rumeur aidant, le petit magasin a reconquis son ancienne clientèle et l'a même accrue.

Comment déceler le FUV

Notre petit propriétaire avait élaboré sa campagne publicitaire autour d'un Facteur unique de vente (FUV). En bref, le FUV est un trait particulier de votre produit — ou de votre service — qui le *distingue* de celui de votre compétiteur. Le minuscule commerce avait au moins cinq FUV très apparents (livraison gratuite à domicile, heure de fermeture tardive, recette culinaire de la semaine, liste des associations vins-mets, liste de crus et d'alcools rares) et que ses concurrents n'offraient pas. Le sixième FUV (qualité du service) était moins perceptible, mais mettait les cinq autres en valeur.

Quand j'emploie le terme *distingue*, je ne veux pas dire par là que le produit ou le service doivent se démarquer radicalement de ce qu'on trouve sur le marché. Il peut s'agir tout bonnement d'une nouvelle forme de publicité ou d'un emballage original.

Ainsi, lorsque nous avons pris la tête de Remington, je n'étais satisfait d'aucun des messages publicitaires alors diffusés. Dans l'un d'eux, un hélicoptère volant à mille cinq cents pieds au-dessus de la vallée de la Mort laissait tomber un rasoir Remington sur la cime d'une montagne. Je n'ai jamais pu comprendre la signification réelle de ce message et je pense qu'il en a été de même pour une forte proportion de consommateurs.

Notre premier message était moins complexe. Pendant qu'un Microscreen apparaissait à l'écran, on entendait ce commentaire: «Le Microscreen de Remington vous rasera d'aussi près qu'une lame ordinaire, ou vous serez remboursé.» *Vous rasera d'aussi près qu'une lame ordinaire*, c'était là notre FUV.

Après l'annonce de cette prouesse, on enchaînait en montrant comment pareille merveille pouvait être possible: gros plan sur le rasoir et description de son fonctionnement. Cette preuve visuelle venait corroborer notre FUV.

Toujours pour donner plus de poids à cet élément, nous insistions sur le fait que le rasoir possédait cent vingt microlames ainsi que le moteur le plus puissant, à l'époque, sur le marché. C'était ce qu'on appelle une annonce centrée sur des arguments — elle expliquait ce que le rasoir pouvait faire et pourquoi. Toutes les réponses avaient comme dénominateur commun notre FUV; autrement dit, aucune autre entreprise de fabrication de rasoirs ne pouvait en dire autant à propos de ses produits.

C'est chez Playtex que j'ai appris l'importance du FUV. Pour nos premiers messages télévisés, nous avions mis au point une forme de publicité qui serait par la suite qualifiée de «tranches de vie». Ces messages constituaient pour moi une école d'autant plus extraordinaire que nous en rédigions nous-mêmes les textes. Cette publicité ne comporta jamais d'éléments spectaculaires. Pas de fusées en train de décoller, ni de fanfares accompagnant l'image à l'écran et proclamant l'avènement d'une ère nouvelle avec l'apparition de tel ou tel produit. Nous tentions tout simplement de recréer une situation quotidienne à laquelle notre clientèle cible — les femmes, qui formaient la grande majorité des téléspectateurs — pourrait s'identifier.

Dans l'une d'elles, la comédienne se trouvait dans un supermarché et se dressait sur la pointe des pieds pour atteindre une boîte de céréales sur un rayon. Pâmée d'admiration, l'amie qui l'accompagnait s'exclamait: «Mais Jeanne, comment se fait-il que tu puisses attraper cette boîte de céréales? Ton soutien-gorge ne te gêne pas?» Et Jeanne répondait avec un sourire extasié: «Mais non, Gisèle, pas depuis que je porte le soutien-gorge Living de Playtex. Il est entièrement élastique et suit donc tous mes mouvements.»

Par cette dernière phrase, la consommatrice prenait connaissance du Facteur unique de vente. *Le soutien-gorge Living de Playtex était le seul sur le marché à être entièrement élastique et il ne gênait pas celle qui le portait.* Ces points distinguaient notre produit des autres; nous voulions que les clientes s'en souviennent au moment d'acheter un nouveau soutien-gorge. Les autres marques mettaient l'accent sur le support qu'elles offraient. Nous, nous donnions la préférence à la liberté de mouvement. Chaque fois qu'une femme entrerait dans un magasin en quête d'un soutien-gorge à la fois confortable et bien ajusté, elle jetterait son dévolu sur un Playtex. D'autre part, notre FUV garantissait que notre marque ne disparaîtrait pas dans une mer de soutiens-gorge promettant tous un support incomparable. Cette tactique devrait se révéler particulièrement séduisante pour les entrepreneurs. Ceux-ci tiennent à se faire remarquer, il est donc logique qu'ils souhaitent la même chose pour le produit ou le service qu'ils vendent.

Vous ne devez pas faire ce que tout le monde fait. Souvenez-vous de la pénurie de pétrole qui a frappé le monde occidental, il y a quelques années. Tous les concessionnaires d'automobiles, aux États-Unis et en Grande-Bretagne, s'étaient mis en tête d'attirer les clients en leur promettant force économies d'essence.

Une fois qu'on avait vu l'un de ces messages, on les avait tous vus. Ils ne tenaient aucun compte des différences qui existaient entre les divers modèles d'automobiles et manquaient pour le moins de clarté. Un fabricant assurait que sa voiture consommait à peine 10 l aux 100 km en ville et 8 l aux 100 km sur l'autoroute. Une autre, 15 l aux 100 km/ville contre 14 l sur l'autoroute. Et, chaque fois, je m'interrogeais: «Mais quel serait l'achat le plus judicieux? Dois-je utiliser ma calculatrice pour savoir combien de milles je roule en ville et combien à la campagne?» Un vrai casse-tête!

Quand j'examinais une voiture, je ne me préoccupais pas de son rapport consommation/kilométrage. Les infimes différences qui existaient entre un modèle et un autre n'étaient nullement l'argument par lequel le vendeur pourrait influencer mon choix définitif. Ni d'ailleurs celui de bon nombre d'acheteurs. Ce qui m'intéressait, c'était le confort. Au milieu de cette fièvre de l'économie, combien d'agences de publicité ont songé à nous parler du confort d'une automobile ou de l'élégance de son intérieur? Heureusement que Ricardo Montalban est venu nous vanter les qualités du cuir de Corinthe! Ce n'est pas un hasard si cette publicité est la seule qui me soit restée en mémoire. Elle a d'ailleurs connu un tel succès qu'on continue, encore aujourd'hui, de l'utiliser avec des variantes.

Il n'est pas indispensable que votre FUV soit un élément très important. Dans Manhattan, un restaurant espagnol était célèbre pour son potage à l'ail. Il l'avait inscrit à son menu sans y attacher plus d'importance, mais le téléphone de brousse n'avait pas tardé à en vanter les mérites. Il s'agissait d'un plat peu courant pour ceux qui ne sont pas habitués à la cuisine espagnole et il était particulièrement bien préparé. Comme le succès de ce potage allait croissant, le restaurant a décidé de centrer sur lui toute sa publicité. Rapidement, c'est devenu l'établissement où l'on servait le meilleur potage à l'ail de toute la ville. Que doit-on en déduire? Eh bien! quel restaurant choisiriez-vous si vous n'aviez encore jamais goûté à ce mets et que vous vouliez tenter l'expérience? Cette anecdote m'a d'autant plus intéressé que nous sommes sur le point d'ouvrir un restaurant à proximité de notre usine de Bridgeport. Comme le menu n'est pas encore élaboré, il m'a fallu trouver autre chose pour mon FUV. Mais je n'ai pas eu à chercher bien loin.

L'emplacement choisi se situe en plein coeur d'un parc industriel. On y trouve quantité de restaurants-minute, mais ceux-ci ne vendent que des mets à emporter. Il n'existe aucun endroit où l'on puisse se réunir pour savourer de bons plats tout en conversant tranquillement. Nous, nous allons en ouvrir un et c'est cette combinaison qui sera notre FUV.

Votre FUV peut également être un réseau de distribution inhabituel. Chez Playtex, nous avions connu des difficultés avec nos gaines en latex. Elles n'étaient pas coupées d'après mesure; nous les offrions plutôt en quatre tailles: petite, moyenne, grande et très grande.

Au début des années 1950, les préposées au rayon des corsets se considéraient comme des spécialistes du sous-vêtement fait sur mesure. La cliente était conduite vers un salon d'essayage où elle se déshabillait afin que la vendeuse puisse prendre ses mesures. Or, avec nos modèles, cette opération devenait superflue, puisqu'il suffisait de connaître le tour de taille de la cliente. La plupart des consommatrices le savaient et n'avaient plus à se prêter à l'ancien rituel lorsqu'elles achetaient notre gaine. En revanche, chez nos clients, les responsables du rayon des corsets voyaient là une atteinte à leur réputation établie de longue date et, pour montrer leur mécontentement, refusaient de vendre notre gaine.

Or, Playtex fournissait des bonnets de bain au rayon de mercerie de nombreux magasins. Nous avons tenu le raisonnement suivant: «S'ils ne veulent pas de notre gaine parmi les corsets, pourquoi ne pas essayer de la mettre avec les bonnets de bain? Ceux-ci se vendent très bien et les chefs de rayon seraient peut-être d'accord de tenter l'expérience?»

Les chefs de rayon ont dit oui et la gaine a connu un vif succès. C'était d'ailleurs inévitable. Sa coupe parfaite et la matière dont elle était faite la rendaient unique. Elle avait également été conçue en fonction de la clientèle qui fréquente les merceries. Les ventes ont atteint un tel sommet que les acheteurs des rayons des corsets ont réclamé à cor et à cri le droit de vendre la gaine, eux aussi. Malheureusement pour eux, nous avons découvert que nous obtenions des conditions plus avantageuses en passant par les rayons de mercerie. En utilisant un réseau de distribution inhabituel, nous avions non seulement réussi à rejoindre une clientèle plus large, mais également à toucher plus de profits par gaine qu'auparavant.

Obtenir un maximum d'effet

Comment savoir si votre campagne de publicité aura le maximum d'effet sur le maximum de consommateurs? Chez Playtex, la direction était d'avis qu'une campagne idéale devait s'inspirer des mêmes idées qui avaient servi à l'élaboration des guides de présentation. Il fallait stimuler le plus de sens possible, afin d'accaparer l'attention du client éventuel. Ce point avait une importance capitale s'il s'agissait d'annonces télévisées. Lorsque Jeanne essayait d'atteindre sa boîte de céréales au sommet du rayon, on entendait une voix hors champ qui insistait sur la liberté de mouvements qu'offrait le soutien-gorge Living. Simultanément, la même phrase apparaissait en surimpression à l'écran, pour donner plus de poids aux remarques du narrateur. Jeanne se transformait alors en ectoplasme pour permettre au téléspectateur d'admirer avec quelle souplesse le soutien-gorge épousait tous ses mouvements. L'ouïe et la vue du public étaient bombardées d'images.

Un épilogue venait également renforcer le message positif de cette annonce. Après que Jeanne eut récupéré ses céréales, Gisèle ajoutait: «Si c'est aussi confortable que tu le prétends, je file m'acheter un soutien-gorge Living de Playtex.» Enchaînement avec la scène suivante où les deux comédiennes se rencontrent de nouveau dans le supermarché. Cette fois, c'est Gisèle qui allonge le bras pour cueillir une boîte sur l'étagère, tout en déclarant: «Maintenant que je porte mon soutien-gorge Living de Playtex, je peux, moi aussi, attraper ma boîte de céréales.» Si cette publicité vous semble directement issue de l'ère paléolithique, sachez tout de même qu'elle nous a fait vendre quantité de soutiens-gorge Living, et les principes qui ont présidé à son élaboration continuent d'être appliqués aujourd'hui.

Considérez nos annonces pour Remington. Lorsque je dis: «Le premier Microscreen rase d'incroyablement près», ces mêmes mots apparaissent à l'écran. Ce procédé se répète durant tout le message. Vous m'entendez parler du rasoir, vous voyez comment il fonctionne et vous lisez le commentaire. Chaque élément vient renforcer les autres.

Lorsqu'on conçoit un message pour la télévision, il est essentiel de répéter au moins trois fois le FUV. Avez-vous remarqué combien de fois je dis: «Le Microscreen de Remington vous rasera d'aussi près qu'une lame.» Cette répétition est voulue. Au moment de la pause publicitaire, le téléspectateur est souvent moins attentif à ce qui se passe à l'écran. Il peut profiter de ce répit pour jouer avec son chien ou consulter l'horaire télé. En répétant le FUV à intervalles rapprochés, vous multipliez les chances de capter son attention. Autre point important: quelle que soit la complexité de la présentation, votre message, lui, doit demeurer simple. Vous ne disposez que de trente secondes, alors n'écrasez pas le téléspectateur sous une montagne de données ou de concepts. Personne ne peut en absorber autant en un laps de temps aussi court.

Même si nous n'avons parlé que de la télévision jusqu'ici, les mêmes règles ou presque s'appliquent à la radio ou aux imprimés. Concevez le message en prenant pour toile de fond votre FUV. Dans le cas d'une annonce imprimée, vous devrez compenser l'absence de l'élément sonore en insistant sur l'aspect visuel. Le restaurant espagnol cité plus haut utilisait une photo si réelle de son potage à l'ail qu'on avait envie d'y plonger une cuillère. La radio, par contre, ne vous offre que le son. Veillez à ce que le message soit limpide et soit répété au moins trois fois.

La constance est la clé de toute campagne publicitaire réussie. Lorsque vous aurez trouvé le thème qui fera le mieux valoir votre FUV, conservez-le. Il s'écoule passablement de temps avant qu'une annonce atteigne le but visé. C'est le cycle d'achat de votre produit ou de votre service qui détermine quelle durée devra avoir une campagne de publicité pour produire un résultat concret.

Supposons, par exemple, que vous vendiez un détergent pour la lessive et que le consommateur en rachète, en moyenne, tous les quinze jours. Vous pourrez donc rejoindre, à l'intérieur d'un cycle de deux semaines, tous ceux qui se trouveront à court de ce produit. Votre première diffusion devra donc couvrir au moins cette période et se répétera lors de chacun des cycles suivants.

Chez Playtex, le cycle d'achat des soutiens-gorge était de trois mois. Si nous avions diffusé nos annonces durant deux semaines seulement, nous n'aurions rejoint qu'un sixième de toutes les femmes désireuses de s'acheter cet article de lingerie. Par contre, diffusé pendant treize semaines, notre message atteignait la totalité de cette clientèle.

La commercialisation

Votre programme de commercialisation commence dès l'instant où vous concevez un produit ou un service. À partir du moment où vous avez une idée que vous voulez concrétiser, vous devez vous mettre à penser en fonction de sa mise en marché. Toute votre stratégie doit être greffée à un calendrier qui reproduit chacune des étapes de la commercialisation, depuis la conception de l'idée jusqu'à son lancement sur le marché, et même au-delà.

Chez Remington, nos plans sont d'une précision rigoureuse. Chaque étape est soigneusement détaillée: on y retrouve les paramètres temporels ainsi que les noms des responsables de la mise en oeuvre. Le plan tout entier doit pouvoir tenir sur une ou deux feuilles. En voici un exemple:

Programme de mise en marché pour la machine à écrire Solar

1er juin	Échéance pour le prototype	Bills Bevens
15 juin	Échéance pour l'emballage	Len Boehmer
22 juin	Passation des commandes pour la production en série	John Griffiths
1er août	Production prête	John Griffiths
15 août	Réunion nationale des vendeurs, à Dayton, Ohio. Matériel nécessaire: guides de présentation destinés aux vendeurs, copies des scénarios pour les messages publicitaires, maquettes des annonces, affiches de comptoir	Lee Lowenfish
1er septembre	Expédition aux clients	Mark Bradley
20 septembre	Début de la publicité à l'échelle nationale	Anne Palizolla
1er octobre	Début de la publicité à frais partagés	John Collette

Votre plan définitif devra être plus précis que ce modèle. Il devra comprendre tous les renseignements nécessaires pour que votre équipe de marketing dispose d'une carte indiquant tous les points d'expédition. Outre les responsables des différentes étapes, vous devrez nommer quelqu'un qui supervisera l'ensemble des opérations. Si la production a deux jours de retard, celui-ci en avisera toutes les personnes concernées et verra avec elles les conséquences de ce délai pour leurs secteurs respectifs. Il collaborera étroitement avec les autres chefs de service afin de voir comment rattraper le temps perdu.

Le nom du produit est un des éléments clés de toute stratégie de mise en marché. Il faudra évidemment le choisir de façon à séduire la clientèle, mais ce serait encore mieux s'il comprenait aussi un élément descriptif.

Quand je suis arrivé chez Remington, toutes les séries de produits étaient identifiées par des codes alphanumériques; XLR-3000 et SLR-4000 identifiaient les rasoirs haut de gamme, tandis que les autres modèles portaient les lettres PM, suivies d'un nombre.

J'ai demandé à l'un des employés du service de commercialisation ce que signifiaient ces codes hermétiques et il m'a répondu:

— C'est à cause d'une voiture qui se nomme la XLR. Comme elle est très en vogue, il nous a semblé que ce nom serait tout indiqué pour notre rasoir.

La publicité établissait-elle un lien entre ladite automobile et le rasoir? Je n'y tenais pas mordicus, mais elle aurait pu au moins dire quelque chose du genre: «Vous aurez autant de plaisir à vous raser avec notre produit qu'à prendre la route avec le leur.» Évidemment, il n'en était rien. Ensuite, j'ai voulu connaître la signification des lettres PM et l'employé m'a expliqué:

— Ça, c'est une dénomination qui relève de la régie interne: PM veut dire *Promotional Model* (modèle de promotion).

Génial! ai-je pensé. On a sûrement dû vendre un tas de rasoirs avec ça... Et j'ai continué:

— Mais comment diable cela peut-il renseigner le consommateur sur notre produit? Qu'est-ce que cela signifie pour lui un XLR ou un PM?

On aurait juré qu'il s'agissait de noms conçus pour les ordinateurs Sperry.

En cherchant de nouveaux noms pour les rasoirs, je

me suis souvenu des leçons que j'avais apprises chez Playtex. Le nom du produit devait toujours se rapporter au FUV. Que faisait la gaine Mold'n Hold? Elle moulait tout en soutenant. Le soutien-gorge Living épousait les mouvements de la femme qui le portait. Quel était le Facteur unique de vente du XLR? Il était doté d'un dispositif qui vous rasait d'aussi près qu'une lame. Le XLR est donc devenu le Microscreen de Remington. Quant au PM qui deviendrait notre rasoir standard, comme il était muni de trois têtes, il est devenu le Triple Head avant que nous n'adoptions, plus tard, un nom plus imagé: le rasoir Triple Action. Pourquoi «triple action»? Parce qu'il rasait sous tous les angles en même temps.

Mon expérience m'a appris que plus un nom est descriptif, plus il attire l'attention sur l'élément clé du produit. Le nom peut même, dans certains cas, aider le consommateur à visualiser l'article. Si vous avez déjà vu un soutien-gorge Cross Your Heart, il vous suffit d'entendre ce nom pour vous souvenir de sa ligne et de ses caractéristiques. Un nom peut parfois suggérer une certaine ambiance. Chez Benrus, nous avions mis au point la montre Citation. Nous voulions que le client s'imagine être le lauréat d'un prix prestigieux. La montre Citation, par son élégance, confirmait cette impression.

Bon nombre des idées de mise en marché que j'ai appliquées chez Remington n'étaient que des variantes de notions apprises ailleurs ou utilisées dans d'autres sociétés. J'ai une collection de carnets bourrés d'idées de ce genre et qui remontent jusqu'au début des années 1950. Je les consulte une ou deux fois par an et j'en retire toujours quelque chose qui peut me servir pour tel ou tel produit que je suis sur le point de lancer. La Fontaine de Jouvence, un étalage destiné à recevoir des tubes contenant des gaines de diverses tailles, avait été conçue tout exprès pour permettre à Playtex de mettre en valeur la marchandise que les vendeuses dissimulaient sous le comptoir. En effet, il était impossible d'empiler les tubes qui auraient roulé sur le plancher. Les vendeuses n'avaient pas le choix, elles devaient disposer les gaines sur les présentoirs. C'était là un facteur important. Chez Playtex et chez Remington, nous avons appris que c'est le «dernier mètre» qui décide de l'issue d'une vente.

Ce fameux mètre équivaut à la distance symbolique qui sépare, au point de vente, le client du vendeur. Et c'est à un endroit ou à un autre de ce dernier mètre que votre produit doit attirer l'attention du consommateur.

Lorsque j'ai pris la direction de Remington, j'ai découvert que nous avions un sérieux handicap à ce propos. Les propriétaires de magasins n'osaient pas exposer nos rasoirs sur les comptoirs, de crainte de se les faire voler, et préféraient les garder sous clé. Or, chez bon nombre de nos gros clients, on pouvait attendre une éternité avant d'obtenir l'aide d'un vendeur. Les rasoirs étant inaccessibles, on ne pouvait donc en choisir un et se rendre directement au comptoir-caisse. Cela nous faisait perdre beaucoup de ventes. Il fallait absolument trouver le moyen d'introduire nos rasoirs dans le périmètre magique. Qu'avons-nous fait? Nous avons conçu un coffret juste assez grand pour dissuader les voleurs de la subtiliser. Une fois qu'on y avait rangé le rasoir, il était enveloppé de cellophane. Cet emballage rendait la tâche des voleurs difficile, car ils ne pouvaient ouvrir le coffret pour le vider de son contenu. Ce faisant, nous avons réussi à convaincre les détaillants de laisser notre produit à la vue du public. Du coup, les ventes ont grimpé en flèche.

J'avais connu une situation analogue en 1951, à l'époque où j'étais représentant en produits de beauté pour Lever Brothers. Je m'étais aperçu d'une chose: si j'obtenais que mes petits pots soient empilés, bien en vue, sur le comptoir, j'en vendrais bien davantage. En ce temps-là, une chanson volait sur toutes les lèvres, *Loin des yeux, loin du coeur.* Ce devrait être le mot d'ordre de tous les vendeurs du monde, parce que si le client ne voit pas votre produit, c'est exactement comme si vous n'existiez pas.

C'est également chez Playtex et chez Lever Brothers que j'ai compris ceci: un commis de magasin bien informé est le meilleur des alliés. Plus il en sait sur votre produit, plus votre avantage sur les concurrents est grand. Conscients de cela, les représentants de Playtex prenaient tout le temps qu'il fallait pour mettre les commis au courant des particularités de leurs produits. Dans ce but, nous obtenions de nos clients l'autorisation de tenir des séances d'information à l'intention de leurs employés. Cela se faisait plus ou moins à la bonne franquette. Pour ma part, je me présentais au rayon des corsets ou de la mercerie quarante minutes avant l'ouverture du magasin, les bras chargés de gobelets de café et de brioches pour mes «étudiantes», puis je leur parlais des qualités incomparables de la gaine Mold'n Hold ou du soutien-gorge Living. Mes petites gâteries faisaient partie d'une entente tacite. Les vendeuses m'accordaient un peu de leur temps et en contrepartie je leur fournissais le petit déjeuner. Par la suite, elles pouvaient répondre à presque toutes les questions qu'auraient soulevées les clientes au sujet de nos produits. Si l'une d'elles voulait un soutien-gorge dans lequel elle se sente à l'aise, la vendeuse pouvait non seulement lui recommander la marque Living, mais aussi lui expliquer pourquoi c'était exactement le modèle qui lui fallait. Cela donnait un bon coup de pouce à nos produits. Et les séances d'information nous ont en outre permis d'établir de meilleures relations avec les vendeuses. Elles étaient la preuve tangible que nous leur manifestions autant d'intérêt qu'à nos articles.

Je me souviens d'une idée que j'avais eue chez Lever

Brothers et qui m'a suivi tout au long de ma carrière. Lorsque nous avons lancé Pepsodent, nous avons offert un petit tube de dentifrice à tout client qui achetait l'une de nos brosses à dents. J'ai conservé cette habitude en arrivant chez Playtex. Quand nous mettions sur le marché un nouveau modèle de soutien-gorge, nous en faisions cadeau aux clientes qui se procuraient la plus coûteuse de nos gaines. Chez Wells Benrus, nous vendions un bracelet à breloques. En achetant trois de celles-ci, la cliente obtenait le bracelet gratuitement. Notre objectif, dans ce cas-ci, était double: cela faisait de la publicité pour le bijou et nous étions persuadés que la cliente reviendrait acheter d'autres breloques, car elle aurait eu l'air ridicule en portant un bracelet uniquement garni de trois breloques. Ces trois formes d'autopublicité ont toujours donné d'excellents résultats et, à tout prendre, ce n'était que des variations sur un même thème.

Un entrepreneur doit aussi s'inspirer des idées de ses concurrents. Souvenez-vous toutefois que cette méthode ne se révélera fructueuse que si vous y greffez un élément qui donnera plus de relief à la publicité.

En Grande-Bretagne, les compagnies rivales de Remington avaient instauré la politique de l'échange. Si vous leur apportiez votre vieux rasoir, elles vous accordaient une réduction de cinq livres sur le prix d'un neuf. En outre, votre antiquité pouvait être d'une marque étrangère à la leur. L'idée m'est venue que nous pourrions faire mieux et nous avons lancé la mode de l'échange sans échange. Si notre rasoir vous convenait, vous le conserviez et vous continuiez d'en jouir en vous rasant tous les matins en douceur. Dans le cas contraire, vous le rapportiez et nous vous en remboursions le prix. Nous avons fait la même chose en Amérique, où nous proclamions bien haut que notre rasoir «vous raserait d'aussi près qu'une lame ou nous vous rembourserions». Cette campagne a connu un succès phénoménal. Et je suis fier d'ajouter que les demandes de remboursement ont été inférieures à un demi de un pour cent du nombre total d'acheteurs.

C'est à un autre concurrent que je dois d'avoir changé le nom du Home Haircutter de Remington. Il avait lancé une tondeuse à barbe identique à notre tondeuse de coiffeur, à cette différence près que la nôtre était dotée de ciseaux à amincir et non la leur. Leur instrument permettait uniquement de tailler la barbe, sans pouvoir l'amincir. J'ai donc fait venir notre concepteur et lui ai demandé si notre tondeuse pouvait servir aussi bien pour la barbe que pour les cheveux. La chose lui parut possible. Au cours d'un test, nous avons comparé notre tondeuse de coiffeur aux six meilleures tondeuses à barbe alors en vente. Tous les noms de marque avaient été masqués et remplacés par des codes. De cette façon, aucun des cent participants ne connaissait l'origine de l'instrument qu'ils utilisaient ce jour-là. À la fin du test, quatre-vingts pour cent d'entre eux ont déclaré qu'ils avaient préféré notre produit. Aucune autre tondeuse n'avait obtenu plus de huit pour cent des voix. Peu après, nous lancions le dernier-né des produits Remington: une tondeuse permettant tout à la fois de couper les cheveux, de tailler et d'amincir la barbe. Les détaillants étaient ravis, car ils faisaient ainsi d'une pierre deux coups: vendre deux articles en un et s'éviter un double approvisionnement. Par un simple tour de passe-passe, nous avons fait quantité d'heureux.

Lorsque vous organisez simultanément une publicité nationale et une publicité locale à frais partagés, assurez-vous que le message et la présentation soient conformes dans les deux cas. Une publicité à frais partagés est diffusée en collaboration avec un magasin local. Contrairement à ce qui se passait il y a quelques années, alors que la compagnie et le magasin partageaient les frais de publicité, le fabricant du produit est aujourd'hui le seul à

288

assumer ces dépenses. Aussi, si vous n'y prenez garde, un commerçant pourra fort bien faire passer votre article au second plan d'une annonce que vous aurez vous-même payée. Assurez-vous que le texte final mette bien l'accent sur votre Facteur unique de vente et non sur le magnifique étalage de M. Un tel où l'on distingue aussi bien les produits de la concurrence que les vôtres.

Si vous avez pris soin d'informer les vendeurs des magasins, si votre publicité est structurée de façon cohérente à tous les niveaux, si vous disposez d'étalages très apparents et de réseaux de distribution clairement identifiés qui livrent vos produits à temps, vous devriez faire des affaires d'or. Mais il reste que vous devez faire attention aux moindres détails de votre campagne de mise en marché. Il suffit d'un impondérable pour réduire à néant les projets les mieux conçus.

Je me souviens d'un cas de ce genre. Remington venait de mettre au point une cellule photo-électrique pour les désodorisants de salle de bains. Nous en avions fait l'essai chez nos employés et elle fonctionnait à merveille. Dès qu'on allumait dans la salle de bains, le dispositif se mettait en marche. Le parfum se répandait donc dans la pièce uniquement quand la lumière était allumée. Désormais, l'utilisateur n'avait plus à subir un arôme persistant. En outre, notre produit avait une durée de vie plus longue que les autres.

Mais un petit problème a surgi. Aucune des salles de bains testées n'était équipée d'un éclairage fluorescent. C'était, par contre, le cas pour un tiers des participants d'un groupe témoin. Et le résultat a été identique pour la totalité d'entre eux: la cellule photo-électrique refusait de déclencher le désodorisant.

Nous avions déjà fabriqué cent mille dispositifs. Que faire? Les mettre en vente avec une note, imprimée sur le côté de la boîte, précisant que la lumière fluorescente rendait l'appareil inopérant? J'en étais malade. La pire chose qui puisse arriver à un produit, c'est de lui donner une connotation négative. Si je m'étais servi de mes méninges, nous aurions effectué une étude sur le type d'éclairage utilisé dans les foyers — et dans quelle proportion, — et nous en aurions vérifié les effets sur la cellule photo-électrique! Nous sommes actuellement en train de mettre au point une cellule qui pourra être stimulée par une lumière fluorescente. Lorsque vous lirez ces lignes, elle sera probablement sur le marché. Néanmoins, ma négligence m'a servi de leçon: en matière de commercialisation, rien de ce qui peut sembler insignifiant ne doit être négligé.

«Il m'a tellement plu que j'ai acheté la compagnie!»

On m'a souvent demandé comment j'en étais venu à tourner mes propres messages publicitaires. Croyez-moi, c'est uniquement un concours de circonstances. Le jour où je me suis envolé pour la Grande-Bretagne afin de mettre au point notre campagne de publicité pour 1979, jamais je n'aurais cru que j'allais devenir le porte-parole de Remington.

Nous avions conçu une annonce descriptive où une voix hors champ faisait état des qualités du rasoir Microscreen. Cette publicité avait bien marché aux États-Unis et nous avions l'intention de la diffuser dans le monde. Mais quand je l'ai projetée en Angleterre, notre agence de publicité a manifesté une réserve polie. Le directeur m'a déclaré que ce n'était pas mal, mais que son équipe avait trouvé mieux.

J'ai donc demandé à la visionner. L'annonce montrait un rasoir électrique muni de son fil, tandis que le narrateur disait: «Si vous pouviez vous raser d'aussi près qu'avec une lame, tout en bénéficiant du confort et des avantages d'un rasoir électrique, vous connaîtriez alors le rasage parfait.» Pendant qu'il parlait, le fil était branché et l'appareil se mettait à vibrer. Le narrateur poursuivait: «Voici celui qui permet le rasage parfait: le rasoir Micro-screen de Remington.» À ce moment-là, le rasoir à la lame vibrante était remplacé par le Microscreen, et la voix commençait à expliquer pourquoi le Remington pouvait raser d'aussi près.

Après la projection, j'ai déclaré aux publicitaires:

— L'annonce attire certes l'attention, mais je ne la trouve pas crédible. La séquence où la lame se met à trembler est tirée par les cheveux et le lien avec le FUV ne se fait pas assez vite. Je préfère nettement la nôtre.

Les gens de l'agence ne voulaient pas en entendre parler. Ils soutenaient que le message passait parfaitement la rampe et qu'il avait remporté un prix après avoir été diffusé au cours de l'automne précédent. J'ai riposté en faisant état de notre chiffre d'affaires pour la même période:

— Si cette annonce est si extraordinaire, comment se fait-il qu'à Noël notre part du marché ait connu la pire dégringolade de tous les temps?

C'était, d'après eux, parce que le manque de temps avait empêché d'obtenir un effet maximum. La discussion s'est poursuivie encore un peu et puis quelqu'un a proposé de faire une pause pour prendre une tasse de thé.

Pendant ce répit, l'un des publicitaires m'a demandé:

— Comment se fait-il qu'un type comme vous ait pu se lever, un beau matin, et s'offrir une société de l'importance de Remington? Avec tout l'argent qui sort d'Angleterre en ce moment, c'est quelque chose qui ne risque pas de se produire ici.

Je leur ai alors expliqué comment j'avais négocié l'achat de la société, sans omettre l'épisode où ma femme m'avait offert mon premier Remington. Au milieu de mon récit, je me suis aperçu qu'un silence curieux régnait parmi le groupe. On se serait cru dans un message publicitaire de E.F. Hutton. Lorsque je leur ai demandé si quelque chose allait de travers, l'un d'eux m'a répondu:

— Non, non, pas du tout! Nous attendons la suite de l'histoire. C'est vraiment passionnant.

En entendant sa réflexion, je me suis alors demandé à haute voix si cette histoire pouvait également intéresser l'Anglais moyen. Devant l'acquiescement général, j'ai ajouté:

— Pourquoi ne pas s'en servir comme base de notre annonce?

Ils ont reconnu qu'il ne s'agissait pas d'une mauvaise idée, puis quelqu'un a suggéré de choisir comme interprète le joueur de soccer britannique, Kevin Keegan.

Du coup, je n'étais plus d'accord:

— Comment Kevin Keegan pourrait-il paraître à la télévision et nous raconter comment il a acheté la société Remington? demandai-je. Tout le monde le connaît, dans le Royaume-Uni, et personne ne voudra jamais gober cette histoire. Au mieux, il pourrait toujours parler d'un de ses amis qui a décidé, un beau jour, d'acheter la compagnie. Ça ne marchera absolument pas. Pardonnez-moi de vous dire ça, mais si vous pensez vraiment que c'est une bonne idée, il n'y a qu'un type qui peut présenter ce message et vous l'avez justement devant vous.

J'aimerais pouvoir dire que tous les gens présents ont applaudi devant une distribution aussi brillante, mais ce ne fut pas le cas. Au contraire, chacun des membres de l'agence avait au moins une raison de penser que je n'étais pas du tout l'acteur idéal. L'un d'eux a mentionné le fait que je n'avais jamais joué. C'était faux. J'avais tenu le rôle d'un ange, dans une pièce à l'école, quand j'avais dix ans. Un autre m'a déclaré avec tact: «Vous savez, vous n'êtes plus très jeune.» Je pense qu'il essayait simplement de me dire que ma nouvelle carrière n'empê-

292

cherait nullement Robert Redford de dormir. Il se demandait également si j'avais suffisamment de présence à l'écran. Un troisième spécialiste s'interrogeait sur la réaction du public britannique en voyant un Américain tenir la vedette dans cette annonce. Ce à quoi j'ai répliqué qu'il n'était pas question que j'aie le premier rôle; celui-ci revenait au rasoir. Je servirais seulement de faire-valoir.

Après avoir écouté quelques autres objections, j'ai repris la situation en main:

— Vous avez tous soulevé des points valables, mais tout cela demeure de la théorie. J'ai une idée. La seule façon de savoir à quoi s'en tenir, c'est de procéder à un essai.

Aussitôt, nous nous sommes assis autour de la table afin de rédiger le texte de l'annonce. Quatre-vingt-dix pour cent de son contenu actuel a été conçu ce jour-là.

Après la rédaction du scénario, nous sommes passés au bout d'essai. Tout en lisant mon texte inscrit sur des affiches de carton, je souriais à la caméra en déclarant:

— Bonjour! je suis Victor Kiam. J'étais un adepte du rasoir à main, jusqu'au jour où ma femme m'a offert un rasoir Microscreen de Remington. J'ai vraiment été impressionné par la qualité du rasage qu'il me procurait. Tellement, en fait, que j'ai acheté la compagnie. Le Microscreen de Remington vous rasera d'aussi près qu'une lame ou nous vous rembourserons. Voici pourquoi. Le premier Microscreen vous rase d'incroyablement près et le second d'encore plus près. Le Microscreen de Remington vous coûtera une vingtaine de livres. La compagnie m'a coûté bien davantage. Le Microscreen de Remington vous rasera d'aussi près qu'une lame, ou nous vous rembourserons.

Le sort en était jeté. Nous avons alors procédé à des essais sur le terrain, et le commentaire le plus négatif que nous ayons recueilli a été: «Si vous deviez employer un comédien dans ce fichu message, pourquoi n'avez-vous pas choisi un acteur britannique?» Cette réaction a été celle d'environ quatre pour cent des participants au test. Mais, dans l'ensemble, la réception a été extrêmement favorable. D'autres essais ayant donné les mêmes résultats, nous avons donc décidé de procéder au véritable tournage.

Cela n'a pas été une sinécure. Nous voulions faire simultanément les enregistrements radio et télé, afin qu'ils soient prêts à temps pour la campagne d'automne. Cela signifiait que je devrais séjourner plus longtemps que prévu en Grande-Bretagne.

L'agence de publicité avait choisi un bureau comme décor et elle avait trouvé le local idéal au vingt-deuxième étage d'un des rares gratte-ciel londoniens. Le matin du tournage, une limousine est venue me cueillir à mon hôtel. De quoi rendre Tom Selleck vert de jalousie!

L'enregistrement a commencé à six heures et les problèmes ont aussitôt afflué. Derrière moi, une large baie vitrée permettait d'avoir une vue extraordinaire de Londres. L'éclairage et mon maquillage avaient été conçus en fonction de l'ensoleillement — la journée s'annonçait radieuse — mais le climat londonien ne tarda pas à faire des siennes. Le soleil ne cessait de jouer à cache-cache. Toutes les vingt minutes, ou presque, et souvent en plein milieu d'une prise de vues, il se dissimulait derrière un nuage et refusait de réapparaître. Il fallait chaque fois interrompre le tournage, retoucher mon maquillage et modifier l'éclairage. Et, évidemment, dès que les caméras recommençaient à filmer, le soleil sortait du nuage et tout était à recommencer.

C'était ma première expérience devant des caméras de télévision et je n'arrivais pas à m'habituer aux incessantes reprises. Si je sautais une ligne, on repartait à zéro, et c'était alors au tour du soleil de faire des siennes. J'ai lu quelque part que Marlon Brando avait failli rendre fous tous ses acteurs quand, au cours du tournage de

294

One-Eyed Jacks, il avait interrompu la production pendant deux jours parce que l'océan n'était pas suffisamment agité. De toute évidence, la mer n'avait jamais entendu parler de Stanislavski. Je comprenais maintenant ce qu'avaient dû éprouver mes confrères du grand écran. Entre mes erreurs d'enchaînement et les caprices du soleil, il nous a fallu douze heures pour tourner un message publicitaire de trente secondes. Heureusement, les choses ont été un peu poins pénibles pour l'enregistrement radio, même si les problèmes n'ont pas manqué, là non plus. Les studios étaient sur le point de déclencher une grève, et notre annonce a été enregistrée quelques minutes à peine avant que le nôtre ait été forcé de fermer ses portes.

La grande première a eu lieu au Royaume-Uni, le 1er novembre 1980. Peu après, les ventes ont monté en flèche. L'annonce a ensuite été diffusée en Australie, en France, en Norvège, au Canada et à Hong Kong, et les résultats ont été partout les mêmes. Un an plus tard, ce fut le tour des États-Unis. Le succès n'a pas été aussi rapide qu'outre-mer parce qu'une campagne de publicité met beaucoup plus de temps à atteindre sa vitesse de croisière chez nous qu'en Europe. Mais, peu à peu, elle a fini par faire boule de neige. Dès la fin de 1981, je savais que nous avions visé juste.

Je crois que la popularité de ces annonces est due au fait qu'elles reflètent le rêve d'une majorité des gens. Presque tout le monde aimerait pouvoir investir dans un produit susceptible de rapporter une fortune. Je n'ai pas fini de me lamenter sur ma chance ratée avec Velcro. Et combien de gens n'ont pas regardé un comédien jouant dans une publicité télévisée en se disant: «Bof! je pourrais m'en tirer aussi bien que lui.» S'ils étaient en train de visionner une de mes annonces, ils avaient probablement raison. Pour ma part, j'ai réussi à concrétiser mes rêves et je pense que c'est cela qui touche le Walter

Mitty qui sommeille dans la plupart des téléspectateurs. Le fait que je ressemble à Monsieur Tout-le-Monde entre également en ligne de compte. Les gens en déduisent, à juste titre, que si je peux vivre mes rêves, eux aussi en sont capables.

Mais je voudrais accompagner cette dernière remarque d'une mise en garde. Si vous avez l'intention d'acheter ou de faire démarrer votre propre entreprise, allez-y, foncez! C'est justement pour cette raison que j'ai écrit ce livre, pour vous inciter à plonger. Mais si vous envisagez de tourner un rôle dans vos propres messages publicitaires — ce que de plus en plus d'entrepreneurs font, quelle que soit l'importance de leur affaire — alors laissez-moi vous prévenir de ce qui vous attend.

Vous devrez renoncer à l'anonymat. Les gens vous reconnaissent dans la rue et n'hésitent pas à vous arrêter pour échanger quelques mots. Cela ne me dérange nullement, j'adore rencontrer du monde; mais si vous êtes un introverti, cela vous indisposera certainement. En outre, vous devrez faire attention à l'image que vous projetez. Avant la diffusion de ces messages, quand un malappris passait devant moi dans une file, je n'hésitais pas à l'expédier derrière moi et personne n'y prêtait attention, sauf si l'individu était particulièrement grossier. Dans ce cas, je pouvais même avoir droit à quelques applaudissements.

Mais si, maintenant, je m'avisais de demander à ce même individu d'aller voir ailleurs si j'y suis, bien des gens en déduiraient que je joue à la grosse vedette et prendraient le parti de ce minable, de ce resquilleur antipathique. Et lorsqu'ils reverraient mon annonce, ils diraient à leurs amis: «Ah! je l'ai vu, l'autre jour, quand je suis allé au cinéma. Eh bien! mon vieux, je te jure qu'il ne se prend pas pour n'importe qui!» C'est pourquoi j'essaie toujours de passer inaperçu en public.

Tourner dans des messages publicitaires comporte

d'autres inconvénients. Dans l'esprit des gens, vous faites tellement corps avec le produit qu'ils ont du mal à vous distinguer l'un de l'autre. Vous *devenez* le produit. Cela me rappelle une histoire que m'avait racontée un maître d'hôtel. Un professeur de conditionnement physique mondialement connu, et dont le nom est associé à une chaîne internationale de centres de culture physique, était venu dîner, un jour, dans son restaurant. Il avait commandé son menu: potage Saint-Germain, filet de poisson grillé, salade verte, pomme de terre nature au four et l'inévitable verre de Perrier. Comme le serveur lui faisait remarquer qu'il s'agissait là d'un repas on ne peut plus équilibré, le culturiste avait répondu:

— Oh! c'est habituellement ce que je mange chez moi, mais je fais toujours très attention à ce que je commande dans les restaurants. Lorsqu'on est dans ce domaine et que l'on est aussi connu que je le suis, on ne peut même pas se permettre de se promener en tenant en laisse un chien trop gras.

Certains dimanches matin où l'on ne rêve que de flemmarder, je suis parfois obligé de sortir, mais je n'éprouve pas la moindre envie de me raser. Ces jours-là, je sais exactement ce que ressent ce culturiste.

9
Derniers détails

A LORS que je relisais les chapitres précédents, il m'est venu d'autres idées au sujet de l'esprit d'entreprise, dont j'aurais plaisir à vous faire part.

C'est votre premier procès? Gardez votre calme.

Quand j'étais plus jeune et moins au fait des affaires, je croyais qu'il n'y avait rien de pire qu'une poursuite judiciaire. J'étais persuadé qu'une citation à comparaître ternirait à tout jamais ma réputation.

J'ai bien vite constaté que ce n'était pas le cas. Actuellement, aux État-Unis, on peut poursuivre n'importe qui pour n'importe quel motif. Les choses sont bien différentes dans nombre de pays européens, où un demandeur qui perd sa cause doit acquitter les frais de justice et les dépens. Cette règle restreint le nombre de poursuites, mais n'avantage pas le particulier qui risque jusqu'à sa dernière chemise s'il perd une cause contre une grande entreprise. Notre système est plus juste, mais de concert avec les honoraires calculés en fonction du succès, il a contribué à faire de nous un peuple de plaideurs. Une poursuite n'a donc rien d'extraordinaire ni de déshonorant.

J'ai également découvert qu'à moins d'un règlement à l'amiable, on peut souvent attendre des années avant qu'une cause ne soit portée devant les tribunaux. Interjetez appel sur appel, et Dieu seul sait quand l'affaire sera enfin close. Sachez bien que si vous recevez une citation à comparaître, il ne se passera probablement rien avant cinq ans. Par conséquent, il est inutile de s'affoler au moindre signe de litige.

J'ai eu mes premiers démêlés avec la justice en 1959. Ma femme et moi, ainsi qu'un couple de nos amis, avions décidé de passer un week-end dans une station balnéaire de Hampton où l'on offrait un forfait intéressant pour le week-end, incluant les repas. J'avais loué une voiture pour l'occasion.

Nous avons quitté Manhattan peu après dix-huit heures le vendredi. Dix minutes après m'être engagé sur l'autoroute de Long Island, le pneu arrière droit a crevé. En principe, ce n'était rien de catastrophique puisqu'il suffisait de changer la roue. Une surprise m'attendait pourtant lorsque j'ai ouvert le coffre: il y avait bien un cric, mais pas de trace de roue de secours. L'agence de location de voitures avait omis de nous en donner une. Nous étions dans de beaux draps! Les deux femmes étaient enceintes et nous avions près d'un kilomètre à faire pour quitter l'autoroute. J'ai ensuite dû marcher un kilomètre et demi avant de trouver une station-service équipée d'une dépanneuse. L'un des mécaniciens m'a ramené à la voiture et a emporté le pneu crevé pour le réparer. Il a fallu ensuite revenir à la voiture et le remonter. Cet incident nous avait fait perdre plus de deux heures et demie. À l'heure où nous avons repris la route, nous savions que nous n'arriverions jamais à l'hôtel à temps pour le dîner. Nous nous sommes donc arrêtés au premier restaurant pour manger.

La note du restaurant et les frais de réparation du pneu augmentaient de cent quarante dollars la somme que nous devions consacrer à notre week-end. Le dimanche soir, j'ai ramené la voiture à l'agence de location. J'avais utilisé une carte de crédit et j'ai demandé une copie du reçu. Le lendemain, j'ai photocopié la note du

300

restaurant et la facture du garagiste qui, additionnées, s'élevaient à une somme supérieure à la location de la voiture.

J'ai écrit une lettre à l'agence de location pour expliquer ce qui s'était passé et j'ai souligné que j'avais dû débourser plus d'argent que prévu en raison de leur négligence. J'ai ajouté que je ne m'attendait pas à ce qu'on me rembourse la différence entre les frais de location et mes dépenses. Je croyais cependant que ces dernières annulaient la dette que j'avais envers l'agence.

Mais ladite agence ne partageait pas mon point de vue. Un mois plus tard, j'ai reçu de la société émettrice de ma carte de crédit, une facture pour la location de la voiture. J'ai refusé de la payer, et j'ai envoyé à la société des copies de la lettre et des factures, à titre d'explication.

J'ai reçu quatre factures au cours des quatre mois qui ont suivi et j'y ai répondu exactement de la même façon.

Le cinquième mois, aucune facture. L'agence de location avait-elle décidé de reconnaître son erreur? Un après-midi, j'eus la surprise de constater que je m'étais trompé. On a sonné et je me suis trouvé nez à nez avec un inconnu d'allure affable. J'allais le prier de se présenter lorsqu'il m'a demandé si j'étais bien M. Victor Kiam. J'ai acquiescé. Il a souri et m'a dit:

— Je suis bien content de vous trouver à la maison. J'ai quelque chose à vous remettre.

C'était une citation à comparaître! Le souriant inconnu était un huissier. L'agence de location de voitures voulait être payée et avait décidé de me traîner devant les tribunaux.

J'aurais pu acquitter la facture, qui n'était pas si élevée, mais je m'y refusais par principe. J'ai calmement évalué mes chances. Je savais qu'au besoin, je pourrais faire citer le mécanicien comme témoin pour attester qu'il n'y avait pas de roue de secours dans le coffre de la voiture. Il incombait à l'agence d'en fournir une. J'avais en main le détail des frais supplémentaires engagés, y compris une brochure de l'hôtel prouvant que nous n'aurions pas eu à payer le dîner si nous étions arrivés à l'heure. Selon moi, l'agence n'avait aucune chance. J'étais si sûr de moi que j'avais décidé de me présenter seul à la déposition préparatoire au procès. Si l'affaire était portée devant les tribunaux, je songerais à engager un avocat, même si les frais devaient excéder le montant de la facture.

L'évaluation que j'ai faite des frais de justice et des dépens m'a aidé à élaborer une stratégie digne d'un entrepreneur pour régler cette affaire. À l'occasion d'une vente ou d'une négociation, j'essayais toujours de me mettre à la place de l'autre, de découvrir ses besoins. Dans quel but, me demandai-je, l'agence de location me poursuivait-elle? Ces gens en faisaient-ils une affaire de principe? Comme ils n'avaient jamais tenté de s'entendre avec un client de toute évidence insatisfait, je doutais qu'ils aient des principes. Voulaient-ils faire un exemple? Ce n'était guère probable. J'étais un parfait inconnu. Si je perdais ma cause, je les voyais mal afficher ma photo dans toutes leurs succursales pour effrayer le client hargneux qui s'aviserait de leur créer des embêtements. Donc, ils me poursuivaient pour récupérer leur argent. Sachant cela, et sachant aussi que j'avais raison face à la loi, je décidai que cela allait leur coûter cher.

Lors de la déposition préparatoire au procès, tous les frais de justice, y compris les honoraires du greffier, incombent au demandeur. Je savais qu'un greffier recevait environ dix cents le mot. Lorsque l'avocat de l'agence m'a demandé si j'avais utilisé la voiture, j'ai répondu oui. Lorsqu'il m'a questionné pour savoir si j'avais versé une somme quelconque en contrepartie de ce privilège, j'ai répondu non.

Jusque-là, rien de bien extraordinaire dans ce dialogue. C'est alors que l'avocat m'a demandé pourquoi j'avais refusé d'acquitter la facture. Gardant à l'esprit les honoraires dus au greffier, j'entrepris de raconter ma mésaventure avec force détails.

— Tout a commencé lorsque j'ai quitté mon bureau à dix-sept heures ce vendredi-là. J'ai pris l'autobus qui passe devant mon bureau jusqu'à l'agence. Je suis arrivé à l'arrêt d'autobus à dix-sept heures vingt et une minutes... je le sais parce que je ne cessais pas de regarder l'heure. La circulation était très dense et je devais faire un trajet beaucoup plus long que d'habitude. Parvenu à destination, je suis descendu de l'autobus et me suis rendu à l'agence située un peu plus loin. Je suis entré et j'ai attendu qu'un préposé soit libre. Il m'a fallu patienter cinq minutes avant d'être servi. Je ne critique pas l'agence; il y avait beaucoup de monde à cette heure-là...

Je parlais depuis vingt-cinq minutes et je n'avais pas encore mentionné l'épisode de la crevaison. L'avocat et le représentant de l'agence s'arrachaient les cheveux. Ils savaient très bien que, plus mon témoignage durait, plus la note s'allongeait. L'avocat m'a interrompu et a demandé que le greffier cesse son travail. Il m'a dit entre ses dents:

— Ça va, Kiam nous abandonnons l'affaire.

J'avais gagné! J'avais battu ces requins à leur propre jeu. Si j'avais paniqué, si j'avais été impressionné par la citation à comparaître, j'aurais acquitté la facture et je me serais reproché pendant des semaines d'avoir cédé alors que j'étais intimement convaincu d'être dans mon droit.

Je me suis tout de même affolé quelque peu lorsque ma société a été poursuivie pour la première fois. On imputait à la bijouterie Wells une part de responsabilité dans un incident fâcheux. Nous avions parrainé une série de sessions de perçage d'oreilles dans tout le pays. L'une d'elles avait eu lieu chez G. Fox à Hartford, au

Connecticut. Nous nous étions taillé un beau succès; un grand nombre de femmes attendaient en file pour se faire percer les oreilles.

Une retardataire n'entendait cependant pas faire la queue. Elle est même presque parvenue à se frayer un chemin jusqu'en tête de file. Elle s'est heurtée à un mur de résistance, mais elle a quand même réussi à passer devant la plupart des autres femmes. Malgré les murmures qui s'élevaient nombreux, personne ne semblait enclin à s'interposer. À l'exception de l'une de ces dames, toutefois. Faisant pivoter la nouvelle venue, d'un élan magistral elle lui a asséné un coup de parapluie en plein visage! Sous l'impact, la resquilleuse s'est retrouvée par terre, privée d'une partie de ses dents de devant.

La victime a poursuivi l'agresseur, G. Fox et la bijouterie Wells. En apprenant la chose, j'ai convoqué tous les cadres supérieurs. Je leur ai dit qu'il fallait envoyer des gens chez G. Fox immédiatement et qu'ils ne devaient pas revenir avant d'avoir interrogé tous les témoins qu'ils pourraient trouver. Je ne cessais de harceler les conseillers juridiques au sujet du plan à adopter. Je craignais que d'autres établissements ne réagissent mal face à cette poursuite et n'annulent la session. Aucun d'eux ne l'a fait. Malgré mes inquiétudes, les avocats des parties en cause n'ont pas pu se rencontrer avant six mois. Il a suffi alors de quelques jours pour en arriver à un accord. La femme au parapluie a consenti à payer un dentier à sa victime et G. Fox et la Wells ont convenu de verser chacun cinq cents dollars à cette dernière. Nous aurions pu aller devant les tribunaux, et je crois que nous aurions eu gain de cause, mais les frais et dépens auraient largement dépassé le coût du règlement. Compte tenu du temps qu'il a fallu pour régler cette affaire et de son issue, mes craintes étaient sans fondement.

Sans nécessairement vivre dans la crainte d'être poursuivi, il faut cependant tout mettre en oeuvre pour ne pas l'être. Il est bien mal avisé, l'entrepreneur qui s'expose à des poursuites. Chez Remington, nous faisons tout notre possible pour que cela n'arrive pas. Chaque fois que nous lançons une campagne de promotion ou que nous affirmons quelque chose à propos de l'un de nos produits, nous épluchons ces données en compagnie de nos avocats, même si elles ne sont destinées qu'à nos vendeurs et à nos détaillants. Nous fournissons à nos conseillers juridiques toutes les preuves d'authenticité réclamées et nous nous tenons prêts à défendre toutes nos légations.

On a la preuve de l'efficacité de notre système si l'on considère cet incident mettant en cause la revue *Consumer Reports**. Cette publication avait jugé l'un de nos Microscreen rechargeables comme étant le meilleur rasoir mis sur le marché. Gagner l'approbation d'un groupe hautement respecté et si impartial pouvait nous donner un fameux coup de pouce et nous avions la ferme intention de nous en vanter dans notre publicité. Malheureusement, la direction de la revue était très chatouilleuse à cet égard; elle interdisait aux firmes de faire part de ses cotes ou de ses louanges dans leurs messages ou leurs annonces publicitaires. Je trouvais cela ridicule. La revue était vendue dans les kiosques et si, en la lisant, le grand public pouvait constater que nous vendions le meilleur rasoir, pourquoi ne pourrait-il pas apprendre ce jugement favorable par notre publicité? Nous n'avions pas sollicité l'approbation de la revue. Elle n'avait reçu de nous aucune gratification pour avoir attribué la meilleure cote à l'un de nos produits. Par conséquent, son intégrité ne pouvait être mise en doute si nous en faisions mention dans nos annonces. Après avoir longue-

---

* Cette revue destinée aux consommateurs se consacre à l'étude qualitative des produits commercialisés aux États-Unis. (N. de l'É.)

ment et minutieusement étudié la question, les avocats se sont rendus à nos arguments. Ils ont conclu que le Premier amendement nous conférait le droit de citer la revue.

Consumer Reports n'a pas apprécié la liberté que nous avions prise. Elle a poursuivi Remington et a tenté de nous forcer à retirer ces renseignements de notre publicité. Déjà préparés à réfuter ses arguments, nous sommes allés devant les tribunaux et nous avons eu gain de cause puisque le juge a débouté la revue. Les démarches entreprises avant la conception de notre publicité nous avaient convaincus de notre bon droit. J'étais certain que nous allions gagner.

Il y a une autre raison de ne pas craindre les poursuites judiciaires. Si les gens sont de plus en plus nombreux à en intenter, bien peu désirent vraiment les mener jusqu'au bout. Comme je l'ai déjà dit, les frais de justice peuvent être exorbitants. Même dans le cas d'une cause perdue, il est possible d'arriver à une entente bien avant que l'affaire ne soit portée devant les tribunaux. On relève cependant deux cas où le règlement hors cour risque d'être difficile à obtenir: a) la partie adverse veut prendre sa revanche; b) elle tente de créer un précédent.

Je me suis retrouvé récemment dans cette dernière situation. J'avais déposé un brevet sur une valise à soufflets. À mon insu et sans ma permission, deux grands magasins américains ont commencé à importer de Taiwan ce genre de valises et les ont mises en vente, enfreignant ainsi les lois régissant les brevets. Ils n'en ont pas écoulé beaucoup, environ mille deux cents chacun, ce qui nous a fait perdre à peu près huit cents dollars par magasin.

Plusieurs de mes amis m'ont conseillé de ne pas donner suite à l'affaire, estimant que les dommages subis n'étaient pas assez élevés. Il faudrait débourser 25 000 $ en frais pour recouvrer la modique somme de 1 600 $; le rapport Risque-Récompense était peu motivant. Je ne partageais pas leur avis. On ne peut pas toujours évaluer ce rapport en termes d'argent. Il faut aussi faire preuve de bon sens. Mes avocats et moi avons jugé que si nous laissions aller les choses, il nous serait ensuite plus difficile de nous opposer à des agissements identiques de la part d'autres magasins ou marchands. Notre brevet perdrait toute valeur. Nous avons porté l'affaire devant les tribunaux et nous avons gagné, créant ainsi un précédent inattaquable.

Le consensus mène à la médiocrité

Vous assistez à une réunion où l'on débattra d'un nouveau concept, peu importe l'objet: nouveau produit, nouvelle stratégie de mise en marché pour un produit déjà existant ou nouveau service que l'entreprise s'apprête à offrir. Vous pouvez avoir convoqué vous-même la réunion ou avoir été mandé par un supérieur. À un moment donné, quelqu'un propose un plan d'action. Si vous n'êtes pas d'accord avec ce plan, n'hésitez pas à le faire savoir, même si tous les autres participants pensent que cette idée est géniale. *N'ayez pas le courage des opinions des autres.* Un entrepreneur doit toujours s'efforcer de sortir du peloton. Comment pourra-t-on reconnaître votre talent, votre intelligence et votre créativité si vous vous taisez lorsque vous êtes persuadé d'avoir raison? Au risque de subir les sarcasmes de vos collègues, vous devez exprimer une idée que vous jugez meilleure que d'autres et être prêt à la défendre.

Lorsque j'étais chez Playtex, j'ai voulu mettre en application une excellente forme de promotion utilisée chez Lever Brothers. Cette compagnie offrait gratuitement une brosse à dents avec chaque tube de dentifrice vendu. Chez Playtex, je proposai de promouvoir ainsi la vente du tout premier soutien-gorge entièrement extensible:

vous en offririons un gratuitement pour tout achat de notre meilleure gaine. On m'a pris pour un fou. Tous considéraient avec circonspection cette idée sougrenue de faire des cadeaux aux clients.

En règle générale, j'étais d'accord avec eux. Je croyais cependant que ce serait le meilleur moyen d'inciter les clientes à faire l'essai du soutien-gorge. Je savais que c'était le plus confortable sur le marché et qu'après l'avoir essayé, elles n'en voudraient plus d'autre. J'ai donc insisté sur le fait que le soutien-gorge ne serait offert qu'avec notre gaine la plus chère. Une publicité bien orchestrée entraînerait un grand nombre de nos clientes à acheter la gaine à 11,99 $ plutôt que celle à 3,99 $. Malgré la vive opposition qu'elle avait suscitée au sein de notre comité, mon idée a fait son chemin. Ce fut un succès complet et il a renforcé ma conviction qu'il ne faut pas nécessairement se rallier à l'opinion de la majorité.

Vive la différence

L'entrepreneur et le statu quo ne font jamais bon ménage. L'entrepreneur doit toujours être à l'affût de l'insolite, même si son idée n'est ni meilleure ni pire que la moyenne habituelle. Le seul fait qu'elle soit *autre* et qu'elle risque de modifier les habitudes des consommateur ou des clients mérite qu'on s'y attarde.

Ma formule «achetez-en un et obtenez-en un autre gratuitement», dont j'ai parlé au chapitre 1, se classe dans cette catégorie. À l'époque, tout le monde offrait ses produits à moitié prix. Harriet Hubbard Ayer, par l'intermédiaire des boutiques de quartier, vendait 2,50 $ un pot de crème de beauté valant 5 $. Si vous vous ralliez à mon idée, vous payerez ce pot de crème 5 $, mais vous en recevrez gratis un deuxième, ou quelque autre produit Ayer de même valeur.

À mon sens, cette formule avait l'avantage d'être efficace sur plus d'un plan. D'abord, elle permettait de vendre en solde sans réduire les prix ni déprécier nos produits. Soyez un tantinet psychologue: si vous offrez au consommateur un article d'un dollar pour cinquante cents, il sera tenté de croire que c'est ce que vaut réellement la marchandise. Par contre, si vous lui vendez votre article un dollar et qu'il obtienne gratuitement un autre article de même valeur, il aura l'impression d'acheter un produit de qualité et de recevoir un cadeau en prime. Et, par-dessus le marché, le consommateur doit débourser un dollar au lieu de cinquante cents. Il me fallait donc, pour arriver au même résultat, moitié moins de clients que mon compétiteur qui offrait des rabais de cinquante pour cent. De plus, je voulais me constituer une clientèle. Selon moi, bien des clients profiteraient de cette offre pour faire l'essai d'autres produits. Mon supérieur a hésité avant de se rallier à mon idée; il l'a cependant faite «sienne» et elle a donné les résultats escomptés. C'est de nos jours une technique standard de commercialisation employée par un grand nombre d'entreprises importantes.

Même le plus infime détail a son importance. Si tout un chacun solde ses articles en janvier, comment espérer attirer l'attention du client? Pourquoi achèterait-il chez nous plutôt que chez notre concurrent? Par contre, si vous annoncez des soldes en février ou en mars, cela se remarquera. Il s'agit toujours des mêmes soldes, mais, en les organisant à une période inhabituelle, vous susciterez l'intérêt du consommateur. S'il est constamment en quête d'idées originales, l'entrepreneur tiendra son imagination en alerte. Il ne faut surtout pas s'enliser dans la routine, car un entrepreneur court à l'échec quand il perd le goût de l'aventure.

Être un leader

Autant que les deux mots d'ordre précédents, celui-ci sous-entend qu'il y a des risques à prendre. L'entrepreneur doit toujours s'efforcer d'innover. Chez Remington, nous sommes passés de l'emballage en carton fort à la boîte en carton souple. Nos concurrents nous ont suivis. Notre rasoir s'accompagnait d'un lourd boîtier en acier inoxydable. En guise d'étui! Le rasoir et son «étui» pesaient ensemble près d'un kilo. Parfait pour ceux qui s'exerçaient aux haltères depuis trois ans! Rien qu'en le trimballant, on était assuré de conserver sa musculature. Nous avons donc conçu une trousse de voyage en similicuir, légère, attrayante et facile à glisser dans une valise. Encore une fois, nos compétiteurs nous ont emboîté le pas.

Être un leader dans son domaine signifie même parfois être le premier à augmenter les prix. Au cours de 1984, Remington a consacré beaucoup d'argent à la publicité et à la promotion. Notre chiffre de ventes était bon, mais nos marges diminuaient. C'était inquiétant. Nous savions que la concurrence serait très forte en 1985 sur le marché des rasoirs électriques. Je devais entraîner le consommateur à acheter notre meilleur rasoir parce que je savais que s'il le faisait, il serait fidèle à Remington pour la vie. Seule une publicité accrue permettrait de faire connaître ce merveilleux produit. Et, de toute évidence, nous devions augmenter son prix de deux dollars pour compenser une partie des coûts de la campagne.

Lorsque j'ai fait part de mes projets au directeur des ventes, il a failli avoir un infarctus. Selon lui, nos détaillants se refuseraient à payer ce prix. Je lui ai demandé pourquoi et il m'a répondu:

— Parce que les produits de nos concurrents sont moins chers.

Cela ne m'a pas inquiété outre mesure. Notre produit

est le meilleur sur le marché, me disais-je, et la revue *Consumers Reports* l'a affirmé récemment.

— Si nous vendons notre produit au nouveau prix, lui dis-je, et que tous les rasoirs disparaissent des tablettes durant la période de Noël en raison de la nouvelle publicité, quel détaillant abandonnerait le meilleur rasoir du pays? Penses-tu qu'ils nous laisseront tomber parce que nous avons augmenté notre prix de quatre pour cent? Même s'ils n'augmentent pas leur prix de vente, nos détaillants feront plus de profits qu'avant pour la bonne raison qu'ils auront vendu plus de rasoirs. Cette augmentation nous permettra de consacrer deux millions de dollars supplémentaires à notre publicité.

Tous, chez Remington, rejetaient mon plan. On m'a fait remarquer que si les ventes baissaient de dix pour cent seulement, nous perdrions tout le profit dû à l'augmentation de deux dollars. Même nos détaillants ont accusé le coup. Tous, ou presque, nous ont dit qu'aucune autre compagnie ne majorait ses prix qu'ils allaient devoir réfléchir très sérieusement avant de décider s'ils allaient ou non continuer de vendre notre produit.

Je n'ai pas cédé. Nous avons majoré notre prix. Nous n'avons pas perdu de clientèle, notre chiffre d'affaires a augmenté, et, un mois plus tard, notre principal concurrent vendait, lui aussi, son produit plus cher.

En tentant des coups d'audace qui réussissent, vous donnez à vos détaillants et aux consommateurs l'image d'une entreprise qui est en tête de file. Par la suite, ils se laisseront de plus en plus tenter par les nouveaux programmes ou produits que vous présentez. Ils se diront: «Appuyons cette campagne publicitaire. Évidemment, cela ne s'est jamais fait, mais il est évident que cette entreprise-là ouvre la voie au secteur tout entier. Il ne faut pas manquer le bateau.»

Post-scriptum: Vendre.

Bon nombre de vendeurs croient, à tort, que leur travail prend fin une fois la vente conclue. Il ne fait en réalité que commencer. *S'il ne peut assurer un service permanent, l'entrepreneur aura du mal à vendre de nouveau ses produits au même détaillant.* Il faut considérer les clients comme des associés ou, mieux encore, comme des parents. Si votre discours a impressionné le client au point qu'il est prêt à commander plus de marchandises qu'il ne lui en faut, faites-le profiter de vos lumières. Ramenez-le à de plus justes proportions et conseillez-lui de passer une plus petite commande. Si vous l'encouragez à accumuler des stocks trop importants, vous aurez affaire, le mois suivant, à un client très mécontent. Et si cela se produit trop souvent, il n'y aura plus de «mois suivant». La clé du succès à long terme, c'est la satisfaction du client. Chez Remington, j'insiste beaucoup sur ce point.

Nous accordons un traitement analogue aux consommateurs. Nos rasoirs durent de cinq à huit ans. Si l'un de nos clients a des ennuis avec son rasoir, je veux qu'on s'en occupe immédiatement. Je tiens à ce que le client achète un autre Remington lorsqu'il devra remplacer son rasoir actuel. S'il achète le produit d'un concurrent, nous devrons attendre au moins cinq ans avant de pouvoir lui en vendre un des nôtres. Nous recevons un millier de lettres par semaine. Il s'agit souvent de petits mots vantant les qualités des produits Remington. Certaines personnes se renseignent aussi sur d'autres articles. Je suis fier de dire que peu de lettres nous parviennent de clients insatisfaits. Nous répondons à toutes, en accordant priorité à celles qui font mention d'un problème.

Je ne crois pas qu'un chef d'entreprise doive s'attendre à ce que ses vendeurs fassent un triomphe avec un produit, un service ou un concept qu'il serait incapable de vendre lui-même. Encore de nos jours, il m'arrive de faire moi-même la promotion des produits Remington. Tous les PDG qui sont des ex-vendeurs devraient agir ainsi. S'ils ne connaissent rien à la vente, ils doivent confier cette tâche au plus proche de leurs collaborateurs qui, lui, en a l'expérience. Je voyage dans le monde entier six mois par année et je crois donc connaître le marché international du rasoir électrique mieux que n'importe quel concurrent. Cette activité à laquelle je m'astreins encourage fortement, je le sais, vendeurs et employés de Remington. Car elle leur prouve que j'ai foi en ce que nous fabriquons.

Quand vous exposez vos arguments de vente, ne prenez aucun engagement que vous ou votre entreprise n'êtes pas assurés de tenir. Vous ne pouvez pas promettre aux détaillants de diffuser quarante-cinq messages publicitaires à la télévision dans leur région au cours des trois prochains mois pour ensuite n'en faire passer que six. Une compagnie se doit d'être honnête et elle doit exiger que ses représentants le soient aussi. On s'attend toujours à une certaine exagération de la part d'un vendeur, mais ne faites jamais de promesses que vous ne pourriez honorer. Si vous le faites malgré tout, vous aurez peut-être obtenu une commande la première fois, mais il n'y en aura plus jamais d'autres.

Ne vendez pas de marchandises en consignation. Il est facile d'obtenir une commande si vous dites au client qu'il peut garder les marchandises pendant trente jours et que vous reprendrez les invendus. Inutile pour cela d'être bon vendeur. Je sais par expérience que la vente de marchandises en consignation n'est pas rentable à long terme. Il faut que le client ressente de l'intérêt à vendre votre produit. Lorsqu'il achète des marchandises en consignation, il ne court aucun risque. Peu lui importe de vendre ou non votre produit. Il tient davantage à vendre les marchandises qu'il a déjà payées, puisqu'il devra essuyer des pertes si ces articles restent sur les tablettes. En lui faisant payer la marchandise, vous faites de votre client un associé qui s'intéresse directement à la réussite de votre entreprise.

Lorsque vous vendez un produit, vous en devenez le dépositaire. S'il n'est pas exposé bien en vue à l'étalage de votre client, déplacez-le. Nous savons qu'il importe d'attirer l'attention du consommateur. La célèbre marque de savon ou de dentifrice qu'il choisit d'acheter est souvent la première qu'il aperçoit.

Chez Playtex, on remettait des chiffons aux vendeurs. Avant de rencontrer un propriétaire de magasin ou un acheteur, ils devaient épousseter leur marchandise et s'assurer que la présentation en soit impeccable. Car nous voulions que les responsables du magasin ou du rayon, aussi bien que les consommateurs, sachent que nous prenions grand soin de nos produits. Un produit ou un service demande, avant et après son arrivée sur le marché, autant d'attention et de soin qu'un bambin.

Dans mon chapitre sur la vente, j'ai surtout parlé des produits. Tout ce que j'ai dit à leur sujet s'applique également à la vente de services. Quelle que soit la marchandise proposée, il faut découvrir les besoins du client et les satisfaire.

Vos répondants

Constituez-vous un répertoire de relations d'affaires dont vous puissiez vous recommander. Un petit mot du PDG d'une entreprise vaut cinquante lettres d'amis intimes. Car vos amis n'ont jamais traité d'affaires avec vous et leurs éloges n'auront guère de poids lorsque vous postulerez un emploi important.

À vingt-cinq ans, j'ai acheté cent parts à douze dollars. Je me suis rendu dans une maison de courtage et j'ai rencontré le courtier chargé de la transaction. J'ai été présenté à l'agent chargé de la recherche. J'ai par la suite effectué un transfert et un autre investissement de près de mille six cents dollars. Je suis revenu chez les mêmes courtiers et j'ai obtenu de voir le directeur qui m'a, plus tard, fait connaître l'un des associés. Les relations ainsi tissées me seraient utiles si je devais un jour réunir des capitaux. Je figurais au nombre de ceux qui négociaient des actions par leur entremise et, à leurs yeux, j'étais solvable.

C'est important d'être bien vu des gens d'affaires. Lorsque je reçois une lettre de recommandation écrite sur un papier à lettre personnel, j'y accorde moins d'importance que si elle porte l'en-tête d'une entreprise. Dans ce dernier cas, le signataire engage à la fois sa parole et la réputation de la société. Pour moi, cela veut tout dire. Si le meilleur ami de M. Howard Schaeffer, M. William Altman, m'écrit une lettre personnelle m'assurant que Howie est un homme bien sous tous rapports cela m'influencera guère. Ce cher Howie est peut-être la cible de créanciers disséminés de New York à Bornéo et M. Altman l'ignore. Mais, par contre, si je reçois une lettre de M. Altman sur l'en-tête de Altman-Lang Associates inc. où il décrit les relations d'affaires que sa firme a entretenues avec M. Schaeffer, j'y accorderai la plus grande attention.

Empruntez!

Faites-vous une réputation de solvabilité le plus tôt possible. Lors des conférences que je donne dans la région, je donne toujours ce conseil aux élèves des écoles secondaires et des collèges: contractez des dettes.

J'espère avoir capté votre attention aussi vite que la leur.

Quand je leur suggère de s'endetter, je ne les incite pas à devenir des ratés. Je crois qu'indépendamment de son âge une personne qui n'a pas d'antécédents de crédit devrait se rendre dans une banque et contracter un petit emprunt de cinq cents dollars, par exemple, puis déposer cette somme dans un compte d'épargne, de façon que les intérêts courus sur le dépôt compensent en partie les intérêts courus sur la dette. Ainsi, un emprunt de cinq cents dollars remboursé en un an coûtera moins de trente dollars à l'emprunteur. Je conseille ensuite, lorsque ce premier emprunt a été remboursé, de contracter un second emprunt, de mille dollars celui-là. L'opération sera alors plus facile parce que l'emprunteur a déjà fait la preuve de sa solvabilité. En remboursant cette somme, vous vous créez des antécédents de crédit qui vous seront utiles pour obtenir une hypothèque ou recueillir des fonds en vue de lancer une affaire.

Les postulants qui se distinguent de la masse

Chez Playtex, on ne voulait pas d'originaux. La compagnie faisait passer un test psychologique aux candidats et n'engageait que ceux dont les résultats oscillaient entre 60 et 80. On jugeait que ceux qui n'atteignaient pas 60 étaient des imbéciles et que ceux qui décrochaient plus de 80 étaient trop doués. Il leur serait peut-être difficile de s'intégrer à la compagnie. Playtex ne voulait pas courir ce risque. On risquait de leur consacrer temps et argent pour, ensuite, les voir partir. Ils passeraient sans doute le plus clair de leur temps à remettre en cause les décisions de la direction. Ou encore, ils trouveraient vite leur travail assommant et accepteraient un poste plus intéressant ailleurs. Même s'il s'agissait de génies, ils étaient, à tout prendre, une menace.

À titre d'entrepreneur, je recherche les gens hors du commun. J'embaucherai ceux dont la cote se situe entre 60 et 80, mais je m'intéresse également à celui qui dépasse ce niveau. Il a besoin d'être stimulé et je suis prêt à lui consacrer du temps et à lui accorder une plus grande liberté d'action qu'aux autres. Ce sera mon enfant prodige. Parmi une foule d'idées absolument farfelues, il en aura de brillantes. Les autres se débrouilleront très bien sans mon aide, mais si je peux exploiter les possibilités de mon prodige sans les entraver, il sera d'une plus grande utilité à l'entreprise que mes autres employés. Les 60 à 80 seront d'excellents exécutants. L'autre sera un créateur.

Les abris fiscaux

Les abris fiscaux me laissent sceptique. Un entrepreneur doit songer à augmenter son actif et la rentabilité de son entreprise. Il veut que son argent lui rapporte. L'abri fiscal permet d'éviter de payer des impôts en abaissant le taux d'imposition. Solution tentante, mais qui ne rapporte rien. Pourquoi vous lancer dans une affaire qui ne vous permet que d'économiser de l'argent? Cette vue va à l'encontre de l'esprit d'entreprise. C'est vrai qu'un abri permettant une réduction de trois pour cent donne à réfléchir. «J'ai réussi à faire une fameuse économie!» direz-vous, mais qu'aurez-vous ajouté à votre actif? Il existe cependant certains abris fiscaux qui offrent un potentiel de croissance et présentent un certain intérêt. Selon moi, les avantages financiers que l'on retire des abris sont secondaires en regard de ce potentiel. Malheureusement, que cela nous plaise ou non, les abris fiscaux semblent être un mal nécessaire dans notre régime fiscal actuel. Si vous devez investir dans ce secteur, adressez-vous à un comptable qui comprend votre philosophie des affaires, avant de conclure la transaction.

Savoir s'adapter

Un entrepreneur doit pouvoir s'adapter aux aléas du monde des affaires. Vous travaillez pour une entreprise.

Avant de joindre ses rangs, vous vous êtes interrogé sur ses perspectives d'avenir. Vous avez déduit qu'elle semblait vouloir s'attaquer au secteur du marketing, et vous avez choisi un poste dans ce domaine. Excellent. Cette attitude dénote un bon esprit d'entreprise parce que vous vous alignez droit vers le sommet. Mais soudain, après une série de revers, une fluctuation de l'économie ou pour d'autres causes que vous ne pouvez découvrir, l'entreprise change d'orientation et consacre toute son énergie aux finances. N'accordant plus la priorité à sa part du marché, elle fixe toute son attention sur son bénéfice net. Vous devez être prêt à changer de cap ou à postuler une place ailleurs. Si vous choisissez de rester dans l'entreprise et que vous vouliez toujours atteindre le haut de l'échelle, vous devrez vous inscrire à des cours de gestion. Mieux encore, faites-le avant que des modifications ne se produisent au sein de l'entreprise. Sans être nécessairement un spécialiste, l'entrepreneur doit avoir des connaissances diversifiées et savoir s'adapter au changement.

De vous à votre supérieur, le respect est de mise

J'ai travaillé pour deux compagnies dont je n'étais pas le PDG, Lever Brothers et Playtex. Dans chacun des cas, je devais témoigner du respect à mon supérieur hiérarchique et mériter le sien. Chez Lever Brothers, mon premier patron, Keith Porter, était parfait, mais plus tard j'ai eu affaire à un supérieur exécrable. Il était incapable de travailler en équipe et n'avait aucune considération pour ses employés. Il a cédé la place à quelqu'un dont l'intrigue semblait être la constante préoccupation; il passait chaque note de service au crible pour s'assurer qu'elle ne révélait rien qui puisse nuire à son service. Je ne pouvais supporter une telle malhonnêteté. Nous sommes tous susceptibles de commettre des erreurs; il faut admettre les siennes et en tirer les leçons qui s'imposent. Cet homme était incapable de reconnaître ses lacunes. Dès que je l'ai pu, je suis passé dans un autre secteur. Je n'avais guère le choix; je commençais à ne plus me sentir fier de travailler pour cette compagnie. Si elle était prête à confier le poste de vice-président des ventes à un tel individu, ce n'était certainement pas le genre d'entreprise pour lequel je voulais travailler. Heureusement, le service où je suis entré par la suite était dirigé par un cadre doté du même esprit d'initiative que moi.

Si vous ne vous sentez aucun respect pour un patron, ne le tolérez que si vous pouvez en retirer quelque avantage. J'ai supporté Barry Hard, dont j'ai parlé au chapitre 4, parce que j'en étais à mes premières armes dans le domaine de la vente et que je voulais connaître les ficelles du métier. Comme je m'attendais à gravir les échelons assez rapidement, j'espérais ne pas devoir rester longtemps dans son service. Tout en m'accommodant tant bien que mal de sa détestable personnalité, j'ai réussi à assimiler l'abc de la vente. Et en observant le comportement de Hard, j'ai aussi appris comment il ne fallait pas vendre.

Les amis

Évitez autant que possible de faire appel à vos amis comme bailleurs de fonds. À moins que l'ami en question ne soit un prêteur de risque, il n'est habituellement pas au courant des questions d'emprunt. Les banques et autres institutions financières savent les dangers qu'elles courent lorsqu'elles acceptent de financer une entreprise. Un ami, lui, peut fort bien ignorer l'importance de l'enjeu.

Emprunter de l'argent à un ami vous place dans une position délicate. Si votre affaire périclite, vous vous sentirez affreusement mal à l'aise vis-à-vis de lui. Si vous échouez dans votre entreprise, cela pourrait créer des tensions. J'ai vu des amitiés détruites par des entreprises ratées. Quand cela se produit, le capital «émotion» investi dans ce type d'emprunt est beaucoup trop élevé.

Au sein d'une petite entreprise comptant un personnel restreint, vous serez amené à nouer des liens avec chacun des employés. C'est une bonne chose. Vous tenez à ce que tous et toutes se sentent engagés dans l'aventure au même titre que vous, même s'ils n'y ont pas investi de capitaux. N'oubliez jamais, cependant, que les affaires sont les affaires. Il se peut qu'un jour, vous deviez réprimander ou même congédier l'un de vos employés pour le bien de l'entreprise. Si tel est le cas, il faut alors éviter que vos relations personnelles influencent votre jugement.

Quel que soit le type de votre entreprise, évitez de recourir aux compétences particulières d'un ami à moins d'avoir clairement convenu à l'avance qu'il s'agit ou non d'un service rémunéré. Si vous les consultez sur le plan professionnel, il faut qu'ils en soient avertis.

Si un ami vous donne des conseils dans l'intention de vous aider, ne les exploitez pas à votre bénéfice pour ensuite vous fondre dans le paysage. Cet ami s'est penché sur votre problème en sachant très bien qu'il n'était pas question de rémunération. Il vous a soutenu en toute amitié. Vous lui avez probablement posé un nombre incalculable de questions. Le temps qu'il vous a consacré fait de lui une partie intéressée. Que vous mettiez ou non ses conseils à profit, tenez-le au courant de vos progrès. Ne faites pas appel à ses lumières pour l'ignorer pendant les six mois qui suivent. Il aura l'impression que vous vous êtes servi de lui et la prochaine fois que vous lui téléphonerez, vous serez reçu assez froidement. Vous perdrez alors un ami et un conseiller.

Fuyez les esprits négatifs. Si certaines personnes de votre entourage passent le plus clair de leur temps à vous démontrer pourquoi un projet est voué à l'échec, plutôt que de chercher en votre compagnie un moyen de le réaliser, évitez-les dans la mesure du possible. La pensée négative est aussi puissante que la pensée positive. Ne permettez pas qu'on sape votre enthousiasme.

Les placements

J'ai fait des placements. Car je pense qu'un entrepreneur a avantage à diversifier ses intérêts. J'investis cependant de préférence dans une affaire qui demande ma participation. Acheter des actions, c'est comme acheter un billet de loterie; vous devez pourtant en avoir, car elles peuvent servir. La vente de mes actions de Playtex m'a permis d'acquérir des intérêts dans ma première entreprise. Vous devriez également songer au secteur de l'immobilier. À titre d'entrepreneur, vous vous y intéresserez peut-être avec des visées de promoteur. Quelle que soit la nature de vos investissements, vous devez vous préoccuper de la liquidité de votre actif. Quand une occasion se présentera, vous voudrez pouvoir disposer de cet argent.

Si vous êtes l'un de ces rares privilégiés qui ont beaucoup d'argent et beaucoup de loisirs, votre plan d'investissement peut être différent de celui d'un entrepreneur qui exploite une ou plusieurs sociétés. Vous avez le temps de suivre de près les fluctuations de vos placements. La plupart des entrepreneurs sont des gens qui *travaillent*, cependant, et les petits investissements sont pour eux une source de tracas. Ils ne peuvent y consacrer tout le temps voulu, parce que le rendement en est insuffisant en regard des heures de travail et de l'énergie qu'ils requièrent.

Si, comme bailleur de fonds, vous investissez dans une affaire dirigée par un autre entrepreneur, laissez-lui la même liberté d'action que vous vous accorderiez à vous-même. Ne démentez pas votre esprit d'entreprise en lui imposant des exigences qui permettraient sans doute à votre placement de rapporter plus vite, mais nuiraient à la croissance de l'affaire. N'attendez pas de lui qu'il se montre prudent. Vous misez sur l'entrepreneur *et* sur son idée.

Société ouverte ou fermée

L'entrepreneur qui veut réussir sera bien avisé d'exploiter son entreprise à l'instar d'une société fermée. Il évitera ainsi de devoir servir deux maîtres: le bien de l'entreprise et les opinions des actionnaires. Il pourra élaborer des stratégies à long terme sans tenir compte des fluctuations occasionnelles qui ne témoignent peut-être pas du rendement réel de l'affaire. Un investisseur averti peut profiter de ces fluctuations, offrir pour les actions un prix supérieur à celui du marché et se porter acquéreur de l'entreprise.

Dans ce même ordre d'idées, ajoutons que les sociétés ouvertes risquent souvent d'être victimes de manoeuvres plus ou moins avouables. C'est ce qui se produit lorsqu'un particulier ou un groupe fait une offre d'achat de l'entreprise. Ces acheteurs ne sont pas des entrepreneurs exploitants. Ils possèdent déjà des intérêts dans l'entreprise et ils espèrent que la direction contrecarrera leurs projets. De quelle façon? En rachetant leurs actions à un prix exagéré. Ces gens profitent également des caprices du marché. Ils s'arrangent pour exploiter à leur avantage des événements passagers comme les prises de contrôle. Ces manipulateurs ne sont pas de véritables investisseurs cherchant à donner un coup de pouce à une entreprise. Ils savent réussir de beaux coups d'argent et prennent leur profit là où il se trouve et ne se soucient ni des intérêts de l'entreprise ni de ceux des employés. L'avenir même de l'entreprise leur importe peu. La seule chose qui les intéresse, c'est d'opérer une transaction financière qui gonflera immédiatement le prix des actions ou conduira à la vente de la société. L'expansion de celle-ci et les investissements à long terme ne font pas partie de leur vocabulaire. Ils représentent un fléau pour les entrepreneurs et une menace constante pour les sociétés ouvertes.

Les mauvais gestionnaires, quand on leur permet de s'incruster, créent également des difficultés aux sociétés ouvertes dont les actionnaires sont souvent négligents et mal informés. Les gestionnaires proposeront des mesures destinées à protéger leurs propres intérêts et la plupart des actionnaires voteront dans le même sens, sans peser le pour et le contre. Cette attitude est classique. Dès lors, lesdits gestionnaires sont devenus quasi irremplaçables. Voici un exemple. Les actions de GAF stagnaient. Elles se vendaient entre dix et douze dollars. Des opposants qui possédaient plus d'actions que l'ensemble du conseil d'administration ont tenté de se débarrasser de gestionnaires. *Pour y parvenir, il leur a fallu près de deux ans!* Actuellement, l'entreprise prend de l'expansion et les bénéfices augmentent. Les actions se vendent un peu plus de trente dollars. Les opposants savaient ce qu'ils faisaient et ils avaient suffisamment de votes pour prendre le contrôle de la société, mais le temps qu'ils y ont consacré a dû leur paraître une éternité.

Si vous exploitez une entreprise fermée, vous êtes à l'abri de ces problèmes. Chez Remington, je prends les décisions à la lumière d'un seul critère: le bien de l'entreprise. Je suis également avantagé par rapport aux sociétés ouvertes lorsque je veux faire une acquisition. Supposons que vous possédiez une société ouverte et que vous négociiez l'achat d'une autre entreprise, il vous faut en faire l'annonce même si vous ne signez qu'une lettre d'intention qui ne lie pas les parties. Un concurrent peut alors se dire: «Tiens! tiens! la société A achète la société

B pour cinq dollars? Nous croyons, nous, qu'elle vaut plus; faisons une offre.» Et, le temps de le dire, vous voilà engagé dans une lutte à finir, ou alors l'affaire convoitée vient de vous passer sous le nez. Une société fermée n'a pas à subir de telles contraintes.

Ne pas traiter d'affaires avec des amis

Passer outre à ce conseil peut se révéler pire que de leur emprunter de l'argent. Si vous lancez une affaire, vous serez peut-être tenté de compter vos amis parmi vos premiers clients ou vos futurs fournisseurs. Ne cédez pas à cette impulsion. Si vous le faites et que l'une des parties manque à ses engagements, cela risque de ternir votre amitié. Et si vous dénichez un meilleur fournisseur, ce sera la rupture, car vous êtes alors dans l'obligation d'interrompre vos relations d'affaires avec un ami. Ne vous créez donc pas de tracas inutiles!

Les conseillers

Je me refuse à engager des conseillers. Que peuvent-ils faire d'autre, sinon vendre leurs conseils!

Jouer franc jeu

Les affaires sont un jeu et tous les moyens sont bons pour gagner, à condition de respecter les règles. Lorsque j'étais vendeur, je me fixais un but, sitôt levé: «Aujourd'hui, je décrocherai au moins cinq commandes, mon chiffre d'affaires atteindra au moins deux mille dollars, et chaque commande devra donc rapporter quatre cents dollars.» Je me mettais alors à l'ouvrage et faisais des pieds et des mains pour atteindre le but fixé. Peu importe le temps que je devais y consacrer, je rendais visite à des clients tant que je n'étais pas arrivé à mes fins. Je n'ai cependant jamais tenté de tromper quelqu'un pour y parvenir. Jamais je n'ai vendu trop de marchandises à un client ou «peint une perspective» à laquelle je ne croyais pas moi-même.

Quand on joue au tennis, à moins qu'il ne s'agisse d'un tournoi, c'est habituellement aux adversaires d'indiquer, si les balles sont hors jeu ou non. Jamais je ne dirai qu'une balle est hors jeu si elle se trouve juste sur la ligne. Je me sentirais avili d'avoir remporté une victoire en trichant. En définitive, ce n'est pas à l'argent qu'il a gagné que l'on mesure le succès d'un entrepreneur, mais bien à ce qu'il a accompli. Si son oeuvre est ternie par une escroquerie, quelle satisfaction en retirera-t-il? En affaires comme au tennis, il faut rester honnête. Si vous venez aux bureaux de Remington pour jeter un coup d'oeil à nos livres, vous constaterez que le prix est le même pour tous; pas de favoritisme. Nous voulons rester en tête de file, mais jamais nous n'agirons frauduleusement pour y arriver.

Parole d'un sage

Comme je l'ai déjà dit, même la plus florissante des entreprises connaît des hauts et des bas. Chaque fois que vous commencerez à glisser vers le creux de la vague, souvenez-vous de cette phrase que mon grand-père se plaisait à répéter:

— Dans les moments difficiles, il est bon de se rappeler qu'il y a *toujours* eu des moments difficiles.

10

Le mot d'ordre: Motivation

O N DIT, en affaires comme en politique, qu'il faut courir sur sa lancée. Mais à mon sens, l'important, c'est la Motivation avec un M majuscule. Sans elle, je me demande à quoi servirait l'élan initial, puisque personne, par manque d'intérêt, ne le remarquerait ou n'en tirerait parti. Aucun entrepreneur ne peut véritablement jouer son rôle s'il ne parvient à se motiver lui-même et à motiver ses collaborateurs.

La remise à flot de Remington, nous l'avons vu, est largement due à l'élément motivation. Mais nul besoin d'attendre d'être un PDG pour le communiquer à d'autres. À tout prendre, les principes que j'ai appliqués chez Remington, c'est chez Lever Brothers que je les ai appris et utilisés alors que j'occupais pour la première fois un poste de gestionnaire.

Dans les deux cas, le destin m'a été favorable. Le personnel de Remington ainsi que mes neuf vendeurs, chez Lever Brothers, étaient presque tous d'une envergure exceptionnelle. Ceux de Remington savaient que l'entreprise s'étiolait; leur confiance avait été durement ébranlée et leur moral, on le comprend, était au plus bas. Quant aux vendeurs de Lever Brothers, ils affichaient un peu trop de suffisance. Cela non plus n'avait rien d'étonnant. Pour promouvoir ses ventes, Lever Brothers mettait sur pied de gigantesques campagnes de publicité et ses produits de toute première qualité bénéficiaient d'un réseau de distribution rodé à la perfection. Du reste, certains d'entre eux se vendaient tout seuls, ce dont plusieurs représentants s'étaient déjà avisés. Dans ces conditions, comme ils gagnaient bien leur vie, pourquoi se tuer au travail inutilement? Du reste, les produits ne leur inspiraient qu'un intérêt modéré. Pour le détaillant, s'il s'agissait de produits de marque, savons et dentifrices se valaient tous plus ou moins, peu importe le fabricant. Aussi, à moins de faire leur tournée avec un singe sur l'épaule, les représentants avaient-ils peu de chance de soulever l'enthousiasme du marchand pour un nouveau dentifrice ou une nouvelle savonnette parmi tant d'autres.

Je n'avais pas tant à régler des problèmes qu'à satisfaire des besoins. Et, justement, *qu'est-ce que la motivation, sinon une réponse aux besoins que vous ressentez ou qu'une autre personne ressent.*

Comment avons-nous pu ranimer la confiance, remonter le moral et susciter un nouvel esprit de corps chez Remington? Par la suppression des inégalités, la participation aux bénéfices et l'établissement de relations différentes au sein de l'entreprise. Nous avons formé une équipe animée de ce seul désir: prouver au monde que les rumeurs circulant sur la mort de Remington étaient pour le moins exagérées. Chez Lever Brothers, le scénario était quelque peu différent. Le succès, nous l'avions. Je voulais en faire un triomphe. Pour cela, il fallait secouer la torpeur de nos représentants en aiguillonnant leur amour-propre. *Un entrepreneur doit proposer à son personnel autre chose que l'appât du gain comme facteur de motivation. C'est indispensable. Il s'attend à trouver chez ses collaborateurs un intérêt personnel, voire de l'attachement, envers l'entreprise.* En l'occurrence, la perspective de voir augmenter leurs commissions n'aurait pas suffi à mobiliser les représentants.

328

Après avoir longuement réfléchi, j'ai dressé un plan de bataille que j'ai ensuite exposé au cours d'une réunion avec les vendeurs. En premier lieu, il fallait leur donner une raison d'intensifier leurs efforts. J'en avais une. Notre dentifrice, Pepsodent, occupait la deuxième place sur le marché intérieur. Colgate était au premier rang et nous voulions l'en déloger; en passant, cela n'émeuvait guère notre compétiteur! il y avait belle lurette que nous tentions une remontée. Mais depuis peu la guerre des dentifrices avait pris une tout autre tournure. En effet, au milieu d'un battage publicitaire d'une ampleur inconnue jusque-là dans les annales du dentifrice, Procter & Gamble venait de lancer un nouveau produit du nom de Gleem. Sa stratégie consistait, entre autres, à distribuer dans la presque totalité des foyers américains un tube gratuit de ce nouveau produit. C'était une première. Jamais encore on n'avait ainsi inondé d'échantillons les États-Unis. L'inventivité de Procter & Gamble en matière de marketing et le dynamisme de ses vendeurs avaient propulsé Gleem au troisième rang. Il nous talonnait. C'était lui l'ennemi! Nos représentants devaient lui opposer un front commun. Lors de la réunion, j'avais souligné que nous serions forcés de nous frotter à ce petit nouveau. Que nous ne baisserions pas pavillon sans coup férir. Et que s'il devait y avoir de la bagarre, Colgate ne serait pas épargné. Je ne voulais pas donner aux vendeurs l'impression que seule notre position nous préoccupait. Comme l'avait déjà dit le général Patton, nous n'avions rien à défendre. Nous allions monter à l'assaut, saisir l'ennemi à la gorge et lui administrer une raclée magistrale.

Le fait de déclarer la guerre à un concurrent n'est pas toujours un facteur de motivation suffisant. Ce n'est que l'occasion, pour le groupe, de se serrer les coudes en vue de l'objectif commun. L'alliance une fois établie, le moment est venu de réfléchir sur les désirs particuliers de chacun des membres.

On doit procéder exactement comme pour des négociations. Se demander: «De quoi cette personne a-t-elle besoin?» C'était, ainsi que je l'avais découvert, par l'orgueil qu'il fallait prendre les plus anciens de mes vendeurs. Je les ai convoqués à part et leur ai dit:

— Vous êtes des vieux de la vieille. L'heure de la retraite approche. Vous avez gagné votre vie ici, vous avez donné votre temps. L'entreprise, elle, vous a facilité la tâche en poussant ses produits au maximum. Les campagnes nationales de publicité, une commercialisation impeccable, tout cela vous a aidés à empocher pas mal d'argent. Le moment est venu de nous rendre la pareille. Donnez l'exemple, multipliez les efforts et vos collègues moins expérimentés emboîteront le pas. Vous nous avez prêté main-forte pour bâtir l'entreprise. J'aimerais bien que vous ne la quittiez pas avant d'avoir fait un dernier coup d'éclat. Ça m'ennuierait beaucoup qu'on puisse vous reprocher de ne pas avoir répondu «présent!» quand elle avait besoin de vous.

Pour les plus jeunes, il fallait user d'une tactique différente. C'étaient des débutants, je pouvais donc étaler à leurs yeux la promesse d'un brillant avenir. Pendant la réunion, je leur ai dit:

— Vous ne seriez probablement pas ici si vous n'aviez pas d'ambition. Chez Lever Brothers, on peut très vite obtenir de l'avancement. Exemple: celui qui vous parle. Je travaille dans cette division depuis huit mois seulement et, voyez, je suis déjà à la tête d'un service régional. Pas pour longtemps cependant, car je vise un poste plus élevé. Il n'y a qu'un moyen de gravir les échelons et d'arriver au sommet, c'est d'obtenir des résultats. Marquons des points face à notre nouvel adversaire, attirons l'attention sur nous. Cela vous donnera un coup de main pour développer vos ventes. Mais nous ne sommes qu'une toute petite partie de l'entreprise. À nous seuls, nous ne changerons pas la face du monde. Il faudra que les autres services entrent aussi dans la danse. S'ils sont à la hauteur, nous pouvons l'emporter. Et s'ils nous laissent tomber, nous n'en aurons que plus de mérite d'avoir forcé notre concurrent à relâcher son emprise dans ce secteur.

Le but de mes propos — et de toute autre forme de motivation d'ailleurs — était d'amener mon équipe à viser haut. Je voulais faire valoir qu'ensemble nous avions une tâche à accomplir et que nous n'avions pas à nous mettre des bâtons dans les roues. J'avais besoin d'un groupe solidaire, uni pour le bénéfice de tous comme de l'entreprise elle-même.

Si je m'étais contenté de ces deux laïus, rien ne se serait produit. Ce n'est pas tout d'avoir de bonnes idées: *un véritable entrepreneur doit prêcher par l'exemple.* Lorsque mes vendeurs seraient forcés de fournir des journées de douze heures, je n'allais pas, moi, me borner à faire du neuf à cinq! Ça n'aurait pas marché. Au cours de nos tournées, ville après ville, je m'arrangeais pour être avec eux sur la route dès huit heures du matin et je ne les quittais pas avant que le dernier client ait été visité. «Ceux que je voulais voir en premier lieu, leur avais-je expliqué, étaient les dépositaires chez qui nos produits se vendaient mal.» Je n'étais pas là pour aller encenser les autres. Un entrepreneur doit prendre sa part du fardeau — la plus lourde.

Je leur parlais rarement de moi. Lorsqu'on veut établir des liens d'amitié avec ses employés, il faut leur montrer qu'ils ne vous sont pas indifférents. C'est une règle que j'ai toujours observée, autrefois dans la vente comme aujourd'hui chez Remington. Le temps que l'on consacre à ses projets et à son entreprise est à la mesure de l'intérêt qu'on leur porte. Mais il faut aussi songer à s'occuper de son équipe. Sans elle, on n'est rien. Aussi mettais-je un point d'honneur à me rappeler lequel de mes vendeurs adorait le base-ball et lequel venait d'inscrire ses enfants au collège. Voilà de quoi nous causions en voyage. Et c'est ainsi que, très vite, l'équipe que nous formions déjà est devenue une famille.

À mesure que les premières retombées positives se faisaient sentir, j'introduisais d'autres mesures incitatives. Elles n'avaient pas, bien entendu, l'ampleur de celles que j'ai proposées ensuite chez Remington. Nos moyens ne nous permettaient pas, et de loin, de vivre sur un tel pied. J'organisais cependant de petits concours. Au représentant qui avait placé plus de dentifrice que les autres, on offrait le dîner pour un couple dans un bon restaurant. La semaine suivante, c'était au tour du meilleur vendeur de savon de remporter le prix: deux billets pour une partie de base-ball des Cubs de Chicago et vingt dollars d'argent de poche. Le travail devenait ainsi un jeu et l'enthousiasme renaissait. De plus, en axant à tour de rôle mes petits concours hebdomadaires sur les aptitudes individuelles de chacun de mes hommes, je m'assurais qu'aucun d'entre eux n'allait rafler tous les prix et provoquer la jalousie chez ses collègues.

Ainsi gonflé à bloc, le groupe a obtenu des résultats dépassant toutes mes espérances. Mes vieux pros avaient connu leur plus belle heure de gloire et la plupart des jeunes se verraient finalement offrir un poste de responsabilité dans l'entreprise. Et moi, dans la foulée, j'y avais gagné une nouvelle promotion. Il va sans dire que toutes les petites astuces que j'ai décrites ici, je les ai utilisées avec succès dans mes autres entreprises en les adaptant aux circonstances.

Naturellement, rien ne sert de vouloir motiver les autres si on n'a pas soi-même le feu sacré. Je ne l'ai pas toujours eu, cependant. Enfant, c'est vrai, j'avais déjà prouvé que j'avais une mentalité d'entrepreneur en revendant du Coca-Cola aux voisins assoiffés ou des avions miniatures à mes camarades. Mais après mon service militaire, j'avais surtout envie de me distraire. En France, je menais une vie relativement bohème par suite de la liberté d'action que me laissait l'agence de location de voitures. Quoique un peu hasardeuse, l'entreprise avait plutôt bien marché. Mais je ne la prenais pas très au sérieux. Les affaires ne m'attiraient pas outre mesure, mon avenir ne me préoccupait pas davantage. Ma seule ambition était de découvrir Paris, de lire Sartre, d'écouter Sidney Bechet, de jouer au tennis. Pour cela, il me fallait de l'argent; l'agence y pourvoyait.

Au chapitre 5, j'ai raconté comment j'avais laissé tomber les voitures de location quand j'ai su que j'entrais à Harvard. Mais j'ai omis de dire que ce n'était pas moi qui en avais décidé ainsi. Sans m'en avertir, mon père avait fait une demande d'admission en mon nom. Lorsque j'ai été accepté, il m'a mis devant le fait accompli. Dans sa grande sagesse, mon père avait jugé qu'il était temps pour moi de passer de l'adolescence à l'âge adulte. Il savait que j'avais besoin d'être pris en main.

Harvard était exactement ce qu'il me fallait. Et c'est là que j'ai découvert mon handicap. En effet, sitôt leur diplôme en poche, plusieurs de mes camarades se voyaient offrir sur-le-champ un emploi grassement rémunéré dans l'affaire familiale, ou bien profitaient des relations de leurs parents pour obtenir un poste haut placé. Ce n'était pas mon cas. De toute évidence, dans ce monde des affaires, j'allais devoir mettre les bouchées doubles pour me maintenir à leur hauteur — et triples pour ne pas me laisser coiffer au poteau.

Comment donc le joyeux Américain à Paris avait-il résolu tout à coup de vouloir réussir? Oh! ce n'était qu'une question de logique, à vrai dire. Harvard me prenait un temps considérable. Au cours de cette période, l'école a été mon seul horizon. Il le fallait. Si je n'y avais pas consacré toutes mes ressources, je me serais fait renvoyer sans tarder. Comme j'avais de longs mois à y passer, je pouvais bien m'imposer les efforts nécessaires pour réussir. La vie est trop courte, il ne faut pas gâcher de si précieux moments à «faire semblant». Et puis j'ai pris *la* décision. Les tâches que je m'assignerais, je les accomplirais de mon mieux. Un monde venait de s'ouvrir devant moi. En même temps, je découvrais la signification du mot *ennui*. Savez-vous ce que c'est? C'est le moment de la vie où l'on a cessé de se lancer des défis. Peut-on vraiment s'ennuyer quand, chaque jour, on doit lutter pour atteindre la perfection? Depuis que j'ai compris cela, les occasions de m'ennuyer sont devenues rarissimes, je vous l'assure.

Se lancer des défis ne veut pas dire qu'il faut essayer de refaire le monde. Imaginons que vous êtes un commis de magasin et que votre emploi vous paraît totalement dénué d'intérêt. Que faire? Regagner votre propre estime. Vous convaincre que vous êtes un maillon important dans la chaîne de la libre entreprise, que vous représentez, aux yeux du public, les milliers d'entrepreneurs dont vous vendez les produits. En allant au travail, fixez-vous un objectif, dites-vous: «Aujourd'hui, je vais vendre pour deux mille dollars de marchandises, dont deux paires au moins de nos draps en satin noir.» Ensuite, voyez comment vous pouvez atteindre cet objectif. Une attitude plus courtoise incitera peut-être le client à acheter davantage. Mieux encore, une bonne connaissance des articles en stock vous aidera, si nécessaire, à conseiller utilement l'acheteur. Il arrive souvent qu'on ait envie d'acheter quelque chose sans pouvoir arrêter son choix. En pareil cas, un renseignement judicieux peut fort bien conduire à une vente.

Voilà un genre d'exercice auquel n'importe qui peut se livrer, quel que soit son métier. Si l'on est chauffeur de taxi, on récoltera quelques pourboires supplémentaires en mettant un peu de lecture à la disposition des clients

— journaux du matin ou magazines récents. Pour se faire remarquer de cet assommant personnage chargé de distribuer les rôles, pourquoi un comédien ne lui apporterait-il pas du café? Si vous êtes attentifs à tous ces petits détails qui vous aideront à progresser vers le but, vous n'aurez plus l'occasion de vous ennuyer. Vous passerez le temps à vous amuser. Les affaires sont un jeu et vous jouez pour gagner.

À présent, le moteur tourne. Quelle direction allez-vous prendre? Aurez-vous une compagnie de taxis? Ou une boutique? Voulez-vous devenir PDG de votre société? Quel que soit votre rêve, il vous est possible de le réaliser. Vous ne me croyez pas? Alors, ayez l'obligeance de relire mon livre. De stagiaire en gestion — un parmi tant d'autres! — au sein d'un conglomérat international, je me suis retrouvé propriétaire de Remington. Pourtant, les fées ne s'étaient jamais penchées sur mon berceau, et je ne possède pas de dons exceptionnels. Alors, comment ai-je fait pour me hisser jusque-là? Uniquement à la force des poignets, en ne ratant pas une bonne occasion, en tirant parti de mes erreurs et en donnant libre cours à mon imagination. Ne me dites pas que vous êtes incapable d'en faire autant. La vie m'a appris que vouloir, c'est pouvoir. Et tout ce que je vous demande, c'est de vouloir gagner.

Si vous êtes Américain, vous n'aurez sûrement aucun mal à vous motiver. Les produits Remington sont «fabriqués avec fierté aux États-Unis». Je ne dis pas cela par chauvinisme. Mais j'ai roulé ma bosse un peu partout et je sais d'expérience que mon pays est à la hauteur de sa réputation de terre des grandes promesses. C'est notamment vrai dans le domaine de la libre entreprise, qui se trouve ici en plein essor. La chance appartient à qui veut la saisir, l'argent à qui veut financer ses propres rêves. Oh! je ne suis pas naïf, je sais pertinemment que le sexisme et la racisme subsistent dans l'industrie, mais ils sont en régression. Somme toute, si vous avez assez de cran pour voir en chaque obstacle non pas une entrave, mais l'occasion de vous dépasser, rien ne pourra vous arrêter. Après tout, le pays où tout le monde peut vivre son propre roman d'aventures reste encore et toujours l'Amérique!

Vous avez besoin d'être motivé? Retirez-vous dans le calme et réfléchissez au but ultime que vous vous proposez. Projetez-le en vous avec force. Ce faisant, vous risquez d'avoir des surprises. Ce que vous éprouverez avec le plus d'intensité, ce ne sera pas une impression d'opulence ou de force. Vous sentirez plutôt vos muscles se contracter légèrement comme pour réprimer le sourire qui illumine votre visage. Ce sourire exprime votre satisfaction, satisfaction née de votre réussite.

Pareil sourire ne vaut-il pas qu'on y mette le prix? J'ai voulu, dans cet ouvrage, vous livrer ma pensée sans détours. Le succès, je le répète, ne s'obtient pas aisément. Il faut consentir à faire de nombreux sacrifices et ne pas ménager sa peine. La possibilité d'un échec n'en est pas écartée pour autant. Ne vous laissez pas démonter cependant, le rapport Risque - Récompense vous est favorable. Au bout du compte, qu'y gagnerez-vous?

J'emprunterai la réponse à *Cyrano de Bergerac*. Citant Don Quichotte, le comte de Guiche renvoie Cyrano au chapitre des moulins à vent et lui rappelle que «lorsqu'on les attaque, il arrive souvent... qu'un moulinet de leurs grands bras chargés de toiles vous lance dans la boue!» Et Cyrano, au nom de tous les entrepreneurs, de rétorquer sur un ton de défi: «Ou bien dans les étoiles!»

On ne saurait mieux dire.

Table

Garantie de remboursement

Réussir comme entrepreneur vous aidera à réaliser vos rêves. Je suis convaincu que vous tirerez profit de cet ouvrage et prendrez plaisir à le lire, sinon je vous en garantis le remboursement*.

Victor Kiam
Président
Remington Products inc.

* Retourner l'ouvrage, accompagné d'un reçu, dans les 10 jours suivant la date de l'achat, à l'adresse suivante:

Éditions du Trécarré
2973, rue Sartelon
Saint-Laurent (Québec)
Canada
H4R 1E6

Achevé d'imprimer sur les presses de
Métropole Litho Inc.,
le 12 mars 1986